新编21世纪高等职业教育精品教材

人力资源管理系列

微课版

员工招聘与配置（含活页练习册）

RECRUITMENT AND CONFIGURATION OF EMPLOYEE

主　编　邵瑞银　刘正君
副主编　安轶超　温　辉

中国人民大学出版社
·北京·

前言

本书积极发挥教材培根铸魂的重要作用，以习近平新时代中国特色社会主义思想为指导，全面融入党的二十大精神，把提高学生的思想道德素质与专业素养和技能融为一体。教材以企业招聘相关岗位的调查研究为基础、以工作过程系统化为设计思路、以员工招聘与配置的工作过程为主线，对传统课程内容进行了解构和重构，设置了人力资源规划、招聘渠道、招聘广告、简历、笔试、面试、人才测评、员工试用、员工转正、招聘评估10个工作模块，并重点突出了工作过程中各项具体任务的操作流程和步骤、注意问题及应对措施等。

本书是基于工作过程系统化课程设计思想开发的新型活页式教材，在形式和内容设计上尽可能体现“活页教材”具备“活页”和“教材”的双重属性。主要有以下特色：

1. 课程思政的融合——课程案例和单项实训过程中融入更多课程思政内容，将爱国教育和职业素养融合到教材中，构建育人新格局。

2. 工作过程系统化的课程设计——结合国家职业标准和职业能力培养目标，以典型工作任务为载体，配套编写了多个单项实训项目，以满足高职课程教学方式的变革，增进学生的学习兴趣和动力，提高学生的工作技能和能力。

3. 数字化教学资源——为教材配套了如课件、作业、微课视频、案例材料、拓展阅读等数字化教学资源（二维码形式），并按线上线下混合式教学形式（课前、课中、课后）进行了设计，方便教师开展混合式教学和翻转课堂；教师也可根据实际情况选择部分教学资源开展教学。

4. 活页式的教材设计——不仅符合“教师主导、学生主体”的教学指导思想，也便于教师根据学科前沿和社会岗位需求的变化及时增删教学内容；同时为每个模块配备了实训、课前作业、课后作业、学习笔记和思维导图、学习自测等功能型插页，有助于规范学生的学习习惯，提升学习效率。

本书由河南经贸职业学院邵瑞银、刘正君主编，负责全书的大纲设计、章节编写、配套电子资源的设计和编撰；河南经贸职业学院安铁超、温辉任副主编，参与了章节编写和大纲的研讨。具体分工如下：安铁超编写模块一、二、三；温辉编写模块四、七；王怡编写模块五、十；刘正君编写模块六；王冲编写模块八、九；邵瑞银负责全书统稿及各模块实训单据的编写。郭芳、杨海瑞等也参与了微课等数字化资源的录制。

由于时间仓促，本书难免有错误和疏漏之处，敬请批评指正。

河南经贸职业学院

邵瑞银

目　录

模块一 人力资源规划

知识目标/教学重点

1. 掌握人力资源规划的概念和目的
2. 掌握人力资源规划的内容

能力目标/教学难点

1. 能够根据企业战略规划人员招聘流程
2. 能够根据实际分析企业招聘以及用人流程的利弊

素养目标/课程思政

1. 培养活动组织能力、资源协调能力
2. 培养逻辑能力、分析能力、判断能力
3. 培养诚信意识，提高学生道德情操

学习指导

本模块教学重点围绕建立人才梯队模型和人力资源供求平衡展开，强调人力资源管理方向是通过与企业战略紧密配合，根据战略要求建立各类人才梯队，规划企业各阶段所需的人力，透过人的作用推动企业发展，甚至拉动企业在快车道发展。在学习过程中，应注意调查现有人力资源的状况，预测人力资源的需求，分析、预测内部人力资源的供给和外部人力资源的供给，为企业从全局把控人才招聘奠定基础。

建议学时

6 课时

导入案例

招兵买马之误

NLC化学有限公司是一家跨国企业，主要以研制、生产、销售医药、农药为主，耐顿公司是NLC化学有限公司在中国的子公司，主要生产、销售医疗药品。随着生产业务的扩大，为了对生产部的人力资源进行更有效的管理开发，2016年年初始，分公司总经理把生产部经理于欣和人力资源部经理李建华叫到办公室，商量在生产部设立一个处理人事事务的职位，主要负责生产部与人力资源部的协调工作。最后，总经理说希望通过外部招聘的方式寻找人才。

在走出总经理的办公室后，人力资源部经理李建华开始了一系列工作，在招聘渠道的选择上，他设计了两个方案：在本行业专业媒体中做专业人员招聘，费用为3 500元，有利因素是对口的人才比例会高些，招聘成本低，不利因素是企业宣传力度小；另一个方案为在大众媒体上做招聘，费用为8 500元，优点是企业影响力度很大，缺点是非专业人才的比例很高，前期筛选工作量大，招聘成本高。经过对比权衡，他觉得初步选用第一种方案。总经理看过招聘计划后，认为公司在中国处于初期发展阶段，不应放过任何一个宣传企业的机会，于是选择了第二种方案。

其招聘广告刊登的内容如下："您的就业机会在NLC化学有限公司下属的耐顿公司！现有一个职位——生产部人力资源主管，主要负责生产部和人力资源部两个部门的协调工作，抓住机会！抓住机会！充满信心！请把简历寄到：耐顿公司人力资源部。"

在一周的时间里，人力资源部收到了800多份简历。李建华和人力资源部的人员在800份简历中筛选出70份有效简历，经再次筛选后，留下5人。之后，李建华来到生产部经理于欣的办公室，将这5个人的简历交给了于欣，并让于欣直接约见面试。生产部经理于欣经过筛选后认为可从两人中做选择——李楚和王智勇。他们将两人资料对比如下：

李楚，男，企业管理学士学位，32岁，有8年人事管理及生产经验，在此之前的两份工作均有良好的表现，可录用。

王智勇，男，企业管理学士学位，32岁，有7年人事管理和生产经验，之前在两个单位工作过，第一位主管对他评价很好，没有第二位主管的评价资料，可录用。

从以上的资料可以看出，李楚和王智勇的基本资料相当，但值得注意的是王智勇在招聘过程中，没有上一个公司主管的评价。公司通知李楚和王智勇二人一周后等待通知。在此期间，李楚在静待佳音；而王智勇打过两次电话给人力资源部经理李建华，第一次表示感谢，第二次表示非常想得到这份工作。

生产部经理于欣在反复考虑后，来到人力资源部经理室，与李建华商谈何人可录用，李建华说："两位候选人看来似乎都不错，你认为哪一位更合适呢？"于欣："两位候选人的资格审查都合格了，唯一的问题是王智勇的第二家公司主管给的资料太少，虽然如此，我也看不出他有何不好的背景，你的意见呢？"

李建华说："很好，于经理，显然你我对王智勇的面谈表现都有很好的印象，人嘛，有点圆滑，但我想我会很容易与他共事，相信在以后的工作中不会出现大的问题。"

于欣:“既然他将与你共事，当然由你做出最后的决定。”于是，最后决定录用王智勇。

王智勇来到公司工作了6个月。在工作期间，经观察，李建华发现王智勇的工作不如期望的好，指定的工作他经常不能按时完成，有时甚至表现出不能胜任其工作的行为，因此引起了管理层的抱怨，显然他不适合此职位，必须抓紧处理。

然而，王智勇也很委屈：来公司工作了一段时间，他发现招聘所描述的公司环境和各方面情况与实际情况并不一样。原来谈好的薪酬待遇在进入公司后又有所减少。工作的性质和面试时所描述的也有所不同，也没有正规的工作岗位说明书作为工作的基础依据。

那么，到底是谁的问题呢?

案例分析:

此次招聘工作在招聘流程结束后没有对整个招聘工作进行科学的评估，它看似完成了，但实际上是“失败”的。耐顿公司总裁也许没有想过：录用王智勇失败的主要原因是企业人力资源管理流程不足及招聘中出现的种种失误或错误。由于招聘工作不是分离于其他人力资源管理活动而独立存在的，因此它的失败同时反映出企业其他人力资源管理工作的不足。

企业需要意识到：在招聘、筛选、录用的整体流程中，每一点的失误都可能会给今后企业人力资源管理工作带来一个面的损失。企业如何在“招兵买马”中做好伯乐的角色呢？下面细述以上案例在招聘操作中的种种不足。

1. 缺乏人力资源规划和招聘规划

一般情况下，企业出现的问题是没有人力资源规划和招聘规划造成的。企业经常会出现人员不足的情况，企业经营战略计划经常因为人员到位不及时而推迟或改变，现有人员因面临巨大的工作压力而影响工作积极性，造成所需要完成的工作越来越多滞留，导致企业信誉度下降，从而使企业经营能力减弱。如果人力资源管理无法做适当的规划，企业将被迫在一些事件发生后，而不是之前做出相应的反应，这种反应不是主动性反应，是不被预防的。

2. 缺乏招聘人力成本效率和招聘渠道的选择误区

耐顿公司在招聘之前没有考虑到招聘成本效率的问题，所以造成一系列的浪费。在招聘渠道的选择上，耐顿公司为了加强企业在市场上的宣传，启用影响力大的媒体，由于大众报刊的广告受众很多，如果有太多人对招聘广告做出反应，人力资源部在招聘工作中就会失去控制招聘成本、求职者类型、求职者数量等方面的能力，给其工作造成一定困难，使企业人力资源管理规划不能正常实现。

3. 忽视外部和内部因素的影响力

耐顿公司总经理和一些企业总裁一样，他们确信：他们所需要的任何人员总可以从人才市场上招聘到。其实企业在招聘和录用过程中会受到企业外部因素、国家相关法律以及外部人才市场的影响；企业内部的文化氛围、企业战略思想、企业目标也是影响企业招聘和录用方式的作用力。此外，技术改进、人员模式及公司行为方式、喜好、态度改变、本地及国际市场的变化、经济环境及社会结构的变化、政府法规政策的修订等，都会对人力资源的招聘工作产生影响。求职者个人因素或多或少影响着他们的择业倾向。

4. 缺少工作分析

看耐顿公司的招聘广告词，使读者有一种应聘的冲动，但冲动不能代表其他。当求职者需要了解详细的信息时，却不知道本岗位是做什么的。公司没有向求职者提供岗位的详尽描述，也没有提出胜任本岗位所需的知识、技能等方面要求。这样在简历的收取过程中，会有大量不适合本岗位的人员前来面试，给面试工作造成一定的麻烦。

在面试、筛选、评估过程中，由于缺乏科学的工具作为考评人员素质、水平、技术和业务实力的评测手段，面试人的主观看法在评价中所占的比重要远远高于科学的评测方式。由于缺少工作分析，在人员录用过程中没有科学的录用依据，容易造成入职人员与岗位要求的差距，甚至造成应聘者与岗位完全不相符的尴尬情景。

5. 招聘程序的不规范和无科学性筛选和录用

许多企业和耐顿公司的做法基本相同：在招聘程序中，许多步骤或科学的甄选方式已经被省略了，案例中求职者李楚和王智勇的面试考核资料中，只有姓名、性别、学历、年龄、工作时间及以前工作表现等基础信息，这些资料对人员筛选来说是远远不够的。一般企业在这时候往往通过面试时对求职者的主观印象做出判断，这种判断的客观性和准确性是值得怀疑的。另外，耐顿公司没有通过模拟情景评测方式和其他的量化评定方式来考核求职人员，在面试时这样做会对招聘工作的结果造成影响。

除了这些，还有以下几点不足：忽视求职者的背景资料情况、向求职者宣扬企业不实之处和许诺无效、经理人员的心理偏好影响、没有设立招聘后的评估。

在企业招聘过程中，招聘和录用工作是建立在两项工作的基础上来完成的：一项为企业人力资源规划和招聘规划工作，另一项是岗位分析工作。有了这两项工作作为基础，企业可以进入科学的招聘和录用工作的操作阶段了。从耐顿公司此次招聘工作中可以看出：他们没有长期的人力资源发展规划和招聘计划来支持人力资源部门实施企业的招聘计划，这使企业的招聘工作犹如“摸着石头过河”。

企业的生存取决于其在竞争环境中所处的优势地位，而在所有的竞争优势要素中，人力资源的质量是最重要的，人力资源被称为组织发展的“第一要素”，因此企业中的人力资源的质量要素为基本前提。吸引、录用、保持、发展、评价、调整构成企业人力资源管理的基本职能，如果将人力资源管理看成一个动态的系统，那么人员的招聘与录用工作就可称为人力资源管理系统的输入环节。人员招聘与录用直接影响企业人力资源的输入和引进质量。如果人员招聘与录用的质量高，就会促进企业健康、快速、高效地发展，更好地实现企业的战略与发展目标。相反，如果人员招聘与录用的质量较低，或录用人员不符合企业要求，则会阻碍企业的发展。在企业需要用人的时候找不到适合的人选，这对企业的正常发展极为不利。因此人员招聘与录用将随着企业的发展在人力资源管理中占有越来越重要的地位，人员招聘与录用的规划成功与否将直接影响一个企业的兴衰成败。

一、人力资源规划概述

人力资源规划（Human Resource Plan，HRP）也叫人力资源计划，是企业为实施其经营战略，完成企业的发展目标，根据企业内外环境和条件的变化，通过对企业未来的人力资源的需要和供给状况的分析及评估，运用科学的方法进行组织设计，对人力资源的获取、配置、使用、保护等各个环节进行职能性策划，制定企业人力资源供需平衡计划，以确保组织在需要的时间和需要的岗位上，获得各种必需的人力资源，保证事（岗位）得其人、人尽其才，从而实现人力资源与其他资源的合理配置，有效激励、开发员工的规划，如图 1－1 所示。

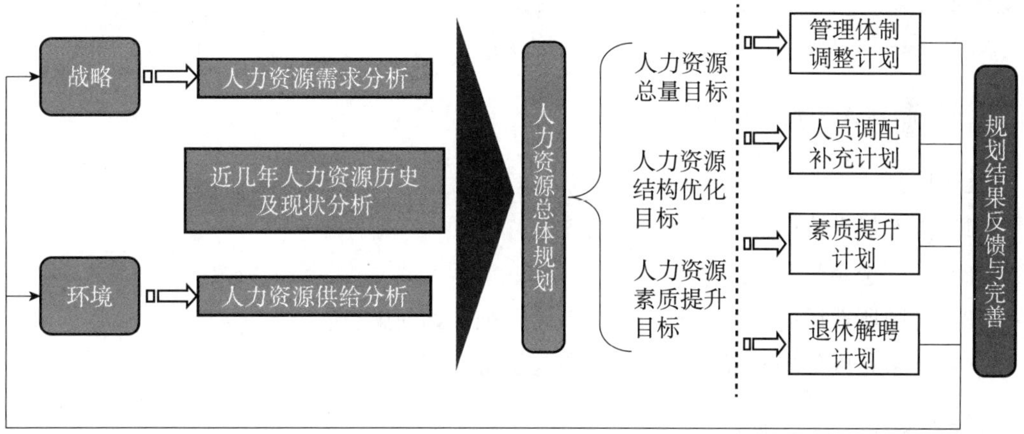

图 1－1　人力资源总体规划

一般来说，人力资源规划具有广义和狭义之分。狭义的人力资源规划是指企业从战略规划和发展目标出发，根据其内外部环境的变化，预测企业未来发展对人力资源的需求，以及满足这种需求提供人力资源的活动过程。广义的人力资源规划是指人力资源战略规划与战术计划，即具体的实施计划的统一。

二、人力资源规划的内容

人力可分为三个层次：

高层：包括工商机构的行政主管人员、工程师、专业技术人员；

中层：包括一般技术人员、监工人员、助理人员等；

基层：包括领班、普通工人等。

以上三种人员，高层人力的需求相对较少，但人员的培养最困难。而中层及基层的人力需求较多。人力资源管理的责任是要设法培养或通过管理发展等方式，将中层人员培养为高层人员。因此，人力资源规划常常与发展相提并论。通常，人力资源规划包括下列内容：

（一）预测未来的组织结构

企业经常随着外部环境的变化而变化，如全球市场的变化、跨国经营的需要、生产技术的突破、生产设备的更新、生产程序的变更、新产品的问世等。这些变化都将影响整个组织结构，即组织结构必须去适应企业经营策略的变化。而经营策略的变化又因环境变化而变化。而组织结构的变化必然涉及人力资源的配置。因此，对未来组织结构的预测评估应列为第一步。

（二）制定人力供求平衡计划

该计划应考虑以下三点：

（1）因业务发展、转变或技术装备更新所需增加的人员数量及其层次。

（2）因员工变动所需补充的人员数量及其层次，这种变化包括退休、辞职、伤残、调职、解雇等。

（3）因内部成员升迁而发生的人力结构变化。

（三）制定人力资源征聘补充计划

征聘原则：

（1）内部提升或向外征聘以何者为先？

（2）外聘选用何种方式？

（3）外聘所选用的人力来源如何？有无困难？如何解决？

（4）如果是内部提升或调动，其方向与层次如何？

（四）制定人员培训计划

制定人员培训计划的目的是培养人才，它包括两方面：对内遴选现有员工，加强对员工进行产品专业知识及工作技能培训；对外应积极猎取社会上少量的且未来急需的人才，以避免企业中这种人才的缺乏。至于人员的培训内容可包括：

（1）第二专长培训：以利于企业弹性运用人力。

（2）提高素质培训：以帮助员工树立正确的观念及提高办事能力，使之能担当更重要的工作任务。

（3）在职培训：适应社会进步要求，以增进现有工作效率。

（4）高层主管培训：进行管理能力、管理技术、分析方法、逻辑观念及决策判断能力方面的培训。

（五）制定人力使用计划

人力规划不仅要满足未来人力的需要，更应该对现有人力做充分的运用。人力运用涵盖的范围很广，而其关键在于“人”与“事”的圆满配合，使事得其人，人尽其才。人力使用包括下面几项：

（1）职位功能及职位重组；

（2）工作指派及调整；

（3）升职及选调；

（4）职务丰富化；

（5）人力检查及调节。

三、人力资源规划的目的

企业人力资源管理工作常常陷入“计划赶不上变化”的困境，导致以下局面：岗位职责界定不清，人员冗余；人员没有合理配置，人才浪费；没有形成人才梯队，后备人才不足；人员素质不高，缺少发展动力等。

有些人认为这些问题的产生主要是由于一些具体的人力资源管理工作如招聘、培训、员工队伍建设、薪酬和绩效管理等工作没有做好，但其根本原因在于人力资源规划缺乏可行性，制定过程缺乏对企业业务和人才结构深入地了解和科学预测。人力资源规划是各项人力资源管理活动的目标，没有目标的管理活动等于没有管理。因此，如果解决了人力资源规划的难题，那么其他问题的解决就会步入正轨。因此，进行人力资源规划可以说是企业必须要做的一项重要工作。

（一）规划人力发展

人力发展包括人力预测、人力增补及人员培训，这三者紧密联系，不可分割。人力资源规划一方面对目前人力现状予以分析，以了解人事动态；另一方面对未来人力需求做一些预测，以便对企业人力的增减进行通盘考虑，再据此制定人员增补和培训计划。因此，人力资源规划是人力发展的基础。

（二）促使人力资源的合理运用

只有少数企业的人力配置完全符合理想的状况。在相当多的企业中，一些人的工作负荷过重，而另一些人则工作过于轻松；也许有一些人的能力有限，而另一些人则感到能力有余，未能充分利用。人力资源规划可改善人力分配的不平衡状况，进而谋求合理化，以使人力资源能配合组织的发展需要。

（三）适合组织发展的需要

任何组织的特性，都是不断地追求生存和发展，而生存和发展的主要因素是人力资源的获得与运用，也就是如何适时、适量的使组织获得所需的各类人力资源。现代科学技术日新月异，社会环境变化多端，如何适应这些因素，配合组织发展目标，对人力资源恰当规划甚为重要。

（四）降低用人成本

影响企业结构用人数目的因素很多，如业务、技术革新、机器设备、组织工作制度、工作人员的能力等。人力资源规划可对现有的人力结构做一些分析，并找出影响人力资源有效运用的瓶颈，使人力资源效能充分发挥，降低人力资源在成本中所占的比率。

四、人力资源规划的编制

人力资源规划的编制流程如图 1－2 所示。

1.预测和规划本组织未来人力资源的供给情况：
对本组织内现有人力资源的状况与特点进行测算
了解本组织内人员变动的模式

↓

2.对本组织未来对人力资源的需求进行预测：
预测本组织未来对人力资源的需求
对组织内工作岗位对人力资源的需求进行预测

↓

3.进行人力资源供给与需求两方面的分析比较：
对本组织人力资源在数量和质量两个方面的需求进行估计
确定本组织人力资源的余缺数

↓

4.制定本组织有关人力资源的政策和项目：
对有关人力资源过剩或短缺方面的备择政策和项目进行评价
向管理层推荐最佳的备择方案

↓

5.审核人力资源计划的效益：
制定审核的标准
对其效益进行评估

图 1－2　人力资源规划的编制流程

（一）规划企业未来人力资源的供给状况

企业人力资源供给预测就是为满足企业发展规划对员工的需求，而对将来某个时期内，企业内部和外部所能得到的员工的数量和质量进行预测。这需要充分了解企业内外部的人力资源状况，为预测工作准备精确翔实的资料。人力资源供给预测的主要内容有：

（1）分析企业目前的职工状况，主要包括各种人员的年龄、性别、工作和教育经历、技能等方面的资料；目前企业各个工作岗位所需要的知识和技能，以及各个时期人员变动的情况；雇员的潜力、个人发展目标、工作兴趣、爱好等方面的情况；有关员工技能（如技术、知识、经验、发明、创造以及发表的学术或所获专利等）的信息资料，并根据企业或部门实际情况确定其人力资源规划期限。如根据企业目标确定补充现有岗位空缺所需人员的数量、资格、条件以及时间等。

如图 1－3 所示，在现有人员分布状况、未来理想人员分布和流失率已知的条件下，由待补充职位空缺所要求的晋升量和人员补充量即可知人力资源供给量。

（2）分析目前企业员工流动的情况及其原因，预测将来员工流动的态势，以便采取相应的措施避免不必要的流动，或及时给予替补。

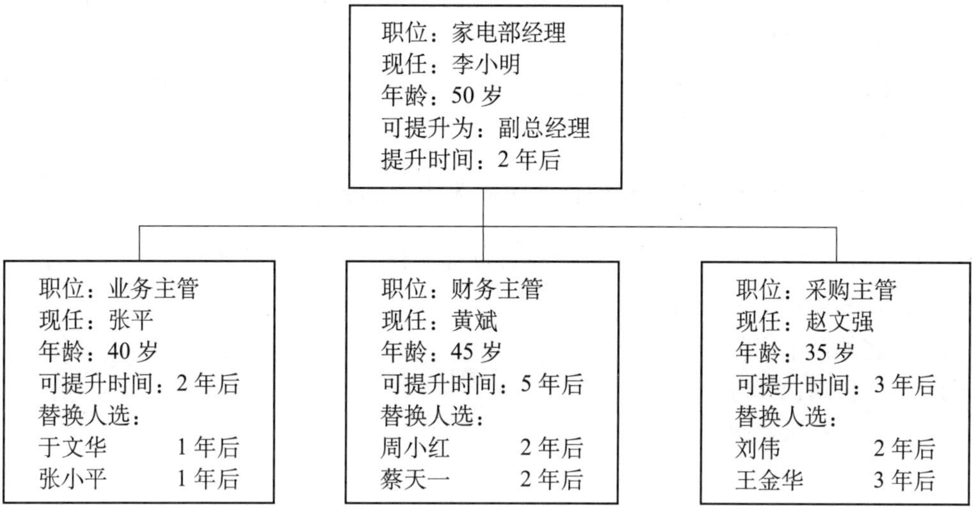

图 1－3　某公司人力资源供需情况

（3）掌握企业员工提拔和内部调动的情况，保证工作和职务的连续性。

（4）分析工作条件（如作息制度、轮班制度等）的改变和出勤率的变动对企业员工供给的影响。

（5）掌握企业员工的供给来源和渠道。员工可以来自公司内部（如富余员工的安排，员工潜力的发挥等），也可以来自公司外部。

（二）分析供给预测影响因素

进行人力资源供给预测，必须把握影响员工供给的主要因素，从而了解公司员工供给的基本状况。影响员工供给的因素可以分为两大类：

1. 地区性因素

（1）公司所在地和附近地区的人口密度；

（2）其他公司对劳动力的需求状况；

（3）公司当地的就业水平、就业观念；

（4）公司当地的科技文化教育水平；

（5）公司所在地对人们的吸引力；

（6）公司本身对人们的吸引力；

（7）公司当地临时工人的供给状况；

（8）公司当地的住房、交通、生活条件。

2. 全国性因素

（1）全国劳动人口的增长趋势；

（2）全国对各类人员的需求程度；

（3）各类学校的毕业生规模与结构；

（4）教育制度变革而产生的影响，如延长学制、改革教学内容等对员工供给的影响；

（5）国家就业法规、政策的影响。

对企业内部现有的各种人力资源状况（即某一时期内人员的流动情况）进行清查，并根据企业以往的经验，预测企业在未来某一时期内可能提供的各种人力资源状况。

（三）规划未来组织结构，预测企业未来人力资源的需求状况

预测所涉及的变量与一个组织运作经营过程所涉及的变量是共同的。与人力资源管理、人力计划相关的变量包括：

（1）顾客的需求变化；

（2）生产需求；

（3）劳动力成本趋势；

（4）可利用的劳动力（失业率）；

（5）每一工种所需要的雇员人数；

（6）追加培训的需求；

（7）每个工种员工的移动情况；

（8）旷工趋向（趋势）；

（9）政府的方针政策的影响；

（10）劳动力费用；

（11）工作小时的变化；

（12）退休年龄的变化；

（13）社会安全福利保障。

在明确组织雇员（包括一线员工和管理者）的技能和数量需求时，必须根据组织的特殊环境，认真考虑上述变量，应该把预测看成完善周围的人力资源需求决策的一个工具。因为好的决策要求拥有尽可能多的信息，以保证对未来的企业决策更加精确高效。

对企业在未来某一时期内的人力资源供给状况进行预测和规划以后，接着就要根据组织的战略目标来预测企业在未来某一时期内对各种人力资源的需求，根据时间跨度的不同采用不同的预测方法。这是一项技术性较强的工作，其准确程度直接决定了人力资源规划的效果和成败，它是整个人力资源规划制定过程中最困难、最重要的工作。

小知识

短期预测方法

对企业的人力资源需求的数量的短期分析可以采用工作负荷分析法。用工作负荷分析法进行短期人力资源需求预测的基本步骤是：由销售预测决定工作量，按工作量制定生产进程，然后决定所需人力的数量，再从工作力（Working Force）分析入手，明确企业实际工作力和需要补充的人力。

1. 销售预测

销售预测的一般方法为：

(1) 将企业过去的销售记录制成统计表，依次设计未来的销售形式。

(2) 由营销单位和销售人员对自己未来的销售情况进行预测或估计，然后将结果按地区和产品种类综合起来，形成一个总的销售预测数字。

(3) 对消费者购买力进行估计也是销售预测的一种方法。

(4) 对市场和经济趋势进行分析解释，也可以作为判断未来销售情况的重要因素。

企业在销售预测时，一般将上述方法交叉运用，即以销售单位或人员的估计为基础，比较过去的记录，然后在对购买力的估计和对经济形势的解释的基础上加以调整。

2. 生产进程

一般来讲，企业大多数产品销售都是有波动的，但产品的生产必须要在满足销售的原则下稳定地生产。企业生产进程除了要达到有效运用人力资源、充分利用设备效能的目的以外，还要适应企业销售的波动。如果企业销售波动较大，或者属于纯粹的季节性产品时，就要采用适时赶工加班或歇业的生产进程了。

生产进程是指将计划生产的产品排定生产日期。根据产品设计与过去生产的实际记录，以及时间研究的结果，计算出各单位所需的人工时、各单位的人力之和，就是企业总进程全部所需的人工时或劳动力。企业职能部门人员或非直接生产单位人员在企业业务性质和组织结构不变的情况下，一般是一个常数。因此，全部生产人员与全部非生产人员就构成企业总的资源，或称为企业的工作力。

3. 工作力分析

企业必须明确现有人力究竟有多少可以参与实际的工作，这就是工作力分析的内容。企业可以从人事到各种考勤记录的统计中，明确事病假或缺勤的趋势；从退休人员和辞职的记录以及各单位人员的动态记录中，明确企业近期内离职的人数。在此基础上，确定企业实际的工作力。

(四) 比较企业人力资源供需情况

一方面，将企业人力资源需求的预测数与同期内企业本身仍可攻击的人力资源数进行对比分析，可以测算出企业对各类人员的需求数。另一方面，将企业在未来某一时期内可提供的人员和相应所需的人员进行对比分析，不但可以测算出某一时期内人员的短缺或过剩情况，还可以了解到某一具体岗位员工的余缺情况。通过以上对比分析，可以进一步预测出企业需要的员工应具有哪些方面的知识和技术，从而有针对性地物色或培训员工，并为企业制定有关人力资源供需方面的政策或措施提供依据。

(五) 制定有关人力资源供需方面的政策和措施

企业人力资源供给与需求的不平衡有三种类型，即人力资源不足、人力资源过剩和两者兼而有之的结构性失衡。比较人力资源的供需情况之后，企业应制定人力资源供求协调平衡的总计划和各项业务计划，并分别提出具体的调整供大于求或求大于供的政策措施，并将有关的政策和措施交给最高管理层审批。

人力资源的供给不足主要表现在企业的经营规模扩张和新的经营领域的开拓时期，因而需要增加新的人员补充。

1. 制定解决人力资源短缺的政策和措施

（1）培训企业员工，对受过培训的员工根据情况择优提升补缺，并相应提高其工资等方面的待遇；

（2）进行平行性岗位调动，适当进行岗位培训；

（3）延长员工工作时间或增加工作负荷量，对于超时或超工作负荷的员工给予奖励；

（4）重新设计工作，以提高员工的工作效率；

（5）雇用全日制临时工或非全日制临时工；

（6）改进技术或进行超前生产；

（7）制定招聘政策，面向社会进行招聘。

2. 制定解决人力资源过剩的政策和措施

（1）永久性地裁减或辞退员工；

（2）关闭一些不盈利的分厂或车间，或临时性关闭；

（3）实行提前退休政策；

（4）通过人力消耗缩减人员（劳动力转移）；

（5）重新培训，将员工调往新的岗位，或适当储备一些人员；

（6）减少工作时间（工资亦随之相应减少）；

（7）由两个或两个以上人员分担一个工作岗位，并相应地减少工资。

绝对的人力资源过剩状况主要发生在企业经营萎缩时期。一般的平衡办法有退休、辞退和工作分享。工作分享要以降低薪资水平为前提；辞退是最有效的办法，但会导致劳资双方的敌对行为，也会带来众多的社会问题，需要有一个完善的社会保障体系作为后盾，提前退休是一种较易为各方面所接受的妥协方案。

五、人力资源供需综合平衡

（一）人力供给与人力需求的平衡

结构性失衡是企业人力资源供需中较为普遍的一种现象，在企业的稳定发展状态中表现得尤为突出。平衡的办法一般有技术培训计划、人员接任计划、晋升和外部补充计划。其中，外部补充主要是为了弥补退休和流失人员空缺。

（二）专项人力资源计划间的平衡

企业的人力资源计划包括人员补充计划、培训计划、使用计划、晋升计划、薪资计划等，这些专项人力资源计划之间有着密切的内在联系。因此，在人力资源计划中必须充分注意它们之间的平衡与协调。如通过人员的培训计划，受训人员的素质与技能得到提升后，必须与人员使用计划衔接，将他们安置到适当的岗位；人员的晋升与调整使用后，因其承担的责任和所发挥的作用与以前不一样，必须配合相应的薪资调整。唯有如此，企业的人员才能保持完成各项任务的积极性，各专项人力资源计划才能得以实现。

（三）组织需要与个人需要的平衡

组织需要和组织成员的个人需要是不尽相同的，解决这对矛盾是企业人力资源计划的一个重要目的。企业人力资源计划中的各专项计划就是解决这一矛盾的手段和措施，如图 1-4 所示。

企业需求	员工需求	人力资源计划手段
专业化	工作丰富化	服务设计
人员精减	工作保障	培训计划
人员稳定	寻求发展	职业生涯计划
降低成本	提高待遇	生产率计划
领导的权威	受到尊重	劳动关系计划
员工的效率	公平的晋升机会	考核计划

图 1-4　人力资源计划中的专项计划

人力资源供求达到协调平衡是人力资源规划活动的落脚点和归宿，但是人力资源规划并非一成不变，它是一个动态的开放系统，须对其过程及结果进行监督、评估，并重视信息的反馈，不断调整规划，使其更切合实际，更好地促进企业目标的实现。

小思考

我大学毕业后在深圳从事 HR 工作两年，前段时间由于家庭等原因回到老家——一个三线城市，最近在一家制造型小企业担任 HR 管理者。回来工作了一段时间之后，我明显感觉到一线城市的企业老板更重视人力资源，工作内容也很高大上，但是现在这家公司的 HR 工作，总觉得行政及事务性工作偏多，老板也只需要你做好日常工作，不出错就行，有种定位不清晰的感觉。请问各位大咖，小地方小企业的 HR 应该如何定位自己，我是否需要改变这种安逸的状态呢？

小　结

人力资源规划是指根据组织的战略目标，科学预测组织在未来环境变化中人力资源的供给与需求状况，制定必要的人力资源获取、利用、保持和开发政策，以确保组织在需要的时间和需要的岗位上获得各种所需的人才（包括数量和质量），并使组织和个人获得长远利益。

模块二 招聘渠道

知识目标/教学重点

1. 掌握招聘渠道的类型
2. 掌握确定招聘渠道的方法
3. 掌握内部招聘的途径
4. 掌握外部招聘的途径

能力目标/教学难点

1. 能够根据企业人才需要进行招聘渠道的确定
2. 能够根据用人原则进行校园招聘、网络招聘策划

素养目标/课程思政

1. 培养活动组织能力、资源协调能力
2. 培养逻辑能力、分析能力、判断能力
3. 培养诚信意识，提高学生道德情操

学习指导

本模块教学重点围绕内、外部招聘渠道的途径展开，强调企业不应该盲目依赖某种招聘渠道，而应该结合企业自身特点，包括财务状况、紧迫性、招聘人员素质等，同时考虑招聘职位的类型、层次、能力等要求，来选择适当的招聘渠道。

建议学时

6 课时

导入案例

从内部提拔还是从外部招募——这是个问题

昊天电子科技有限公司是一家成立了十余年的公司，最近几年在物色中层管理干部的问题上陷入了两难的困境。该公司的主要业务是电子产品的生产、销售、技术研究、技术转让以及技术服务，目前重组了两个新电子产品制造部门，高层管理者认为这些部门经理有必要了解生产线和生产过程，因为许多管理决策需在此基础上做出，公司倾向于严格地从制造部门提升中层干部，但后来发现这些从基层提升到中层管理职位的员工缺乏相关的管理知识和技能。

于是，公司决定从外部招募，尤其是那些工商管理专业的优等生。公司通过网站发布招聘信息，很快收到了许多受过工商管理专业训练的毕业生的简历，从中录用了一些。由于毕业生缺乏工作经验，因此先放在基层管理职位，经过一阶段锻炼后再提升为中层管理人员。但在两年中，所有的这些人都离开了公司。

公司只好又采取以前的政策，从内部提拔，但又遇到了与过去同样的问题。几个重要职位的中层管理人员即将退休，亟待有称职的后继者填补这些空缺。面对这些问题，公司陷入两难。

案例分析： 案例中的公司显然在招聘方面按部就班，没有根据实际情况解决问题。中层管理人员从网站进行招聘是否合适？有管理专业知识但缺乏工作经验的毕业生是否能够胜任中层管理的岗位？公司录用的毕业生为何两年之内离开？公司在招聘人员时是否有清晰地为其规划职业路径？既然愿意培养只懂管理不懂技术的毕业生两年，为何不能够培养内部基层人员的管理能力？

在现如今招聘成本高昂的情况下，想要一步到位招聘到合适的人才已经成为令企业人力资源部门十分头痛的问题。在该案例中，首先，我们要做工作分析，确认不同的中层干部需要什么样的素质、能力、技能，列出标准；其次，内部提升不能迅速胜任，公司能否直接招聘既懂专业又懂管理的人才；再次，如果不能招聘到直接上岗的人员，招聘管理类专业的毕业生时先表明如果其努力工作，两年后各项工作达标后就可以提拔到管理层，眼前的基层工作有各种困难，能否忍受坚持；最后，就公司情况而言，内部招聘虽然存在适应性的问题，但是可以选择一些有潜力的员工进行培训。

一、招聘渠道的分类与选择

（一）招聘渠道的分类

招聘渠道是获取职位候选人的途径。一般来说，招聘渠道可以分为两类：内部招聘渠道和外部招聘渠道。在每一类招聘渠道中，又有许多不同的细分渠道。不同的招聘渠道能够满足组织对人才的不同需要，组织在招聘的过程中应具体问题具体分析，根据组织的需要确定招聘渠道。

（二）招聘渠道的选择

在选择人才内部招聘渠道还是外部招聘渠道时，通常需要考虑的因素有以下 6 个方面。

1. 组织经营战略

当组织处于发展阶段，根据未来发展战略和业务拓展的要求，需要大量人才，此时内部招聘已无法满足需求，应采取外部招聘的方式获得人才。若组织采取的是稳定型战略，在出现空缺职位时，从外部招聘可能会增加较多的人力成本，如内部有较合适的人选，则应从内部招聘。

2. 组织现有的人力资源状况

如果空缺职位比较重要，组织内现有人员少，没有合适人选，又暂时没有可培养的对象，或者有培养对象但培养所需成本较高，可以从外部招聘。如果现有人员中有可培养的对象且培养的成本不高，则可通过内部招聘填空补缺。

3. 招聘的目的

招聘的目的不同，招聘渠道也不同。有的企业招聘是为了找到合适的人来填补空缺，而有的企业招聘是希望通过招聘增加新鲜血液，提高员工的积极性，转变经营观念和工作方式，改变工作态度和行为，因此要根据不同的招聘目的采用不同的招聘渠道。

4. 人力成本

当空缺的是高级职位时，外聘人员可能要价很高。在这种情况下，从组织长远的发展角度以及外部招聘人员的贡献与作用看，更适宜外部招聘；但是，倘若组织规模较小，短期内负担不起这种高人力成本时，则适宜从内部寻找合适人选。

5. 领导的用人风格

领导的用人风格对一个组织的招聘渠道的选择有很大的影响，有的组织领导倾向于外部引进，而有的组织领导则倾向于内部培养。

6. 组织所处的外部环境

组织所处的外部环境主要包括人才市场的建立与完善状况、行业薪资水平、就业政策与保障法规、区域人才供给状况、人才信用状况等。这些环境因素决定了组织能否从外部招聘到合适的人选。若组织所处区域的人才市场发达，政策与法规健全，有充足的人才供给，人才信用良好，在不考虑其他因素的情况下，外部招聘不仅能获得理想的人选，且方便快捷；反之，则宜从内部选拔培养，这样既可以节约招聘成本，又可以避免招聘风险。

可见，不同的企业状况采用相同的招聘渠道的效果是不一样的。因此，企业不应该盲目依赖某种招聘渠道，而应该结合自身特点，包括财务状况、紧迫性、招聘人员素质等，同时考虑招聘职位的类型、层次、能力要求等，来选择适当的招聘渠道。

比如对于处于成长期的企业，人才需求量很大，对于公司高级管理人员，应该采用内部招聘的方式，因为这部分人员对公司非常熟悉，对新工作很容易上手，当工作变换时，对高速发展中的企业不会造成较大影响，同时这种晋升的机会也可以激励人才、留住人才。对于中低层次的人才，应该考虑采用见效快的招聘渠道，比如现场招聘以及时效较长的网络招聘。

总之，没有一成不变的最优招聘渠道，对于一个企业来说，只有最适合当前企业情况以及招聘需求的渠道才是最好的。

二、常见的招聘渠道

（一）现场招聘

现场招聘是一种企业和人才通过第三方提供的场地，进行面对面对话，现场完成招聘面试的一种方式。现场招聘一般包括招聘会及人才市场两种方式。

招聘会一般由各种政府及人才介绍机构发起和组织，较为正规，同时，大部分招聘会具有特定的主题，比如“应届毕业生专场”“研究生学历人才专场”或“IT 类人才专场”等。通过毕业时间、学历层次、知识结构等的区分，企业可以很方便地选择适合的专场设置招聘摊位进行招聘。对于这种招聘会，组织机构一般会先对入会应聘者进行资格审核，这种初步筛选，节省了企业大量的时间，方便企业对应聘者进行更加深入的考核。但是目标人群的细分方便了企业的同时，也带来一定的局限性，如果企业需要同时招聘几种人才，那么就要参加几场不同的招聘会，这在另一方面也提高了企业的招聘成本。

人才市场与招聘会相似，但是招聘会一般为短期集中式，且举办地点一般为临时选定的体育馆或者大型的广场，而人才市场则是长期分散式，同时地点也相对固定。因此对于一些需要进行长期招聘的职位，企业可以选择人才市场这种招聘渠道。

现场招聘的方式不仅可以节省企业初次筛选简历的时间成本，同时简历的有效性也较高，而且相比其他方式，它所需的费用较少。但是现场招聘也存在一定的局限，首先是地域性，现场招聘一般只能吸引到所在城市及周边地区的应聘者。其次，这种方式也会受到组织单位的宣传力度以及组织形式的影响。

（二）网络招聘

网络招聘一般包括企业在网上发布招聘信息甚至进行简历筛选、笔试、面试。企业通常可以通过两种方式进行网络招聘，一是在企业自身网站上发布招聘信息，搭建招聘系统；二是与专业招聘网站合作，如中华英才、前程无忧、智联招聘等，通过这些网站发布招聘信息，利用专业网站已有的系统进行招聘活动。

网络招聘没有地域限制，受众人数大，覆盖面广，而且时效较长，可以在较短时间内获取大量应聘者信息，但随之而来的是其中充斥着许多虚假信息和无用信息，因此网络招聘对简历筛选的要求比较高。

（三）校园招聘

校园招聘是许多企业采用的一种招聘渠道，企业到学校张贴海报，召开宣讲会，吸引即将毕业的学生前来应聘。部分优秀的学生可以由学校推荐；一些较为特殊的职位也可通过学校委托培养后，企业直接录用。

通过校园招聘的学生可塑性较强，干劲充足，但是这些学生没有实际工作经验，需要进行一定的培训才能真正开始工作，且不少学生由于刚步入社会对自己定位还不清楚，工作的流动性可能较大。

（四）传统媒体广告招聘

在报纸杂志、电视和电台等载体上刊登、播放招聘信息，受众面广、收效快、过程简单，一般会收到较多的应聘资料，同时也对企业起了一定的宣传作用。通过这一渠道应聘的人员分布广泛，但高级人才很少采用这种求职方式，因此招聘公司中基层和技术岗位的员工时比较适用。同时该渠道的效果同样会受到广告载体的影响力、覆盖面、时效性的影响。

（五）人才介绍机构

这种机构一方面为企业寻找人才，另一方面也帮助人才找到合适的雇主。一般包括针对中低端人才的职业介绍机构以及针对高端人才的猎头公司。企业通过这种方式招聘是最为便捷的，因为企业只需把招聘需求提交给人才介绍机构，人才介绍机构就会根据自身掌握的资源和信息寻找和考核人才，并将合适的人员推荐给企业。但是这种方式所需的费用也相对较高，猎头公司一般会收取人才年薪的20%～30%作为“猎头”费用。

（六）内部招聘

内部招聘是指公司将职位空缺向员工公布并鼓励员工竞争上岗，如中国移动就采用这种招聘方式。对于大型企业来说，进行内部招聘有助于增强员工的流动性，同时由于员工可以通过竞聘得到晋升或者换岗，因此这也是一种有效的激励手段，可以提高员工的满意度，留住人才。内部招聘的人才一般对公司和业务已经比较了解，因此可以较快进入新角色，不需要公司付出大量的培训成本。但是这种方式也有一定的缺点，如果过多地使用内部招聘，企业将缺乏新观点、新视角的加入，员工存在一定的思维惯性，缺少活力。

（七）员工推荐

企业可以通过员工推荐其亲戚朋友应聘公司的职位。这种招聘中最大的优点是企业和应聘者双方掌握的信息较为对称。介绍人会将应聘者真实的情况向企业介绍，节省了企业对应聘者进行真实性考察的时间，同时应聘者也可以通过介绍人了解企业各方面的内部情况，从而做出理性选择。我国许多企业都采取老员工推荐的方法来招聘新员工，针对性、可靠性比较高。为了鼓励员工推荐，企业可以出台一些奖励措施。例如：某餐饮公司曾经推出员工推荐老乡有奖励的方法，包括报销路费及发放奖金 200 元。但需要注意的是，某一地区员工推荐过多的话，很可能会产生一些小利益团体，会影响公司正常的组织架构和业务运作。

（八）人事外包

外包（Outsourcing），英文直译为“外部资源”，指企业整合利用其外部最优秀的专业化资源，达到降低成本、提高效率、充分发挥自身核心竞争力和增强企业对环境的迅速应变能力的一种管理模式。在一个企业里，要健全人力资源部门，就要设置配套的各种专业人力资源人员，如“薪资管理专员”“招聘专员”“培训专员”等，代价相对来说比较大。但是在国内，很多企业都没有这样的配备，尤其是一部分中小型企业，从性价比的角度来讲，他们没有必要设置这样的人员，于是就把这一块事务外包给人事机构，而专业的人力资源机构相对来说比自身企业做得更加完备，企业借助了更多专业的外力来完善自身人力资源不足的现象，从而节约了自己的资源，创造了最大的价值。

人事代理的好处是规避了风险，减少了纠纷，降低了营运成本，节省了人事专员的时间，提高了工作效率。特别是新劳动法后，外包规避风险更值得提倡。

除此之外，人事外包还客观地反映了劳动力市场的普遍薪酬行情，为企业进行薪酬管理提供了科学的依据，为企业吸引、留住和激励人才打下了坚实的基础。根据企业的实际需求，提供专业人事服务，企业不但可以及时引进先进的人事管理方式，规避政策风险，提高员工满意度，还可以节省大量事务性工作的人力、资金和时间。

（九）人才租赁

人才租赁是我国近年来出现的一种派生的人才服务项目，它指用人单位根据自己的工作实际需要，向人才中介组织提出所需人才的标准条件和工资、福利待遇，人才中介组织通过查询自己的人才库、向社会招聘等方式搜索符合条件的人才，经严格挑选，把人才派往用人单位工作的服务方式。

一般地说，人才租赁主要有两种形式：一种是按一定期限租赁人员；另一种是以完成某个工作项目为目的租赁人员。

人才租赁实行管人与用人的分离，租赁单位与所租人才不发生人事隶属关系，由专门机构对各类人才实行社会化、集约化管理，使用人单位摆脱具体、琐碎的人事管理事务，集中精力于生产经营的主业，有效地减轻了用人单位的管理负担。

视频：
外部招聘

三、内部招聘

（一）内部招聘的概念

内部招聘是指在单位出现职务空缺后，从单位内部选择合适的人来填补这个位置。内部招聘可以分为广义和狭义上的：广义上的内部招聘是指公司内部员工自荐或推荐亲朋好友及子女到公司工作；狭义上的内部招聘是指招聘范围仅限于公司内部在岗员工，相当于人员内部调动。任何必要岗位必须及时补充以免缺失，内部招聘有时只可解燃眉之急。内部招聘具体又分为提拔晋升、工作调换、工作轮换和人员返聘几种方法。随着外部招聘风险和招聘成本越来越大，现在很多企业已开始青睐于内部招聘，尤其是对那些身处经济欠发达地区，人才资源匮乏、知名度较低、招聘资金预算有限的企业更是如此。甚至有些著名的大公司也通过人才培养和储备的方式为高层次职位谋求合适人选。毕竟，内部招聘一方面可以鼓舞员工士气，调动员工的工作积极性；另一方面也有利于提高招聘工作的准确性和有效性，降低企业的招聘风险，节约招聘成本，同时也可使企业对员工的培训投资取得合理回报。据统计，20 世纪中叶，美国有 50％的管理职位是由公司内部人员填补的，而进入 20 世纪 90 年代以后，这一比例上升到 90％以上。

（二）内部招聘的途径

1. 提拔晋升

选择可以胜任这项空缺工作的优秀人员。这种做法给员工以升职的机会，使员工感到有希望、有发展的机会，对于激励员工非常有利，毕竟大多数员工在其职业生涯中主要考虑的是组织能够在多大程度上帮助自己实现个人的职业目标。从另一方面来讲，内部提拔的人员对本单位的业务工作比较熟悉，能够较快适应新的工作。然而内部提拔也有一定的不利之处，如内部提拔的不一定是最优秀的；还有可能在少部分员工心理上产生“他还不如我”的思想，从而导致晋升人员难以树立威信。因此，内部晋升制度在增加员工忠诚度及留住人才的措施中是处于中心地位的。许多对员工有高度认同感的组织，都有综合性的内部晋升规划，而那些与富有献身精神的员工紧密联系在一起的组织更具有完善的内部晋升政策。世界上最大的日用品公司之一的宝洁公司，已有 180 多年的历史，其成功的一个秘诀就是拥有完善的内部晋升制度，也就是说其所有的高级员工基本上都是从内部晋升的。

2. 工作调换

工作调换也叫作“平调”，是指在职务级别不变的情况下，调换内部员工的工作岗位以扩展其工作经验的一种方法。工作调换可以向员工提供从事组织内多种相关工作的机会。一方面有利于员工今后的提拔；另一方面可以使上级对下级的能力有更进一步地了解，也为今后的工作安排做好准备。例如：在日本丰田公司的人事劳动管理理论制度中，把管理人员和工人都放在同一待遇的体系中，公平竞争，在职务晋升、福利等一切待遇上完全一样。丰田公司把员工实践能力作为选拔的基本标准，并以工作调换的方式开发培养，对各级管理人员采取五年调换一次工作的方式进行重点人才培养，通过几年的调换，使其全面掌握各方面的知识，逐步成为一名全面的管理人才。

3. 工作轮换

当内部调用进行不止一次时，就形成工作轮换。工作轮换也称岗位轮换，是指人员在企业内部不同的部门间更换工作，每隔一段时间更换一个部门，学习各种专业技能。工作轮换和工作调换有些相似，但又有些不同。如工作调换从时间上来讲往往较长，而工作轮换则通常是短期的，有时间界限的。另外，工作调换往往是单独的、临时的，而工作轮换往往是两个以上的、有计划进行的。工作轮换可以使单位内部的管理人员或普通人员有机会了解单位内部的不同工作，给那些有潜力的人员提供以后可能晋升的条件，同时也可以减少部分人员由于长期从事某项工作而带来的烦躁和厌倦等感觉。

联合利华公司实行的储备干部计划、阶段性的岗位轮换，让员工在各部门的工作中积累经验，并且提高工作能力，这便于为他们安排适当的工作岗位。还有一些公司在岗位轮换过程中，给予员工自由选择岗位的权利，即在岗位即将轮换时，允许员工选择是留在该职位还是继续轮换下去。如果员工认为自己特别适合或特别喜欢某职位，就可以留下，发挥自己的特长和潜力。这种比较灵活的工作轮换方式受到员工的普遍欢迎，自由选择的权利带给他们较高的工作满意度。

4. 人员返聘

返聘也称重新聘用，它是指组织将解雇、提前退休、已退休或失业的员工再召回组织工作。这些人可能是由于某种客观原因（如组织结构变革或达到退休年龄）而不得不离开工作岗位，但是他们仍然具备劳动工作能力。他们对组织和工作已相当熟悉，有一定技能，因此，不需要过多的培训。有些单位由于某些原因会有一批不在位的员工，如下岗人员、长期休假人员（如曾因病长期休假，现已康复但由于无位置还在休假），已在其他地方工作但关系还在本单位的人员（如停薪留职）等。在这些人员中，有的恰好是内部空缺需要的人员。他们中有的人素质较好，对这些人员的重聘会使他们有再为单位尽力的机会。另外，单位使用这些人员可以使他们尽快上岗，同时减少了培训等方面的费用。

（三）内部招聘的一般原则与适用性

1. 内部招聘的一般原则

（1）公平竞争原则。企业的内部招聘，其实质是企业内部的一种合理竞争。企业应该为各类人才的公平竞争创造必要的平台，因此，内部招聘的信息覆盖面应该是整个组织内部的全体员工，让每一个人都清楚空缺职位的招聘条件、要求、时间等，从而使所有符合招聘条件的员工都有获得该职位的机会。只有这样，才能真正加强组织内部的活力，提高工作效率。

（2）任人唯贤原则。“贤”是人才的客观标准，“任”是主观上对人才使用做出的决策，选任贤人，才能保证合格的优秀人才有适合其发挥才干的岗位和机会。

（3）激励原则。无论通过何种途径招聘，都应该让广大员工认识到，不断提高自己的工作能力将会获得更好的工作机会，从而调动员工的工作积极性。

（4）合理安排原则。经过审查、考核和筛选，安排最合适的人选到空缺的职位，使其能够充分发挥自己的特长，确保其胜任这项工作。如果员工在新的职位上不能取得比原有职位更高的工作效率和绩效，那就意味着这是一次不成功的内部招聘，同时也无法调动其本人和其他员工的工作积极性。

2. 内部招聘的适用性

（1）适用于内部人力资源储备雄厚的企业。企业可以通过内部平调或职位升迁等办法解决职位空缺的问题。随着人才市场竞争的日趋激烈，许多大型企业都设立了自己的人才储备库，一旦职位出现空缺，就有足够的人才迅速填补空缺职位，从而尽量减少不必要的损失。

（2）适用于选拔重要管理人员的企业。一般来说，企业对重要管理人员的选拔，大多通过企业内部招聘的方式解决。这样做的好处是：一方面，企业内部人员比较熟悉企业经营战略和企业文化，能够迅速适应岗位需求，从而降低风险；另一方面，通过内部招聘也可以提高组织内部成员的积极性、主动性和创造性，使企业内部形成一种良好的竞争氛围。

（四）内部招聘的利弊

1. 内部招聘的优点

（1）能够对组织员工产生较强的激励作用。对获得晋升的员工来说，由于自己的能力和表现得到企业认可，会产生强大的工作动力，其绩效和对企业的忠诚度便随之提高。对其他员工而言，由于组织为员工提供晋升机会，从而感到晋升有望，工作就会更加努力，增加对组织的忠诚和归属感。这样，内部招聘就把员工的成长与组织的成长连为一体，形成积极进取、追求成功的气氛，达成美好的愿景。

（2）与外部招聘相比，内部招聘的有效性更强，可信度更高。由于企业管理人员对该员工的业绩评价、性格特征、工作动机以及发展潜力等方面都有比较客观、准确的认识，信息相对外部人员来说是对称的、充分的，在一定程度上减少了“逆向选择”甚至“道德风险”等方面的问题，从而减少了用人方面的失误，提高了人事决策的成功率。

（3）与外部招聘相比，内部员工适应性更强。从运作模式看，现有的员工更了解本组织的运作模式，与从外部引进的新员工相比，他们能更好地适应新工作。从企业文化角度来讲，内部员工已经认同并融入企业文化，与企业形成事业和命运的共同体，更加认同企业的价值观和规范，有更高的企业责任心和对企业的忠诚度，进入新的岗位适应性更强。

（4）费用率低。“本部制造”可以节约高昂费用，如广告费、招聘人员和应聘人员的差旅费等，同时还可以省去一些不必要的培训，减少了间接损失。另外，一般来说，本部候选人已经认可企业现有的薪酬体系，其工资待遇要求会更符合企业的现状。

2. 内部招聘的缺点

（1）可能造成内部矛盾。“本部制造”需要竞争，而竞争的结果是失败者占多数。竞争失败的员工可能会心灰意冷，士气低下，不利于组织的内部团结。内部招聘还可能导致部门之间“挖人才”现象，不利于部门之间的协作。此外，如果招聘中按资历而非能力进行选择，将会诱发员工养成“不求有功，但求无过”的心理，使优秀人才流失或被埋没，削弱企业的竞争力。

（2）容易造成“近亲繁殖”。一方面，同一组织内的员工有相同的文化背景，可能产生“团队思维”现象，抑制了个体创新。尤其是当组织内重要职位由基层员工提拔担任，进而僵化思维意识，不利于组织的长期发展，如通用电气20世纪90年代所面临的困境被认为与其长期实施“内部招聘”策略有关。另一方面，内部员工在推荐人选时往往推荐与自己关系密切的人，时间长了，员工中会出现一些小团体和裙带关系，这不仅使所选拔的人不能胜任实际工作，而且还会助长在组织内拉帮结派、各自为政的不良倾向。这些给组织管理带来很大的困难，不利于文化的融合和工作的进一步开展。

（3）选择人才的范围有限。从内部招聘到的人可能只是组织中最合适的人，却并非一定是最适合职位的人。在组织中存在较多的主管空缺职位，而组织内部的主管人才储备只是在量上满足需要，在质上却不符合职位要求时，如果仍然坚持从内部招聘，将会使组织失去得到一流人才的机会，又会使不称职的人占据主管职位。这对组织活动的正常进行以及组织的发展是极为不利的。

视频：
内部招聘

案例分析

小张和小王同一天进入了心仪已久的J公司的质检部。由于是进入了各自梦寐以求的企业，小张和小王都兴奋不已。在正式工作后，他们总是干劲十足，工作满意度较高，而且也为公司解决了不少质检技术和管理上的难题。尤其值得一提的是，一次供应商在傍晚时送来一车货物，眼看就要下班了，质检组长意欲将其“免检”好早点下班，而小张和小王却坚持要抽样检查，结果抽样合格率很低，达到了公司退货的标准。

看到这样的结果，组长惊出了一身冷汗，连忙感谢小张和小王。对此，质检部也受到了公司领导的表扬。一年后，由于公司业务扩大，决定从企业内部招聘一名采购经理助理。质检部将小张和小王同时推荐上去。凭借二人对公司采购物品十分了解的优势和质检部经理的大力推荐，二人很快成为该岗位的热门人选。最后经过重重选拔，小张成为该岗位的录用者，各方都对这次招聘表示满意。然而一个月后，小王却带着困惑离开了公司，小张也在新的岗位上情绪低落，原来高涨的工作热情荡然无存。

案例中内部招聘的结果显然是不如人意的。请分析原因并提出解决措施。

四、外部招聘

（一）外部招聘的概念与原则

1. 外部招聘的含义

外部招聘，即面向组织外部征集应聘者以获取人力资源的过程，是组织根据自身发展的需要，向外部发布招聘信息，并对应聘者进行有关的测试、考核、评定及一定时期的试用，综合考虑其各方面条件之后决定企业的聘用对象的常用方式。简而言之，就是从组织外部招聘组织所需要的人员。

2. 外部招聘的来源

外部招聘的来源主要是应届毕业生、竞争对手或其他公司以及相应的人才服务机构、劳动就业中心等。

3. 外部招聘的一般原则

（1）公平公正原则。外部招聘的对象是招聘信息的接收者，面对众多的应聘者，公平是重要的原则。应该给每一位应聘者以平等地展示自己的机会，实现公平竞争，使真正有能力的候选人不会因为一些外界或人为因素的影响而失去获得该职位的机会。这就对招聘人员提出了更高的要求，他们必须排除一些世俗偏见、个人成见、性别歧视等因素的影响，在招聘的过程中真正做到公正和公平。

（2）适用原则。招聘人员应熟悉所招聘职位的工作性质、工作职责、能力要求等情况，并根据这些具体条件，认真选择合适的工作人选，使所招聘的人员真正适合并胜任这项工作。在实际招聘过程中，所聘用的人员并不具备担任该职位能力的现象时有发生。此外，还有一种招聘现象也不容忽视，即许多组织在招聘过程中出现的人才“高消费”现象。不少组织的招聘广告提出仅招聘本科及研究生以上学历人员的高标准，使许多有实际工作能力和经验但没有正式文凭的人才对组织招聘的高门槛望而却步。与此同时，组织在招聘中对应聘者的期望过高，录用了能力超出职位要求很多的优秀人才，虽然在短期内使组织获益，但结果却是该人才很快感到这个职位并不能为其提供个人发展空间，而期望在该组织外部寻求更好的发展机会，从而导致人员流动速度过快、频率过高，这无疑会加大企业招聘的工作量和难度，并增加组织的员工招聘、培训和录用费用。

（3）真实、客观原则。组织在进行外部招聘的过程中，面对的是对本组织并不熟悉的外部应聘者。招聘人员要真实、客观地向应聘者介绍组织的情况，即在招聘时，向应聘者提供全面的信息。这有助于应聘者与组织形成正确的心理契约。习惯上，用人单位往往倾向于把自己的组织描述得非常好，以吸引更多的人来应聘，但是，这种做法通常会使应聘者期望值过高，容易产生失望和不满情绪，甚至有上当受骗的感觉，使得新进人员的保持率低；而如果一开始就注重现实的工作目标，向应聘者介绍有关组织好的一面，也介绍可能存在的问题，就会使应聘者对工作产生一种真实的想法，从而在实际工作中产生满足感，这样会降低人员流动率。

（4）沟通与服务原则。外部招聘是组织与外部的互动过程。通过信息的双向流动，组织在获取应聘者个人信息的同时，也向应聘者传递了组织的相关信息，实现组织内部与外界的双向沟通。此外，招聘过程也是招聘人员向应聘者提供咨询服务的过程，招聘人员向外界传递的相关信息，直接关系着该组织的形象。这些信息不仅包括组织的内部结构、部门设置等硬件设施和组织文化、经营理念、发展潜力等软件配置，还应该能够从招聘人员的形象、谈吐、待人接物等方面反映出该组织对其成员素质的培养和人格的塑造，从而使应聘者即使不能签约，也能够对组织产生深刻印象。

（二）外部招聘的方法

1. 员工举荐

员工举荐是一种组织内部员工举荐新员工的招聘方法。这种方法有利于节约人才招聘成本，但是必须建立在组织员工对空缺职位说明以及被推荐人均有深入了解的基础之上，举荐者出于维护企业利益、对企业负责以及个人收益方面的考虑，会根据组织的要求和候选人的条件，在自己心目中进行多次筛选。由于员工对组织的情况较为熟悉，所以他了解组织需要什么样的人才，什么样的人才更适合在组织中担任该职位；同时，员工对被推荐人情况掌握得也比较全面，在推荐时就比较有把握。需要指出的是，向组织举荐新员工并不局限于组织现有的内部人员。组织的关系单位、上级部门、所在地区或同行业协会都可以作为举荐人。

2. 广告招聘

广告招聘是指通过广播、报纸、杂志、电视等新闻媒体面向社会大众传播招聘信息，通过详细的工作介绍和资格限制吸引潜在的应聘者。广告招聘对任何职务都适用，它是现代社会非常普遍的一种招聘方式。

3. 中介机构

人才中介机构是指那些为用人单位寻找合适的职业候选人，也为求职者寻找工作机会的服务型机构。

第一，各级劳务市场。职业介绍所这些机构提供的一般是非技术性或技术性不强的劳动力服务，所涉及的职业如保姆、钟点工、营业员和服务员等，还可以为企业提供临时雇用的员工。使用劳务市场进行招聘的特点是职业介绍机构的应聘者范围较广，不易形成裙带关系；招聘的过程较短；招聘的针对性较强；能为选拔工作提供多种多样的人才来源。

第二，各级各类人才市场。随着现代人才需求量的增加，各种人才市场越来越成为供职者和求职者满足各自需要不可缺少的中间环节。就我国目前的情况来看，人才和劳动力市场一般是由政府人事、劳动部门主办的事业性服务机构；人才市场还定期或不定期地举办招聘会，或举办专门人才专场招聘会。

第三，“猎头”公司。猎头公司是英文单词 head hunter 的中文翻译，它是适应组织对高层次人才的需求和高级人才对满意职位的渴望而发展起来的。这种性质的组织机构与中介机构之间的区别在于中介机构是“为人寻找工作”，而猎头公司则是“为工作物色人”。可见，在工作内容、工作性质和工作目的方面，猎头公司确实与中介机构有所不同：它不是为求职者牵线搭桥，而是促使成功的人士另攀高枝。因此，猎头公司通常会和许多组织建立密切的联系，目的就是帮助组织寻找高级主管，而猎头公司认为最佳的候选人就是那些无须寻找工作的人，他们通常就是组织里的“头”，即高级主管。因此，在猎头公司工作的人被称为“猎头者”。目前中国通过猎头公司的服务为公司选拔高层次人才已经非常普遍。

4. 校园招聘

对于现代企业来说，面向校园招聘正式或临时人员是一种非常普遍的方式。现代企业在校园进行招聘的方式越来越多，每年我国都有大量的应届毕业生通过校园招聘的方式走向工作岗位。应届毕业生工作有活力、有朝气、可塑性强。从目前的发展趋势来看，有实力的企业大都选择到有关高校举办专场招聘会。企业为了能吸引更多的优秀毕业生，往往会在第一时间到学校进行宣讲、开招聘会，有些企业为了扩大影响力，常常会通过赞助学校文艺、学术等活动的方式来扩大知名度；有些企业还通过设立奖学金的办法与学校建立长期的稳定关系，使学生成为组织中新员工的主要来源。

小思考

受2020年新冠疫情的影响，不少公司都不得已取消了校招，与之相反的是，腾讯、华为、字节跳动等明星公司早就开始了校招抢人，也通过内推码、空中宣讲会等方式取得了不错的效果，更有华为“天才少年”项目招聘天价毕业生引发热议。那么对于HR来说，面对特殊形势，校招是否应该继续？又有哪些新的思路与方法来做好校招呢？

5. 网络招聘

网络招聘也称在线招聘或者电子招聘（E-Recruiting），它是指利用互联网技术进行的招聘活动，广义的网络招聘不仅包括企业招聘主页的建立、招聘信息的在线发布、电子简历的搜集，还包括应聘流程的在线管理、电子面试以及在线测评等全部依托于互联网技术的内容。网络招聘充分利用互联网技术具有的结构化、个性化、智能化、交互性、无地域性等特征，大大提高了招聘的效率；网络招聘不同于传统的招聘方式，它具备远程服务功能，能够与求职者及时互动，并且不会受到地域的限制。由于这种方法信息传播范围广、速度快、成本低，供需双方选择余地大，且不受时间、地域限制，因而被广泛采用。招聘单位、求职者、就业媒体都可以通过信息网络达到目的。

延伸阅读

网络招聘那些事儿

1. 综合类招聘网站——智联招聘、前程无忧、58同城、赶集网（见图2-1、图2-2、图2-3）

“找工作是去智联招聘、前程无忧，还是58同城、赶集网?”

如果你想从事的工作是普工类，比如服务员、家政、保洁等，在58同城、赶集网上找工作，可能会更加有效。当然，也有很多人吐槽这类网站虚假信息太多，这就需要我们求职的时候，动动你聪明的小脑袋瓜了。

从网站的主页、岗位的排序情况就可以知道招聘单位的侧重点，如果发布的岗位招聘信息入职门槛低，但薪资远远高出行业薪资，且企业不完整或有违规信息，一定要提高警惕，这些信息极有可能是钓鱼信息。

智联招聘、前程无忧，这两个老牌求职招聘网站，岗位信息多、可选择性大。这两个网站都做了优化，比如智联招聘有专门的校园招聘、高端职位（猎头专场）、城市站（普工专场）版块，不同类型的人才只需要选择适合自己的版块就好了。

图 2-1　智联招聘网站主页

图 2-2　前程无忧网站主页

图 2-3　58 同城网站主页

2. 垂直类招聘网站——BOSS 直聘、拉勾网（见图 2-4、图 2-5）

图 2-4 BOSS 直聘网站主页

图 2-5 拉勾网网站主页

从找到工作的可行性来看，更推荐互联网领域求职的小伙伴用 BOSS 直聘，可以像聊天一样跟 HR 沟通。但沟通的前提是尽可能地完善在线简历，最好在简历里写上招聘需求的关键词，这样被筛选出来的机会更大。

拉勾网在百度百科上的介绍是“为 3～10 年工作经验的资深互联网从业者提供工作机会的招聘网站”，如果是有一定工作经验的小伙伴，可以在拉勾网上尝试投递。

3. 地方性招聘网站

每个城市基本上都有自己的人才招聘网站，比如重庆的汇博人才网，有一些传统型的公司，更喜欢在这类网站上发布招聘信息。

这类网站一般会有该城市的人才政策、毕业生档案处理、招聘会等信息，求职的时候，也可以在这些网站上多逛逛，也许有意外的收获。

搜索方法：城市名+人才招聘网。例如：首都人才网，北京招聘网，北京人才网，北京招聘信息；上海人才网，上海招聘网，最新上海人才招聘网，上海人才热线。

4. 招聘的其他渠道

(1) 猎聘。中高端招聘网站（见图 2-6），比较适合有工作经验的人。如果你已经进入职场几年了，可以定期在猎聘网站上更新简历（半年或一年，了解自己的职场竞争力），最好跟 1～2 个猎头保持联系，这样能够让你有可能获得更好的求职机会。

图 2-6　猎聘网站首页

(2) 脉脉。脉脉是职场社交软件（见图 2-7），有些 HR 或猎头，会根据关键词搜索相关人才。因此，可以尽量完善脉脉的信息，时不时在上面发布一些专业的想法或观点，塑造自己的个人品牌，能够帮你获得一些潜在工作机会。如果想知道一个公司怎么样，也可以在脉脉上搜索该公司的关键词，综合其他用户对它的评价，多方面了解该公司。

图 2-7　脉脉网站首页

(3) Linkedin（领英）。如果你想进入外企工作，在领英上找工作是一个不错的选择。如果你的目标用户主要是海外用户，好好打理你的领英账户，还会有源源不断的客源（见图 2-8）。

图 2－8　领英网站首页

（三）外部招聘的利弊分析

1. 外部招聘的优点

（1）有利于树立组织形象。外部招聘是一种有效的对外交流方式，可以起到广告的作用，在招聘的过程中，企业在其员工、客户和其他外界人士中宣传了自己，从而形成良好的口碑。

（2）外部招聘能够带来新理念、新技术。从外部引进的员工对现有组织文化有一种崭新的、大胆的视野，而少有主观的偏见。典型的内部员工已基本适应组织文化，与外部人员相比，他们既看不出组织有待改进之处，也无进行改革和自我增强意识和冲动，整个组织缺乏竞争意识和氛围。另外，通过从外部引进优秀的技术和管理专家，能够给组织现有员工带来一种无形的压力，使其产生危机意识，激发其斗志和潜能，从而产生“鲶鱼效应”。

（3）人员选择范围广泛，有利于招到优秀人才。外部招聘的人才来源广泛，选择余地充分，具备各类条件和不同年龄层次的求职人员有利于满足企业选择合适人选的需要。能引进许多杰出人才，特别是某些稀缺的复合型人才，在一定程度上既能够节约企业内部培养和业务培训费用支出，又能够给企业带来急需的知识和技能。

（4）缓解内部竞争者间的紧张关系。由于空缺职位有限，企业内可能有几个候选人，他们之间的不良竞争可能导致钩心斗角、相互拆台等现象发生。一旦某一员工被提升，其他候选人可能会出现不满情绪，消极懈怠，不服管理。外部招聘可以使内部竞争者得到某种心理平衡，避免了组织成员间的不团结。

2. 外部招聘的缺点

（1）筛选时间长，难度大。要招聘到优秀的、合适的员工，企业必须能够比较准确地测定应聘者的能力、性格、态度、兴趣等素质，从而准确预测他们在未来的工作岗位上能否达到组织所期望的要求。而研究表明，这些测量结果只有中等程度的预测效果，仅仅依靠这些测量结果来进行科学的录用决策是比较困难的。为此，一些组织还辅助采取诸如推荐信、个人资料、自我评定、工作模拟等方法，这些方法各有各的优势，但也都存在不同程度的缺陷，这就使得录用决策耗费的时间较长。

（2）进入角色状态慢。外部招聘的员工需要花费较长的时间才能了解组织的工作流程和运作方式，才能了解企业的文化并融入其中。如果外聘员工的价值观与企业的文化相冲突，那么员工能不能适应企业文化并及时进入角色将面临一定的考验和风险。

（3）引进成本高。外部招聘需要在媒体发布信息或者通过中介机构招募，一般需要支付一笔不小的费用，而且由于外部应聘人员相对较多，后继的挑选过程也非常烦琐与复杂，不仅花费了较多的人力、财力，还占用了大量的时间。

（4）决策风险大。外部招聘只能通过几次短时间的接触，就必须判断候选人是否符合本组织空缺岗位的要求，而不像内部招聘那样经过长期的接触和考察，因此很可能因为一些外部原因（如信息的不对称性等、逆向选择及道德风险）而做出不准确的判断，进而增加了决策风险。

（5）影响内部员工的工作积极性。如果组织中有胜任的人未被选用或提拔，即内部员工得不到相应的晋升和发展机会，内部员工的积极性可能会受到影响，容易导致“招来女婿气走儿子”的现象发生。

（四）外部招聘的适用性

组织进行外部招聘的主要原因有三个：一是企业的产品或技术更新换代速度快，来不及在组织内部培养适用人才；二是组织内出现职位空缺而组织内部缺乏胜任者；三是出于其他考虑需要在更大范围内选拔更优秀的人才。因此，外部招聘适用于下列情况：

（1）企业为了吸引内部所不具备的高新技术人才或获取内部员工所不具备、不掌握的技术、技能、技巧时，需要从外部招聘。

（2）为了获得具备不同背景、文化层次，能够为企业提供新思想、新观念的创新型员工时，需要从外部招聘。

（3）组织处于创业初期或者业务范围、工作领域等加快扩张时，需要从外部引入人才；组织战略调整引起组织结构发生变化，为了调整人力结构，吸收新生力量和优秀、稀缺的人才，以满足组织长期发展目标的需要。

“千金易得，一将难求”，在当前人才竞争激烈的环境下，招聘渠道的选择成为争夺人才的重要环节。不管是什么招聘方式都不是完美的，在具有优势的同时又都有缺点，因此不能盲目地跟随他人的脚步或者用单一的方式招聘人才，应该结合企业自身的特点以及经济实力等来选择招聘渠道和招聘策略，有针对性地对不同社会群体、不同工作岗位选择合适的招聘渠道。比如，在对信息化普及率比较低的地区，年龄相对较大而又经验丰富的求职者进行网络招聘的时候，效果可能会不太好，使用传统招聘方式可能会获得更好的效果。同样，对于年轻群体就偏向于网络方式，要灵活选择招聘渠道，采用多元招聘方式。

人力资源的质量是决定一个企业兴衰的关键因素。纵观全球，不管是国家之间经济实力和综合国力的竞争，还是企业与企业之间经济利益的竞争，归根到底其实都是人力资源的竞争，而人力资源招聘成为决定这一竞争胜负的关键环节。因此一定要重视人力资源的招聘工作，跟上时代的步伐，与时俱进，充分发挥和利用网络环境优势。通过网络招聘不仅可以为企业招聘到最合适、最有质量的人才，为企业赢得人力资源竞争优势，还可以为企业的发展和经营管理提供支持和配合，推动企业实现利益的最大化。

小思考

新联是一家刚刚成立的互联网公司，HR 的重要任务之一就是招聘互联网技术人员，虽然老板愿意给出较高的薪酬，但是效果并不理想。技术技能较强的人才大多对初创企业的实力和发展前途表示担忧，有些愿意加入的却在技术方面离岗位要求稍有差距。招聘核心技术人才对公司来说是一件大事，招错人可能会影响公司发展。面对这种情况，你认为应该采取什么招聘策略？

小　结

组织获取职位候选人主要有两种渠道：内部招聘和外部招聘。

内部招聘是通过内部各种渠道来寻找合适的候选人。内部招聘主要有四种途径：提拔晋升、工作调换、工作轮换、人员返聘；在招聘过程应该遵循公平竞争、任人唯贤、激励以及合理安排的原则。内部招聘有利于调动员工工作积极性、提高忠诚度，但却容易造成“近亲繁殖”，而不利于组织的创新和发展。很多企业的多数岗位空缺就是通过内部招聘来填补的。

外部招聘是从组织外部获得职位候选人的一种渠道。外部招聘在招聘过程中应遵循公平公正、适用、真实/客观以及沟通与服务的原则。外部招聘的方法主要有员工举荐、广告招聘、中介机构校园招聘、网络招聘等。外部招聘可以为组织引入新的观念和技术，有利于增强企业的活力且选择余地较大。但是，外部招聘也可能由于外聘人员对组织缺乏了解而难以融入其中，不利于工作的开展。

不同的招聘渠道能够满足组织对人才的不同需要。两种渠道各有优缺点和适用条件，组织在招聘的过程中应具体问题具体分析，根据组织的需要多管齐下，选择最适合的招聘渠道。

模块三 招聘广告

知识目标/教学重点

1. 掌握招聘广告的内容
2. 掌握招聘广告的设计原则

能力目标/教学难点

1. 能够根据招聘岗位内容设计招聘广告
2. 能够根据招聘岗位需求分析招聘广告的优劣

素养目标/课程思政

1. 培养活动组织能力、资源协调能力
2. 培养逻辑能力、分析能力、判断能力
3. 培养诚信意识，提高学生道德情操

学习指导

本模块教学重点围绕招聘广告的设计原则，强调结合企业招聘岗位需求进行招聘广告的撰写，通过吸引人的招聘广告，让同学们在学习过程中分析招聘广告的内容，同时也能够提高个人应聘时分析招聘信息的综合能力，为将来的求职奠定基础。

建议学时

4 课时

导入案例

招聘海报赏析

图 3-1　不同公司的招聘海报

百度校招："扒一扒你有多少校友在百度"引爆校友情怀，从此感觉生活不再孤独……

图 3－2　百度校招海报

腾讯校招：鹅历！满满的生活气息，足足的时间印迹。

图 3－3　腾讯校招海报

案例分析：

从以上招聘海报可以看出企业争夺人才的激烈程度。既然是招聘广告，既做了公司形象的推广，又阐明了招聘需求，可谓一石二鸟。

一、招聘广告的内容

招聘广告主要指用来公布招聘信息的广告，要为应聘者提供一个获得更多信息的来源。人才招聘广告是企业员工招聘的重要工具之一，其设计的好坏直接影响应聘者的素质和企业的竞争力。

一般来说，招聘广告的内容包括以下几个部分：

1. 公司简介

包括公司全称、性质、主营业务等的简要介绍。招聘广告中的公司介绍应该以最简洁的语言介绍公司最具有特色和富有吸引力的特点，千万不可长篇大论、辞不达意。在广告中最好能使用公司的标识，并提供公司的网址，以便看到广告的人浏览公司的网页获取更进一步的信息。

2. 职位介绍

招聘广告中对职位的介绍通常包括职位名称、所属部门、主要工作职责、任职资格要求等。起草招聘广告时参考职位说明书会比较有帮助。但要注意的是，招聘广告中的职位情况介绍应该从读者的角度考虑，以读者能够理解和感兴趣为目的，切不可照搬职位说明书。

3. 应聘材料

在招聘广告中应该注明应聘者应准备的材料，如中英文简历、学历学位证书复印件、资格证书复印件、身份证复印件、照片等，以及提供薪资要求和户口所在地等信息。

4. 应聘方式和联系方式

应聘方式大多采用将简历和应聘材料通过信件、电子邮件、传真等方式发送到公司，因此需要提供公司的通信地址、传真号码或者电子邮件地址。另外，公司还应该提供应聘的时间范围或截止日期。

5. 其他事项

在内容上，一则完整的招聘广告还应该包括广告标题，诸如“××公司招聘”“高薪诚聘”等；人事政策，包括薪酬福利、培训机会等其他相关事项。

小知识

一条合适的招聘广告的10个基本要求

1. 尽可能与求职者分享公司的发展历程，而不仅仅是列出职位要求。

2. 职位描述应该包括现有员工一天的工作感受，因为仅仅把工作职责搬出来是很无聊的。

3. 招聘广告应该指出，对于胜任这个岗位的员工，职业发展空间是怎样的。

4. 应该用更亲切、富有创造力的语句，而非“我们亟需某方面的人才”这样的废话。

5. 要站在求职者的立场，给出此职位最吸引人的方面，福利待遇、企业年金当然好，但没人会单单为了这个来应聘。

6. 公布的招聘程序应该要表现得特别尊重求职者的时间安排和专业技能。

7. 要给出进一步了解职位信息的入口，比如公司的官方网址等，好让求职者了解更多信息和提出疑问。

8. 薪水方面要得到体现。在不知道薪酬是否在可接受的范围内时，求职者能忍受冗长的招聘程序吗？

9. 职位技能需求应该重视求职者的创造力和潜力，还避免用第三人称的语句，如“符合条件的求职者应该具备……”

10. 最后，应该描述一下企业文化，当然不是“在我们企业工作很有乐趣，能感受到活力”这样的句子，而是应该讲一个与企业文化相关的故事。

二、招聘广告的设计原则

招聘广告的设计原则可以概括为AIDA原则，即Attention（引起注意）、Interest（引起兴趣）、Desire（引起行动的愿望）、Action（引发行动）。

1. 能够引起求职者的注意

要引起求职者的关注，发布的招聘简章要有足够的吸引力，从排版布局到具体信息内容，每一处都要站在求职者的角度思考：“我如果是个求职者，什么样的招聘信息会吸引我”“20岁的人什么想法？30岁的人什么想法？学校怎么看？员工又怎么看？”一个招聘信息或一则招聘简章在面对社会大众时要考虑他们的想法，这样才能够吸引更多的人；招聘信息要简明扼要（不要太长）、重点突出（突出求职者想看的、突出公司优势）、布局美观（看起来很舒服）、简洁大气（对外宣传窗口不能太简陋）。

2. 能够引起求职者对广告的兴趣

让求职者关注了还要引起他的兴趣，平铺直叙、枯燥的广告词很难引起人们的兴趣，而生动、煽情、能引起人们共鸣的语言，加上巧妙、新颖的呈现方式，则具有刺激性、吸引力，能够引起读者的注意，激发读者的兴趣。具体来说就是要从求职者关注的点上做文章。有的人对薪资感兴趣，有的人对工作环境感兴趣，有的人对文化感兴趣。同时，针对不同类别的人应该列出不同的兴趣点，比如一家一线城市的公司扩张到二线城市，可抓住两点：一是岗位薪资水平有竞争力，二是岗位提升周期短、概率高。

3. 能够激起求职者申请工作的愿望

求职者申请工作的愿望是与他们的需求紧密联系在一起的。通过强调公司或职位中吸引人的一些因素，如成就、培训与发展的机会，挑战性的项目，优越的薪酬福利政策，充满合作氛围的团队等，激发求职者对工作的愿望。如果哪一个点引起了某个求职者的兴趣，那么他接下来就进入了考察行为阶段，包括考察自身目前的状况、招聘公司的综合状况，而招聘公司的状况更多的是通过招聘人员来展现，也就是说招聘人员展现的公司形象，要让应聘者感觉到公司对这次招聘、这个岗位非常重视。招聘人员热情大方的形象无形中坚定了求职者应聘的决心，这就是为什么每一家公司在外在形象上都从不吝啬。

4. 能够促使求职者产生应聘行动

在招聘广告中，应该包含让求职者马上申请职位或与公司联系的内容，如：“如果您具备上述任职资格，并且愿意接受挑战性的工作任务，那么请您在一周内将简历以及其他应聘材料寄往如下地址……”“想要了解最新职位空缺，欢迎点击……”引起了行动的愿望，只要没有特别的情况，求职者就会应聘看重的岗位了。到这里，招聘工作完成了一半，而接下来会在简历筛选、通知面试者和不通过者、录用通知、入职手续等流程中循环。

视频：招聘广告的设计

工作中 AIDA 原则的应用可谓无处不在，作为 HR 大军中的一员，能够熟练地、透彻地运用 AIDA 原则将会给自己的成长提供无形的力量。

延伸阅读

易尚国际创意实业集团的招聘广告文案

据说，你怀才不遇？

正好，我们老板怀财不遇！

诚聘会计……

3 年以上财务核算经验，据有财务软件使用经验、会计证。基本职能和素养：熟悉会计操作、会计核算流程管理、财务报表及基本的分析；熟悉银行业务和报税流程；熟悉国家税收政策及相关账务的处理办法。

图 3-4 易尚国际创意实业集团的招聘广告

据说，有人说你靠脸吃饭？

没关系，我们挖掘你的实力！

诚聘前台……

限女性，年龄 18～30 岁，五官端正，能熟练使用各类办公软件，有较强的服务意识，对工作有责任心；掌握基本的电话礼仪和商务接待礼仪，善于沟通、建立良好的人际关系；注意个人形象，不断学习，提升自我。

据说，你满腹魔水？

我们有根魔术棒等你试手！

诚聘室内设计师……

正规院校室内设计、艺术设计等相关专业大专以上学历；2 年以上相关工作经验，熟悉室内设计相关知识、施工工艺及材料；精通 3D MAX，熟悉 AUTOCAD、Photoshop 等绘图软件；具有一定的方案设计能力；配合甲方对施工单位进行图纸交底及相关技术施工指导。

我们不是 CCTV

也不是芒果番茄

我们 只是一间有规模的装修公司

但 在这里 没有禁言 也没有压迫

不管您是经验丰富的 老手 还是激情四射的 新手 只要您有您的 一手

来 创意装饰 凭您跃 任您飞

公司简介

易尚国际创意实业集团成立于 2014 年，总公司位于中央财富城 8#、9#店面，是一家集资源整合以及平台运营、各类高端项目为一体的大型集团公司。它下辖有创意易尚装饰、创意广告传媒、永创建筑工程、春天门业、建材销售等子公司。在创新方面，创意实业一直走在时代的最前沿，更是运用科学的管理，展现最优质的服务。创意实业一贯秉承自己的企业文化：“诚汇天下客商，信立创意品牌!”打造出本土的明星企业。

榜文

以上职位待遇暂不揭晓，如果你是敢做敢拼的一方英才，如果你达到了上述要求而还在原地踏步，如果你不安于现状想提升自己，豁出去吧！转发本文内容到创意装饰公司填资料吧，期待与你一起共谋“家装”大业！

应聘地址：江西省永丰县财富中央城售楼部隔壁 8#、9#楼

应聘时间：上午 9:00—11:30　下午 2:00—5:00

电话信息：0791－2522919 创意装饰（陈女士）

最后

联系我们

电话：0791－2522919 创意装饰

三、招聘广告的注意事项

（一）歧视问题

目前人才招聘广告中歧视问题还是比较明显的。一是性别歧视，在许多工种中都注明要求应聘者是什么性别，其实绝大部分工种男女均可以；二是年龄歧视，许多广告中都注明多少岁以下者应聘，这一方面会使企业失去一部分有才华但年龄稍大一点的人才，另一方面使上了一定年龄的人失去了公平竞争的机会；三是学历歧视，许多广告中盲目追求高学历，造成人才高消费，甚至写出“××学历以下者免谈、拒招”的字眼，以此突出招聘的档次；四是区域、婚姻歧视，如在广告中写出“不招××省人”“不招已婚人士”；五是星座歧视，近年来“星座说”在招聘工作中被引用，比如美工工作只招聘“处女座”等。在设计人力资源广告时应注意这些问题，更应当把“尊重”看作人力资源开发与管理的基

本准则。

（二）艺术组合问题

人才招聘广告在设计中，要依据焦点、简洁、魅力、统一、平衡、技巧六项要求进行整体组合，使之成为一个完整美观、中心突出的广告作品。焦点是指广告招聘的主题明确，使之真正符合企业目标；简洁是指招聘内容干净利索，以较少的文笔对工作要求和所需资格进行陈述，以突出广告的焦点；魅力是指广告对读者具有吸引力和触发他们的感情，引发应聘行为的刺激力；统一是指人才招聘广告设计的四大原则之间应作有机的联系，与表现主题关系不密切的和有关歧视性内容应除掉；平衡是指广告各要素在布局上要正确配置，使人感到广告表现完善、协调，在编排过程中应当有主有次、精心策划，在统一下求平衡，并不断修正广告的标题、正文、标语、图形，以求得最佳广告布局的要求；技巧是指设计出来的广告样稿应有精湛的制作技巧，以准确、完美地实现设计要求。依据人才招聘广告设计要求进行艺术的组合编排，使之成为有强烈艺术感染力的广告作品。

延伸阅读

"土味招聘文案"大合集！候选人撩到腿软

作为一名老司机，纵横人力界这么多年，研究君想说，招聘也是一种营销。没有撩不动的候选人，只有不会写招聘文案的HR！呐，吐血整理史上最全"土味招聘文案大大大合集"，收好了！

"你属什么?""我属狗!""不，你属于我们公司。"

"你是哪里人?""湖南人。""不，你是我的候选人。"

"你知道我最大的缺点是什么吗?""是什么?""缺点你。"

"甜有一百种方式，最重要的一种，就是每天在公司看到你。"

"职场中苦海无涯，只要你回头，就会发现（公司名称）一直都在你身后。"

"我想买一块地，入职的死心塌地。"

"我很能干，但有件事不会。""什么事?""不会让你去别家入职。"

"我有一个人生建议能让你受益匪浅。""真的吗？什么人生建议?""接了这个offer。"

"我觉得你不适合面试。""啊，为什么?""因为你适合直接入职。"

"可以帮我接个东西吗?""什么东西?""接了这个offer。"

"我最近一直在找一家店，比较着急，不知道你知道不。""什么店?""你的offer确认来电。"

"莫文蔚的阴天，孙燕姿的雨天，周杰伦的晴天，都不如你来我们公司和我聊聊天。"

"你那么好，知道我想对你做什么吗?""做什么?""给你发工资。"

"我以前认识你吗?""不认识吧!""那为什么我感觉你就是我梦中的那个候选人?"

"我给你看一下手相。""你看出了什么?""你命里缺一份我这边的工作。"

"你为什么要害我?""害你什么?""害我那么想要招你。"

"不负初心的温暖少年，我愿成为你未来职场规划的引路人。"

"确认过眼神，你就是我的候选人。"

"黄金万两易得，知己一人难求，我愿意成为你最知心的 HR。"

"你喜欢我们公司吗？如果不喜欢我再想想办法。"

（三）媒体选择问题

招聘广告一般通过电视、报纸、广播、杂志、网络等渠道进行传播，渠道不同，受众、内容形式不同，费用也不同。选择恰当的广告投放渠道也非常关键。在选择媒体时应该考虑下列问题：

第一，一种媒体的受众类型远比它的受众人数更为重要，因为这关系到究竟有多少潜在的职位候选人在关注这则广告。例如：一家本地知名公司网站的浏览者可能比一个专业求职网站的浏览者要少得多，但是对于公司所要寻找的专业职位候选人来讲，前者更容易看到广告，即与其在海量信息的求职网站中发布信息，不如选择公司的官方网站发布信息。

第二，评价所要选择媒体有没有类似的招聘广告，有多少与本企业所需职位大致相当的招聘广告。如果此媒体根本没有招聘广告，那么就需要慎重选择，因为求职者往往希望在同一媒体上找到较多的适合自己的职位。如果某份报纸刊登的广告招聘的职位多是一些低级的职位，而企业需要招聘的是较高级的职位，那么也需要仔细分析一下这种媒体是否适合。

第三，如果有条件，可以同时使用两种以上的媒体广告，这样可以收到更好的效果。

第四，在报纸、网络等媒体上刊登招聘广告比较适合该职位拥有大量求职者的情况，而且这些求职者又恰好是刊登广告的媒体的受众，在这种情况下刊登招聘广告很适宜。然而，寻找专业人员刊登这种广告却不是最佳选择。因为某些专业人员本身数量就很少，而且他们中的很多人可能并没有留意这些广告，所以获得职位候选人的机会就可能很小。

企业一般会选择通过互联网的渠道，在求职网站上注册审核通过后发布一些招聘信息，既方便又快捷；具有一定规模的企业也会在自己的官方网站、微信公众号发布招聘信息，从关注企业的人群中寻找人才，宣传企业。

小思考

麦当劳在抖音上投入大量招聘广告，并取得了不错的效果。于是很多企业也都在抖音上投放广告，效果却有好有坏。这是为什么呢？

小　结

招聘广告的内容包括公司简介、职位介绍、应聘材料、应聘方式和联系方式，以及其他事项如广告标题、薪酬福利、培训机会等。

招聘广告设计的原则可以概括为 AIDA 原则，即 Attention（引起注意）、Interest（引起兴趣）、Desire（引起行动的愿望）、Action（引发行动）。

模块四 简　　历

知识目标/教学重点

1. 掌握招聘中简历、招聘申请表的必要理论知识
2. 掌握招聘中简历制作及筛选、招聘申请表制作及筛选的工具和方法
3. 熟悉招聘管理系统在简历管理方面的重要作用，了解数字化招聘

能力目标/教学难点

1. 能根据招聘岗位需求制作简历、筛选简历
2. 能根据招聘岗位需求制作招聘申请表、筛选招聘申请表

素养目标/课程思政

1. 培养逻辑能力、分析能力、判断能力
2. 培养诚信意识，提高学生道德情操

学习指导

本模块重点围绕如何根据企业招聘岗位需求制作及筛选简历、制作及筛选招聘申请表展开，请同学们在学习过程中注意举一反三，不仅学习简历的制作及筛选，招聘申请表制作及筛选的基本知识和技能，同时也锻炼提高个人简历制作和招聘申请表填写的能力，为将来的求职奠定坚实的基础。

建议学时

6 课时

导入案例

陈先生究竟为什么屡屡与职位失之交臂？

陈先生，有8年以上工作经验，年龄已超过35岁，名牌大学硕士生，可是他最近却为找工作而烦恼。他面试了许多单位，却总不成功；给许多单位递去简历，却总是石沉大海；自己联系猎头，却总不了了之。为了工作的事情他真是焦头烂额。此前，学技术的他也做过技术，还自己创业过，跳槽了数家公司。如今，他又转行做销售。尽管听说市场上十分缺销售，可他依然不能如愿找到工作。

思考：陈先生究竟为什么屡屡与职位失之交臂？

案例分析：对求职者而言，跳槽前后职位应该有连续性或阶梯的上升。此外，应寻找适合自己的职位，如陈先生本应从事技术，却想做销售，自己的知识面和经验或许无法支撑这样的岗位。当然，在与猎头打交道的过程中，还是应诚实地加以沟通，不要过度包装自己，只有坦诚说出自己的强、弱项，才能让猎头帮忙找到适合自己的职位。在某种程度上，猎头其实也是自己的合作伙伴与帮手，如果本人不被猎头信任和欣赏，无疑猎头也不会花心思帮着寻找好的职场机会。

猎头筛选简历的要点如下：

要点一：应聘者曾经任职的企业和职位

首先看此人现在或最近在什么企业工作过。如果和空缺职位处于同一行业，而且在该行业中的领先企业有任职经历，那么获得面试的机会是十之八九。另外，有在跨国企业、知名企业的经历会得到优先考虑。还有，能够进入猎头视线的通常都是在管理水平和专业技能上资质较深的优秀人才，如果你的简历没有显示出你有足够的管理者资历（比如五年以上），那么你的简历很容易被忽略。其次，通过简历，猎头可以了解你的职责大小、行业深入程度，从而判断你与空缺职位的匹配程度。

要点二：候选人的过往业绩

没有业绩支撑的职位描述是没有说服力的。由于不同企业对职位的内容和职责范围设计不同，因此真正反映个人能力和资历的是工作业绩，数字、案例和奖励等比长篇的职位描述更能打动看简历的人。此外，真实是一切的前提，如果简历中有较大水分或编造内容，那么它就会失去所有被推荐的机会。

提供给猎头公司的简历一般包含个人基本信息、教育背景、工作经历、素质能力和主要业绩等几方面内容。工作经历的介绍应包括提及公司名称、部门、职位、上下级、主要职责等。如果工作过的公司不是知名企业，最好简单介绍下公司的背景、规模和主营业务，阐明真实的离职原因，并提供1～2个证明人。自我评价是很重要的一栏内容，候选人对自己的定位、工作经验、行业优势和专业优势都要在此集中体现。对销售而言，业绩当然是指完成业务指标的情况，而对销售管理人员，团队建设和管理也是自己的业绩之一。如在一年内，销售团队从几人发展到多少人。如果是从事技术岗位，项目经验则是重点。应从项目内容、项目规模、开发周期、开发的软硬件环境、开发工具和语言等几方面介绍，重点介绍自己在项目中的职责。这些内容是猎头用来分辨候选人的工作经验是否符合客户需要的重要依据。最后，在每段工作经历里，最好用一两句话介绍一下就职的公司，尤其是对那些在专业领域里表现出色，但又不是世界500强或不被人熟知的企业。因为猎头不可能对市场上所有的企业都了解。一般人都相信，如果你曾在一个知名大企业里工作过，那你应该见识过严格的管理体系，了解严密的工作流程，也有可能接受过系统的培训。

简历（Resume），顾名思义，就是对个人学历、经历、特长、爱好及其他有关情况所做的简明扼要的书面介绍，是用于应聘的书面交流材料。它向未来的雇主表明自己拥有能够满足特定工作要求的技能、态度、资质和自信。成功的简历是一件营销武器，它向未来的雇主证明自己能够解决他的问题或者满足他的特定需要，以确保能够得到面试的机会。

一、简历的类型

简历是有针对性地自我介绍的一种规范化、逻辑化的书面表达。对应聘者来说，简历是求职者的“敲门砖”，常见的简历有以下几种：

1. 时间型简历

它强调的是求职者的工作经历，大多数应届毕业生都没有参加过工作，更谈不上工作经历了，所以这种类型的简历不适合应届毕业生使用。

2. 功能型简历

它强调的是求职者的能力和特长，不注重工作经历，因此对应届毕业生来说是比较理想的简历类型。

3. 专业型简历

它强调的是求职者的专业、技术技能，尤其是那些对技术水平和专业能力要求比较高的职位，这种简历最为合适。

4. 业绩型简历

它强调的是求职者在以前的工作中取得过什么成就、业绩，适用于有工作履历、业绩突出的求职者，对于没有工作经历的应届毕业生来说，这种类型不适合。

5. 创意型简历

这种类型的简历强调的是与众不同的个性和标新立异，目的是表现求职者的创造力和想象力。这种类型的简历不是每个人都适用，它适合于广告策划、文案、美术设计、从事相关方向性研究的研发等职位求职。

延伸阅读

年轻人喜欢使用个性化简历，90后钟爱多媒体简历

1. 视频简历

视频简历，是把求职者的形象与职业能力表述通过数码设备录制下来，经过对录制后的影像编辑及播放格式转换，可以通过播放器播放的一种求职者影音形象的简历形式。视频简历凭借客观的影音效果以及丰富的信息量，快速拉近了求职者和用人单位的距离，使用人单位能在较短的时间内全面了解求职者。

优点：是求职者利用录制的视频在互联网上展示自己的方式，有着传统的纸质简历不能比拟的直观性。视频简历让招聘方看到、听到并体会到求职者的实际表现及内心感受，拉近了求职者和招聘方的距离。

缺点：很多公司的人力资源部门负责人表示，观看视频简历可能需要3～5分钟或更长时间，但是浏览纸质简历只需要1～2分钟，因此视频简历不能作为简历的主要部分。

2. 博客和网站式简历

web版的电子简历即html格式的电子简历（个人网站式），是由html语言编写而成，展示的方式灵活多样，比传统简历更利于网上传播。国外有大量多媒体简历在线生成网站，可以更生动形象地描述自己，同时也可发布到网上，也可以通过电子邮件传递，方便、快捷、高效。

运用多媒体进行求职，形式新颖且引人注目，但在实际操作过程中，职场专家提醒，在制作多媒体简历时，一定既要有形式也要有实在内容。在展现自己特长的同时，要表明求职意向以及个人要求。另外，由于网络的公开性，在上传多媒体简历时，一定要保护好自己的隐私，如家庭情况、身份证号码等信息。

二、简历的内容

一份简历一般可以分为四个部分，具体如下：

第一部分为个人基本情况。应列出自己的姓名、性别、年龄、籍贯、政治面貌、学校、系别及专业、婚姻状况、健康状况、身高、爱好与兴趣、家庭住址、电话号码等。

第二部分为学历情况。应写明曾在某某学校、某某专业或学科学习以及起止时间，并列出所学主要课程及学习成绩，在学校和班级所担任的职务，在校期间所获得的各种奖励和荣誉。

第三部分为工作资历情况。若有工作经验，最好详细列明，首先列出最近的资料，然后详述曾工作的单位、日期、职位、工作性质。

第四部分为求职意向。即求职目标或个人期望的工作职位，表明你希望得到什么样的工种、职位，以及你的奋斗目标，可以和个人特长等合写在一起。

为体现不同人群的特点，四部分的排序及组合会根据实际情况略有出入。

三、简历制作的技巧和原则

1. 简历制作的技巧

个人简历是求职者生活、学习、工作、经历、成绩的概括。写好个人简历非常重要。一份适合职位要求、翔实和打印整齐的简历可以有效地获得聘用单位面试的机会。一般常用的简历格式有两种。一种是按年月顺序，列出自己的学习工作经历；另一种是根据需要有选择地列出自己的学习、工作经历，充分表现自己的技能、品德。

制作简历需要注意以下几点：

第一，仔细检查已成文的个人简历，绝对不能出现错别字、语法和标点符号等方面的低级错误。

第二，个人简历最好用 A4 标准复印纸打印，字体最好采用常用的宋体或楷体，尽量不要用花里胡哨的艺术字体和彩色字体，排版要简洁明快，切忌标新立异。

第三，个人简历必须突出重点，与申请的工作无关的事情尽量不要写，而对申请的工作有意义的经历和经验绝不能漏掉。

第四，尽量提供个人简历中提到的业绩和能力的证明资料，并作为附件附在个人简历的后面。

第五，一定要用积极的语言，切忌用缺乏自信和消极的语言写你的个人简历。

第六，个人资料里的联系方式一定要齐全，包括手机号码、固定电话、暂住或家庭地址、E-mail 等，方便招聘单位第一时间通知本人参加面试或发布面试结果。

第七，简历照片不宜五花八门，应以一至两寸的彩色半身职业近照为佳，男士穿白衬衫、单色领带和深色西装外套；女士可穿带衣领的白色或浅色衬衫加单色小西装或者外套，以便给招聘方留下良好的第一印象。

小知识

如何制作一份完美的简历

一、针对性强

企业对不同岗位的职业技能与素质需求各不一样。因此，建议在写作时最好能先确定求职方向，然后根据招聘企业的特点及职位要求进行量身订制，从而制作出一份针对性较强的简历，忌一份简历“行走江湖”。

二、言简意赅

一个岗位可能会收到数十封甚至上百封简历，因此 HR 查看简历的时间相当有限。因此，建议求职者的简历要简单而又有力度，大多数岗位简历的篇幅最好不超过两页，尽量写成一页（技术相关工作岗位可写成两至三页）。

三、突出重点、强化优势

一是目标要突出，应聘何岗位，如果简历中没有明确的目标岗位，则有可能直接被淘汰；二是突出与目标岗位相关的个人优势，包括职业技能与素质及经历，尽量量化工作成果，用数字和案例说话。

四、格式方便阅读

网络上面有很多简历模板，只能起到参考作用，毕竟每个人的情况都不一样，那些模板未必适合你。因此，建议求职者慎用网络上提供的简历模板及简历封面，而是应该根据自身的情况进行合理设计。正常情况下，一份简历只要包含个人基本信息、求职意向、职业技能与素质、职业经历四大部分即可，个人可视具体情况添加。

五、逻辑清晰、层次分明

要注意语言表达技巧，描述要严密，上下内容的衔接要合理，教育及工作经历可采用倒叙的表达方式，重点部分可放在简历最前面。

六、客观真实

诚信是做人之根本，事业之根基。一个不讲诚信的人，很难在社会上立足。同理，如果当事人在简历中弄虚作假，将会失去更多的机会。即使能侥幸获得面试机会，但有经验的 HR 在面试过程中一般都可以看穿，只要被发现有一处作假，就会让人觉得处处作假，终将被拒之门外。一个连诚实都做不到的人，企业拿什么信任你？因此，建议求职者在制作简历时客观、真实，可根据自身的情况结合求职意向进行纵深挖掘，合理优化，而非夸大其词，弄虚作假。

综上所述，一份同时具有针对性强、言简意赅、突出重点、强化优势、格式方便阅读、逻辑清晰、层次分明、客观真实的简历可获得更多的面试机会。

2. 简历制作的原则

（1）清晰性原则：清晰的目的就是要便于阅读。就像是制作一份平面广告作品一样，简历排版时需要综合考虑字体大小、行和段的间距、重点内容的突出等因素。

（2）真实性原则：简历的内容要客观真实，不要试图编造工作经历或者业绩，谎言不会让你走得远。

（3）针对性原则：假如某公司招聘简章中要求具备相关行业经验和良好的销售业绩，你在简历中清楚地陈述了有关的经历和事实并且把它们放在突出的位置，这就是针对性。

（4）价值性原则：使用语言力求平实、客观、精炼，篇幅视工作所限为 1～2 页，工作年限 5 年以下，通常以 1 页为宜。注意提供能够证明工作业绩的量化数据，同时提供能够提高职业含金量的成功经历。独有经历一定要保留，如著名公司从业、参与著名培训会议论坛、与著名人物接触的经历等。

（5）条理性原则：要将公司可能雇用自己的理由，用自己过去的经历有条理地表达出来。个人基本资料、工作经历包括职责和业绩、教育与培训这三大块为重点内容，其次重要的是职业目标、核心技能、背景概述、语言与计算机能力、奖励和荣誉。

（6）客观性原则：简历上应提供客观的证明或者佐证资历、能力的事实和数据。

（7）十秒钟原则：一般情况下，简历的长度以 A4 纸 1～2 页为限，简历越长，被认真阅读的可能性越小。

延伸阅读

优秀的简历模板

推荐简历模板之一（见图 4-1）：

求职简历
RESUME

中国福建省泉州市精尚路 | www.16sucai.com | 0000 0000 000

YOUR PHOTOS

WWW.REDOCN.COM

PERSONAL RESUME

基本资料

姓名：李某某　　专业：平面设计
性别：女　　毕业院校：北京某某大学
学历：本科　　出生日期：1988.10

教育背景

1991.09-1997.07　北京某某小学
1997.09-2002.07　北京某某中学
2002.09-2006.07　北京某某大学平面设计专业

职业技能

Ai　Ps　ID

求职意向

广告设计师、助理设计师、网页设计师、电脑美工、
网页建设、FLASH制作

工作经历

2006.09-2007.03 北京某某广告有限公司 助理设计师
2007.05-2008.09 北京某某文化传媒策划有限公司 设计师
2008.10-2009.09 北京某某文化传媒策划有限公司 主案设计师
2009.10-2014.09 北京某某创意设计有限公司 资深设计师

自我评价

善于沟通，有较强的组织协调能力，在工作过程中
能独当一面；具有计划、统筹等管理经验；
工作作风精干、自信、有对工作长远且整体的把握能力。

图 4-1　求职简历模板一

推荐简历模板之二（见图 4－2）：

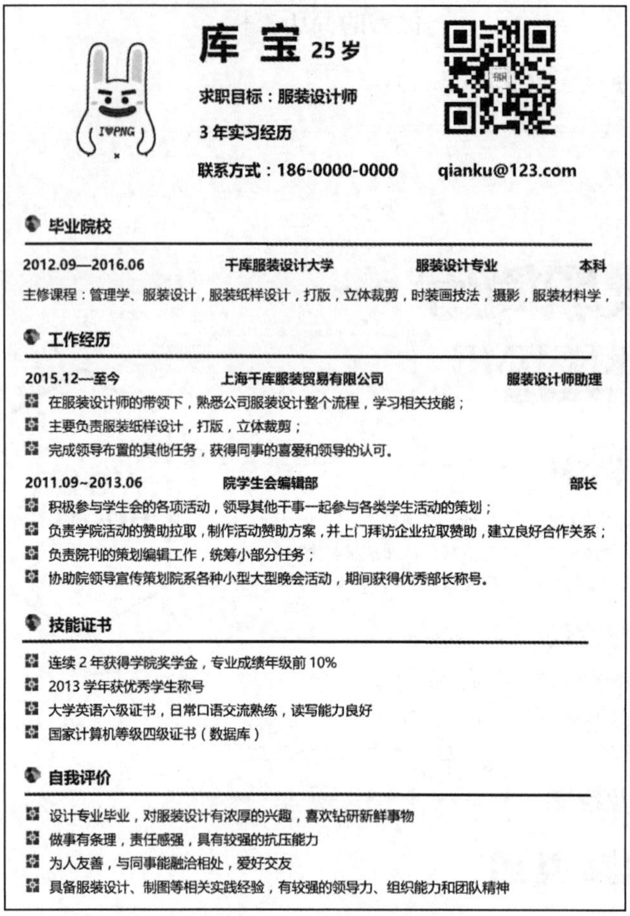

库宝 25岁

求职目标：服装设计师

3年实习经历

联系方式：186-0000-0000 qianku@123.com

毕业院校

2012.09—2016.06 千库服装设计大学 服装设计专业 本科

主修课程：管理学、服装设计，服装纸样设计，打版，立体裁剪，时装画技法，摄影，服装材料学，

工作经历

2015.12—至今 上海千库服装贸易有限公司 服装设计师助理

- 在服装设计师的带领下，熟悉公司服装设计整个流程，学习相关技能；
- 主要负责服装纸样设计，打版，立体裁剪；
- 完成领导布置的其他任务，获得同事的喜爱和领导的认可。

2011.09~2013.06 院学生会编辑部 部长

- 积极参与学生会的各项活动，领导其他干事一起参与各类学生活动的策划；
- 负责学院活动的赞助拉取，制作活动赞助方案，并上门拜访企业拉取赞助，建立良好合作关系；
- 负责院刊的策划编辑工作，统筹小部分任务；
- 协助院领导宣传策划院系各种小型大型晚会活动，期间获得优秀部长称号。

技能证书

- 连续2年获得学院奖学金，专业成绩年级前10%
- 2013学年获优秀学生称号
- 大学英语六级证书，日常口语交流熟练，读写能力良好
- 国家计算机等级四级证书（数据库）

自我评价

- 设计专业毕业，对服装设计有浓厚的兴趣，喜欢钻研新鲜事物
- 做事有条理，责任感强，具有较强的抗压能力
- 为人友善，与同事能融洽相处，爱好交友
- 具备服装设计、制图等相关实践经验，有较强的领导力、组织能力和团队精神

图 4－2　求职简历模板二

四、简历的投递

（一）招聘会的简历投递

有的放矢投递简历。利用招聘会现场的有利条件，与招聘人员积极沟通，想方设法了解企业的情况、某个岗位的具体职责、招聘要求等，然后对照自身条件、招聘要求考虑有无成功的可能性。

（二）网络招聘的简历投递

1. 有针对性地挑选网站

如对应届毕业生而言，知名招聘网站的“校园招聘”频道、各地的高校毕业生就业服务网站、高校网站的“招生就业”频道、企业网站的“人才招聘”频道等，适合毕业生的岗位相对集中。

2. 仔细筛选信息，做到有的放矢

网上的职位信息十分庞杂，要学会利用职位搜索器等工具过滤、筛选信息。留心考察每条招聘信息的真实性和有效性。求职者必须仔细浏览招聘单位简介、招聘职位介绍、信息发布时间、有效期等，必要时还可登录该公司的主页了解更多相关信息。留意对方的用人计划及招聘要求，在全面详细地了解了招聘职位的信息后根据自己的实际情况投递出简历。

3. 选择合适的方式，第一时间投递简历

找到了合适的职位后，最好按照招聘方要求的方式进行投递。有些公司会在网上公布格式统一的职位申请表，要求填写后发送；还有公司不希望应聘者用附件形式发送简历等。按照招聘方要求在第一时间投递简历，将会较为顺利地进入筛选程序，并抢占先机。

4. 忌向一个单位申请多职

在网络求职中，向一个单位同时申请多个职位，并不能表明你的能力超群，相反，用人单位会认为你非常盲目，没有自己的目标，缺乏主见。因此，向一家单位同时申请多个职位的做法不可取。

5. 主动询问应聘结果

尽可能了解招聘方的联系方式、联系人姓名，在简历投递后通过电话、邮件等方式积极主动地与招聘方联系，询问应聘结果。

（三）平面媒体招聘的简历投递

在投递简历前，要做细致的信息筛选、分析工作，从中找出有用信息。投递简历要本着“越快越好”的原则，在见到招聘信息后尽快投递。

五、简历和申请表的筛选

（一）简历的筛选

在应聘者信息的筛选中，简历和申请表各有优缺点（见表4－1），在招聘中应斟酌选用。

表4－1　申请表和简历的比较

优缺点	申请表	简历
优点	1. 直截了当 2. 结构完整 3. 减少了不必要的内容 4. 标准化程度高，易于评估	1. 开放式，有助于创新 2. 允许申请人强调他认为重要的东西 3. 允许申请人修饰自己的简历 4. 费用较少，容易做到
缺点	1. 封闭式，限制创造性 2. 制作和分发费用较高	1. 申请人可能略去某些对自己不利的内容 2. 容易夸大其词 3. 标准化程度低，难以评估

筛选应聘者的简历时，应注意以下几点：

1. 分析简历结构

简历的结构在很大程度上反映了应聘者的组织和沟通能力。结构合理的简历都比较简练，一般不超过两页。通常应聘者为了强调自己近期的工作，书写教育背景和工作经历时，会采取从现在到过去的时间排列方式；相关的实践经历常常被突出表述。书写简历并没有一定格式，只要通俗易懂即可。

2. 重点看简历中的客观内容

简历的内容大体上可以分为两部分：主观内容和客观内容。招聘人员在筛选简历时注意力应放在客观内容上。客观内容主要分为个人信息、受教育经历、工作经历和个人成绩四个方面。个人信息包括姓名、性别、民族、年龄、学历等；受教育经历包括上学经历和培训经历等；工作经历包括工作单位、起止时间、工作内容、参与项目名称等；个人成绩包括学校、工作单位的各种奖励等。主观内容主要包括应聘者对自己的描述，如本人开朗乐观、勤学好问等对自己评价性与描述性的内容。

3. 判断应聘者是否符合职位对技术和经验的要求

在浏览客观内容时，招聘人员首先要注意应聘者的个人信息和受教育经历，判断应聘者的专业资格和经历是否与空缺岗位相关并符合要求。如果不符合要求，就没有必要再浏览其他内容，可以直接筛掉。例如：在受教育经历中，要特别注意应聘者是否用了一些含糊的字眼，比如没有注明大学教育的起止时间和类别。这样做很有可能是在混淆专科和本科的区别，或者是统分、委培、成教等的区别。

4. 审查简历中的逻辑性

在浏览工作经历和个人成绩方面时，招聘人员要注意简历的介绍是否有条理，是否符合逻辑。比如一份简历在描述工作经历时，列举了一些著名的单位和一些高级职位，而他所应聘的却是一个普通职位，这就需要引起注意。又如另一份简历中称，自己在许多领域取得了什么成绩，获得了很多证书，但是从他的工作经历中分析，很难有这样的条件和机会，这样的简历也要引起注意。如果能够断定在简历中有虚假成分存在，就可以直接将这些简历筛掉。

5. 对简历的整体印象

通过审阅简历，招聘人员可以标出印象较好的简历。另外，招聘人员可以标出简历中感觉不可信的地方，以及感兴趣的地方，面试时可询问应聘者。

视频：
个人简历筛选

案例分析

员工入职后简历存在虚构造假怎么处理？

某企业面向社会公开招聘一名商务经理，在面试过程中，郭某某向该企业提交了曾在同行业多家企业担任商务主管或经理等职务的工作履历表。该企业对郭某某以往的工作经历非常满意，于是双方签订了为期3年的劳动合同，约定郭某某的岗位是商务经理，工作职责是全面负责企业商务管理工作。

郭某某在该企业工作一段时间后，该企业主管副总发现郭某某的工作能力很一般，有些本职工作不能很好地完成，遂对郭某某的工作经历产生怀疑。随后企业对郭某某做了背景调查，发现郭某某所说的在多家企业担任过商务主管或经理的经历严重与事实情况不符。该企业当即以郭某某简历欺诈为由，做出双方劳动合同无效的决定，并以正式解聘通知书的形式告知郭某某。郭某某不认可该企业的决定，于是申请劳动仲裁。

郭某某认为以往的工作经历与现在的工作并无关系，自己工作兢兢业业、任劳任怨，取得了相应的成绩，企业无权做出劳动合同无效的决定。企业认为郭某某虚构工作经历，致使企业与其签订劳动合同，其行为已经构成欺诈，应确认双方的劳动合同无效。

劳动争议仲裁委员会审理后正式宣布，企业与郭某某签订的劳动合同无效。

案例分析：《劳动合同法》第26条规定："以欺诈、胁迫的手段或者乘人之危，使对方在违背真实意思的情况下订立或者变更劳动合同的应当无效。"对于该无效的劳动合同，用人单位可以依据《劳动合同法》第39条的规定立即与劳动者解除劳动合同。对劳动合同的无效或者部分无效有争议的，由劳动争议仲裁机构或者人民法院确认。

用人部门发现员工虚构简历造假，发现有劳动合同无效情形与员工解除劳动合同时，应做到程序合法，只要有足够证据证明虚构简历并且足以影响合同有效性，随时可以解除劳动合同。

延伸阅读

猎头在筛选简历的时候看重哪几点？

简历是猎头认识候选人的第一道关卡，想要入猎头的法眼就要把简历做好。猎头筛选简历的时候看重哪几个要素呢？

1. 学校与学历

有不少企业在招人的过程中，对候选人的学校出身和学历看得比较重，甚至有些公司很崇尚名牌大学的背景，他们认为名牌学府门槛较高，能进入名牌大学的人自然实力较强。但在企业工作中，高学历出身并不意味着能力强。企业重学历，更应重能力。

2. 工作的企业是否知名

知名企业里面有先进的管理理念、规范的管理模式、成熟和创新的经营模式、优秀的企业文化等，在知名企业里接触的资源和人脉是一般企业里面不能比的，这也是用人企业比较看重的。但知名企业毕竟是少数，所以如果简历过多介绍企业，特别是知名企业，会给人一种只能靠企业的规模和知名度来提升个人形象和水平的不好印象。

3. 发展路径与工作经历

一个人的职业发展，如果是从基层一步一步被提拔上来，最终做到高层管理岗位，说明这个人的发展潜质很好，而且基础打得非常扎实，相对于那些“半路出家”、专业基础不够的经理人来说会更受欢迎。工作经历完整而又有层次，经历丰富而又有成功经验，往往会很容易被招聘方看中。

4. 职业的稳定性

要说明的是，猎头并不欢迎也不喜欢频繁跳槽的人。当然现在对于稳定性的理解也有了一些变化，以前认为一个人要在一个公司待到老，才是好员工，才是稳定性好。现在两年就算过关，三年就算稳定了。一年换一个单位甚至几个单位的简历绝对属于垃圾简历。当然，如果是从基层到中层再到高层，一步一个脚印走上来的人，也是猎头青睐的。

5. 薪酬标准

我们不能下结论说，一个人的薪酬有多高，这个人能力就有多大，但从另外一个角度看，能拿高薪，毕竟是能力的证明之一，也就是我们经常说的，每个经理人都是有身价的，就看你是否请得起。就像有的 HR 常说的：只要你出得起报酬，美国总统都可以来帮你做事。

6. 身体素质

现代社会工作压力大，信息也千变万化，对人的要求越来越高，这也对人的身体素质提出挑战。如果候选人年富力强，往往容易被看上，一般高管的黄金年龄段是 35～45 岁。如果超过 50 岁，在市场上竞争力就差很多。

7. 行业相关性

隔行如隔山，虽然现在的经理人都很好学，但行业差距有时候会阻碍经理人的换行跳槽，哪怕是很多看似可以相通的职务，如人力资源总监、财务总监，但成功率非常小。按照惯性的思维逻辑，有行业背景的比没有的是有资源优势、经验优势和管理优势的。

8. 逻辑思维

简历的书写，最重要的是逻辑清晰、表达清楚、重点突出。如果候选人的简历写得非常庞杂，面面俱到，不分主次，往往给人的感觉会非常乱，结果肯定是被猎头顾问 pass 掉。

9. 个人态度

有不少高级人才以为简历是一种形式主义，因此不管是提供给猎头公司还是提供给用人单位，都是很简单的寥寥几句话，跟他们要简历时，就说：“我更看重的是面对面的沟通和交流，这种形式主义的东西，意义不大。”殊不知，时代已经改变了，猎头看的不仅仅是简历，更是个人对工作的态度。

案例分析

甲公司是国内知名的建材生产厂商，因业务发展扩大，急需招聘60名销售代表，安排到各分公司。通过在招聘网站登出广告，公司人力资源部每天能够收到300多份简历。在收到的简历中，常常存在虚假的信息，应聘者为了获得工作机会，往往会虚构一些个人的履历和工作经验。

如果你是公司人力资源部招聘小组成员，你将如何甄别简历中的虚假信息呢？

案例分析：甄别简历中的虚假信息可从以下方面着手：

一是分析简历结构：简历是否全面介绍个人的受教育背景、工作背景（服务行业、公司名称、工作岗位等）。二是看简历的客观内容：是否有实际的工作内容、数据、工作和职位的匹配性。三是判断是否符合职位技术和经验要求：考虑工作公司的行业相关性、技术能力的水平、管理经验的层级。四是简历中的逻辑性：简历是否有逻辑性，是否有工作经历的“空档期”，是否符合一般性的职业发展规律。除了以上的常规方法之外，对重点的岗位还需要通过面试、背景调查来进行甄别。

（二）申请表的筛选

申请表（见表4-2），也称应聘申请表、工作申请表或入职申请表，它是组织为收集申请者的全部信息而专门设计的一种规范化的表格，它可以使组织比较全面地了解申请者的历史资料。

1. 申请表的功能

一张精心设计并填写完整的申请表具有以下功能：

（1）可以对一些客观的问题加以判断，如该申请者是否符合工作岗位所要求的教育经历及工作经验。

（2）可以对申请者过去的成长情况加以评价。

（3）可以从申请者过去的工作经历中了解其工作的稳定性。

（4）初步做出该申请者是否适合某工作岗位及工作表现能否出色的预测。

2. 申请表的分类

按适用范围，申请表通常可分为通用型申请表和专用型申请表。通用型申请表普遍适用于组织内的全部或大部分岗位，而专用型申请表则是根据某一个或某一类特定岗位的具体需求而专门制定的。

按是否用作选员依据，申请表可分为普通申请表和加权申请表。普通申请表是组织为了了解自己所关心的申请者的一般背景资料而设计的一种规范化表格，其目的在于避免应聘者自发提供资料时可能出现的疏漏、冗余等情况，并不用作选员依据。加权申请表是针对申请者申请的工作岗位所需要的个人条件和以后工作成就之间的关系而制定的特殊表格。表中的项目往往根据组织的历史资料而被赋予不同的权重，应聘者在该表中所有项目的得分总和被当作选员的依据。

表 4－2　申请表

求职意向：________　联系电话：________

<table>
<tr><td>姓名</td><td></td><td>性别</td><td></td><td>出生年月</td><td></td><td>婚否</td><td></td><td rowspan="5">（贴照片处）</td></tr>
<tr><td>身份证号</td><td colspan="3"></td><td>现住址</td><td colspan="3"></td></tr>
<tr><td>籍贯</td><td colspan="3"></td><td>健康状况</td><td></td><td>学历</td><td></td></tr>
<tr><td>家庭电话</td><td colspan="3"></td><td>E-mail</td><td colspan="3"></td></tr>
<tr><td>技能水平</td><td colspan="7"></td></tr>
<tr><td rowspan="3">家庭背景</td><td colspan="2">家庭成员</td><td colspan="3">工作单位</td><td colspan="2">职务</td><td>电话</td></tr>
<tr><td colspan="2"></td><td colspan="3"></td><td colspan="2"></td><td></td></tr>
<tr><td colspan="2"></td><td colspan="3"></td><td colspan="2"></td><td></td></tr>
<tr><td rowspan="4">教育经历（高中起）</td><td colspan="2">起止时间</td><td colspan="2">毕业院校</td><td>专业</td><td colspan="2">学历</td><td>证明人及电话</td></tr>
<tr><td colspan="2"></td><td colspan="2"></td><td></td><td colspan="2"></td><td></td></tr>
<tr><td colspan="2"></td><td colspan="2"></td><td></td><td colspan="2"></td><td></td></tr>
<tr><td colspan="2"></td><td colspan="2"></td><td></td><td colspan="2"></td><td></td></tr>
<tr><td rowspan="4">工作经历</td><td colspan="2">起止时间</td><td colspan="2">工作单位</td><td>职务</td><td colspan="2">离职原因</td><td>证明人及电话</td></tr>
<tr><td colspan="2"></td><td colspan="2"></td><td></td><td colspan="2"></td><td></td></tr>
<tr><td colspan="2"></td><td colspan="2"></td><td></td><td colspan="2"></td><td></td></tr>
<tr><td colspan="2"></td><td colspan="2"></td><td></td><td colspan="2"></td><td></td></tr>
<tr><td rowspan="3">培训经历</td><td colspan="2">起止时间</td><td colspan="2">培训机构</td><td colspan="4">培训内容</td></tr>
<tr><td colspan="2"></td><td colspan="2"></td><td colspan="4"></td></tr>
<tr><td colspan="2"></td><td colspan="2"></td><td colspan="4"></td></tr>
<tr><td>主要业绩</td><td colspan="8"></td></tr>
<tr><td>自我总体评价</td><td colspan="8"></td></tr>
<tr><td rowspan="2">两位友人的信息，以便联系</td><td>姓名</td><td></td><td>电话</td><td></td><td>现住址</td><td colspan="3"></td></tr>
<tr><td>姓名</td><td></td><td>电话</td><td></td><td>现住址</td><td colspan="3"></td></tr>
<tr><td>现薪酬</td><td></td><td>期望薪酬</td><td></td><td>可接受薪酬</td><td colspan="4"></td></tr>
<tr><td>何时上岗</td><td colspan="2"></td><td>个人想法或其他要求</td><td colspan="5"></td></tr>
<tr><td>备注</td><td colspan="8"></td></tr>
</table>

本人郑重承诺以上所述情况均属实；若有虚假，由申请人承担责任。

年　　月　　日

3. 筛选申请表的注意事项

筛选申请表时，应注意以下几点：

（1）申请表是否填写完整；

（2）申请表是否能被申请者看懂，是否遵照了申请表的指示来填写；

（3）招聘方是否看懂了申请者所提供的信息；

（4）申请者提供的信息是否真实有效；

（5）制定一张审查申请表的调查表。调查表应根据工作岗位的要求而定，且项目要与申请表的项目一致。全面的调查表可以使招聘者能够根据申请者与工作的契合程度来决定优先考虑哪些申请表，并且使整个筛选工作及结果一目了然。在条件允许的情况下，企业可使用自动化技术辅助筛选。

小知识

筛选申请表应注意的细节

一、判断应聘者的态度

在筛选申请表时，首先要筛选出那些填写不完整和字迹难以辨认的材料。为那些态度不认真的应聘者安排面试，纯粹是在浪费时间，可以将其直接淘汰掉。

二、关注与职业相关的问题

在审查申请表时，要估计背景材料的可信程度，要注意应聘者以往经历中所任职务、技能、知识与应聘岗位之间的联系。如应聘者是否标明了过去单位的名称，过去的工作经历与现在申请的工作是否相符，工作经历和教育背景是否符合申请条件，是否经常变换工作且这种变换缺少合理的解释等。在筛选时要注意分析其离职的原因、求职的动机，对那些频繁离职的人员要加以关注。

三、注明可疑之处

不论是简历还是应聘申请表，很多材料都或多或少地存在内容上的虚假。在筛选材料时，应该用铅笔标明这些疑点，在面试时作为重点提问的内容加以询问。如在审查应聘申请表时，通过分析求职岗位与原工作岗位的情况，要对高职低就、高薪低就的应聘者加以注意。必要时应该检验应聘者的各类证明身份及能力的证件。

六、简历管理

当前市场竞争愈演愈烈，企业人才战略、人员结构配比在企业发展中起到越来越重要的作用。企业发展离不开人才，而要实现企业永续经营，人才一定是永续的，因此，企业建立良好的人才储备机制既能保证企业经营战略的实现，也能使员工队伍始终充满生机。因此作为企业人力资源重要组成部分的人才招聘工作，将被赋予更多职责，面临更多挑战。

各类大中型企业由于业务发展需要，每年都要大规模招聘人才，做好招聘工作是企业经营战略的基础。企业 HR 面临的最主要的问题是：

（1）企业人才储备资源无法集中管理，没有有效积累，不能重复使用。随着企业规模的发展壮大，招聘工作量也相应增大，一些企业却没有意识到建立自己的人才数据库的重要性，只是把投递的简历存放在电子邮箱或者个人电脑中，等有招聘需求的时候再随时查看，这样经常会错过合适的人才。

（2）简历量大，候选人重复投递简历，占用太多人工筛选时间。HR 通常会同时使用多个招聘途径发布职位信息，因此经常会收到同一个候选人多次重复投递简历，或者同一候选人投递多个职位的情况，这样单是简历的筛选就要占用太多时间，也导致很多时候人才简历的被浏览是随机的，可能会出现合适的候选人简历未被及时处理，影响了工作效率。

（3）传统人力资源管理软件对人才简历管理，需要手动将简历内容分拆入库。HR 收到简历后一般都是手动将简历内容分拆入库，一旦对外发布了招聘职位信息，有大量简历过来时，HR 只能先通过人工筛选的方式，把认为有价值的简历进行详细分拆入库，而绝大多数简历，就保存在邮箱里了，基本上也就闲置了，这样会流失掉很多有效的候选人简历。

（4）搜索候选人简历，不支持逻辑搜索操作，要针对全文进行全部条件的匹配，批量简历，入库周期更长。在人才储备库中进行条件搜索，因为条件设置多，又不支持逻辑搜索操作，导致搜索的效率成倍下降。就算是类似全文的关键字搜索，也要针对全文进行全部条件的匹配，如果是批量获得的简历，入库的时间周期就更长。

针对各种招聘渠道获得的大量格式各异的简历，如何能高效处理这些简历，既不让合适的人才被漏掉，又要兼顾工作效率，成为各企业人力资源部门不得不解决的一个问题。针对这种情况，许多公司开始采用先进的招聘管理系统进行日常 HR 招聘过程管理。

招聘管理系统是一个包含企业招聘管理全流程的功能全面的协同工作平台。它不仅管理招聘职位、候选人简历等基础信息，而且管理所有招聘职位的整个运作过程，为企业招聘人员及管理者提供一个有效的信息化管理工具。

招聘管理系统在简历管理方面的重要作用如下：

一是建立企业人才数据库，可以多渠道收集候选人简历，并能将由企业网站投递的简历直接添加到人才数据库，进行简历的集中管理。

二是自动、批量处理来自任何邮箱的不同语言（包含中、英、法、日、韩、德等）简历，不同类型的简历（包括 Word、Txt、Html、Pdf 格式等），通过精确解析后，分类导入人才数据库，并且有查找重复简历的功能，能够帮助企业 HR 在成千上万封简历中快速锁定合适的候选人。

三是对简历进行全文保存，保存时会进行各项详细信息的自动分拆，如人才姓名、性别、学历、工作经历等。简历入库不用手工处理，对单个简历手动录入没有格式限制，只要通过复制、粘贴，一秒钟简历便可解析入库，也不需要按字段逐个填写。这样解决了企业耗时费力的简历录入造成的时间与人力上的浪费，降低了企业的管理成本。

四是采用搜索引擎技术，支持全文搜索与录入，每次多条件搜索给出结果的时间不到一秒钟。如果是成批的简历，还可以使用工具自动批量处理，找对关键字，配合精确的字段搜索（比如关键词“行业”），就可以灵活地搜索出所需要的资源了。

面对企业招聘管理逐渐趋于信息化的趋势，企业人力资源部门加强企业的人才战略储备，采取全新的招聘管理模式必将为企业的发展带来不可估量的动力。

小知识

数字化招聘

什么是数字化招聘，并没有一个准确的定义，但其实这个概念也好理解，即利用计算机网络、数据库、多媒体等数字化的技术来提升招聘工作的效率和专业化程度。

招聘其实是两个匹配：一是简历和岗位匹配；二是员工和岗位、企业文化、团队的匹配。

数字化或者说 AI 技术，能够在非常大程度上帮助人力资源管理者完成第一次匹配，以前人工筛选简历、搜索整合各个渠道需要花很多时间。有了数字化，可以解决第一个匹配，留更多的时间和精力研究第二个匹配，所以这是一个趋势，也是人力资源招聘从业者要适应、要研究、要学习的一个方向。

小　结

本模块从招聘方和应聘方两个角度阐述了简历的制作、简历的筛选、简历的管理等基本内容，不仅供企业相关人员参考借鉴，同时也为学习本课程的同学们提供了简历制作的思路方法。通过这一模块的学习，同学们应该具备作为应聘方应有的制作简历的能力和技巧，同时也具备作为招聘方应有的简历筛选、简历管理的基本能力，并能根据招聘工作的实际情况，做到随机应变。

模块五 笔 试

知识目标/教学重点

1. 掌握招聘笔试的必要理论知识
2. 掌握招聘笔试的流程、工具和方法

能力目标/教学难点

1. 能根据招聘岗位需求设计笔试问题并开展笔试工作
2. 能根据应聘者实际表现做出笔试决策

素养目标/课程思政

1. 培养活动组织能力、资源协调能力
2. 培养逻辑能力、分析能力、判断能力
3. 培养诚信意识，提高学生道德情操

学习指导

本模块教学重点围绕如何高效开展笔试工作、如何结合企业招聘岗位需求设计笔试问题和如何做出科学合理的笔试决策来进行；并了解笔试中出现的问题以及学会解决对策。不仅学习招聘笔试的知识和技能，同时锻炼提高个人应聘的综合能力。

建议学时

4 课时

导入案例

招聘专员笔试试题

一、单项选择题

1. 8、10、18、28、46、(　　)。

A. 84　　B. 74　　C. 85　　D. 75

2. 243、81、27、(　　)、3。

A. 9　　B. 18　　C. 12　　D. 1

3. 小王在一次考试中得了 96 分，考题是 27 道选择题，其中，答对一题得 4 分，不做或者做错一题都要倒扣 2 分，请问：他做对了（　　）题。

A. 25　　B. 27　　C. 26　　D. 24

4. 下面一组词语中，有一个与其他四个不同类别的是（　　）。

A. 地图　　B. 指南　　C. 传记　　D. 电话黄页

5. 市场部因业绩突出，年底得到一笔奖金，该部门共有 4 名员工：1 名经理、3 名员工，其中，经理的奖金是员工奖金的 2 倍，奖金共计 10 000 元，请问：员工的奖金总共是（　　）。

A. 3 000　　B. 6 000　　C. 4 000　　D. 2 000

6. 关于职业责任，说法正确的有（　　）。

A. 职业责任是职业的内在规定

B. 如果公司不能满足员工提出的待遇要求，员工可以不履行责任

C. 职业责任必须是明文规定的内容

D. 在一般情况下，权力越大，职业责任也越大

7. 单位总是要求员工周末加班，你很不情愿。但单位的事情实在是太多，如果没有人愿意加班，客户要求的订货任务就无法在限定时间内完成，你会（　　）。

A. 虽然不情愿，但还是接受了

B. 反映自己的看法，但在没有回应前会遵守规定

C. 直接拒绝

D. 找理由推脱

8. 你最看重企业的（　　）。

A. 福利待遇　　B. 工作环境　　C. 发展前景　　D. 培训与提高

9. 关于爱岗敬业，理解正确的是（　　）。

A. 爱岗敬业是员工实现职业理想必不可少的素质要求

B. 在就业竞争激烈的条件下，为保住饭碗需要发扬爱岗敬业精神

C. 人们是为了自己而不是为了单位而工作的，爱岗敬业是欺人之谈

D. 无须倡导爱岗敬业精神，干一份工作拿一份报酬就可以了

10. 就你目前的工作状况来看，你最希望解决的问题是（　　）。

A. 改变工作条件问题　　B. 公司用人问题

C. 公司的分配机制问题　　D. 自己的学习和培训问题

11. 对于高级人才和尖端人才，比较适合的招聘渠道是（　　）。

A. 人才交流中心　　B. 猎头公司

C. 校园招聘广告　　D. 网络招聘

12. 面试不能够考核应聘者的（　　）。

A. 交流能力　　B. 风度气质　　C. 衣着外貌　　D. 科研能力

13. 企业招聘大批的初级技术人员，最适合的招聘渠道是（　　）。

A. 校园招聘　　B. 猎头公司　　C. 熟人推荐　　D. 档案筛选

14. 人才招聘会较适合于招聘（　　）。

A. 高层管理者　　B. 专业人才

C. 热门人才　　D. 中低级人才

15.（　　）关注于人际关系，它使团队成员们紧密结合，使大家能继续相处甚至获得某种乐趣。

A. 团队沟通职能　　B. 团队任务职能

C. 团队维护职能　　D. 团队决策职能

16. 在应聘人数较多的情况下，为了节省时间达到筛选人员的目的，一般采用（　　）的方法。

A. 笔试　　B. 面试　　C. 评价中心　　D. 心理测验

17. 影响招聘效果的外部因素之一是（　　）。

A. 企业的知名度　　B. 企业文化

C. 外部劳动力市场供求状况　　D. 企业的发展阶段

18. 我国劳动法规定：劳务派遣公司应当与员工签订不少于（　　）的劳动合同。

A. 6 个月　　B. 1 年　　C. 2 年　　D. 6 年

19. 派遣员工与（　　）是雇佣关系。

A. 用人企业　　B. 劳务派遣公司

C. 劳动局　　D. 以上三者都

20. 我国劳动法中对试用期的规定：劳动合同期限在一年以上不满三年的，试用期不得超过（　　）。

A. 半个月　　B. 1 个月　　C. 3 个月　　D. 6 个月

二、简答题

1. 作为企业招聘专员，你觉得企业是应该招聘最合适的人还是最优秀的人，简述原因。

2. 什么是结构化面试？

3. 无领导小组的优缺点是什么？

案例分析： 从案例中可以看出，笔试试题内容与所招聘的岗位紧密相连，笔试试题要覆盖胜任力模型中 80% 的知识、能力和工作技能，其考点关注的是知识、能力和工作技能。

一、笔试的概念

笔试是一种与面试相对应的测试，是考核应聘者学识水平的重要工具。它主要是指应考人员在规定的时间内以书面纸质形式进行作答并由评阅人员进行评判的一种间接性的测试方式。这种方式主要通过测试应聘者的基础知识和素质能力的差异，判断该应聘者对招聘岗位的适应性。

由于人员资格审查与初选不能反映应聘者的全部信息，单位不能对应聘者进行深层次的了解，个人也无法得到关于单位的更为全面的信息，因此需要通过其他选择方法使单位与个人各自得到所需要的信息，以便单位进行录用决策，个人进行是否加入单位的决策。笔试就是选择方法之一。

笔试在员工招聘中有相当大的作用，尤其是在大规模的招聘过程中，可以快速了解员工的基本情况，然后可以划分出一个基本符合需要的界限。

二、笔试的内容

对基础知识和素质能力的测试，一般包括两个层次，即一般知识和能力与专业知识和能力。一般知识和能力包括一个人的社会文化知识、智商、语言理解能力、数字才能、推理能力、理解速度和记忆能力等。专业知识和能力即与应聘岗位相关的知识和能力，如财务会计知识、管理知识、人际关系能力、观察能力等。现在有些单位也通过笔试来测试应聘者的性格和兴趣，但性格与兴趣通常要运用心理测试的专门技术来测试，仅靠笔试中的一部分题目很难得出准确的结论。

小思考

问：一个岔路口分别通向诚实国和说谎国。来了两个人，已知一个是诚实国的，另一个是说谎国的。诚实国永远说实话，说谎国永远说谎话。现在你要去说谎国，但不知道应该走哪条路，需要问这两个人。请问应该怎么问?

答：问其中一人：另外一个人会说哪一条路是通往诚实国的? 回答者所指的那条路必然是通往说谎国的。

据说这是微软的笔试题目，你想到答案了吗?

三、笔试的优点、形式和类型

视频：
笔试的含义
和类型

（一）笔试的优点

笔试以纸笔、文字为介质，让应聘者动手、动脑回答提问，这正是它与面试等其他测试方法最重要的区别之一。这就使它具有其他方法所无法替代的一些优点。例如：一张试卷能够出十几乃至上百道试题，试题的范围广、空间大、类型多、样式繁。

总之，笔试的优点是：

（1）可以同时对大批应聘者进行测试，成本相对较低，费时少、效率高；

（2）笔试试题设计可经过深思熟虑，反复推敲，具有较高的信度和效度，科学性强；

（3）试卷评判比较客观，体现出公平、准确的特点，成为测评应聘者素质的一个重要依据；

（4）应聘者的心理压力相对较小，较易发挥正常水平；

（5）涵盖范围广泛，测试内容呈多样性，可以对应聘者的知识以及通用性能力进行多方面的测试；

（6）可以构建试题库长期使用，其测试的结果也可以作为档案材料长期保存，以备以后参考查询。

（二）笔试的形式

从表现形式上看，笔试可以采用多种选择题、是非题、匹配题、填空题、简答题、综合分析题、案例分析题以及撰写论文等多种试题形式。笔试的每一种特定形式都有它的优缺点。例如：选择题、是非题、匹配题、填空题、简答题等类型的试题，适合测试应聘者的一般和专业知识水平；综合分析题可以测试应聘者的某种职业能力；案例分析题能够检测应聘者的认知力、理解力、分析力、判断力、思辨力等；撰写论文能使应聘者以文字形式表达对某一类问题的看法，既可以展示其聪明才智，也能反映其价值观、世界观、人生观等方面的认识水平。

从试题的内容上看，笔试试题主要包括技术性笔试和非技术性笔试两大类。

技术性笔试主要是针对技术、研发型岗位人员招聘设计的。由于这类岗位对相关专业知识水平要求得比较高，其笔试题目主要涉及岗位需要解决的技术性问题，专业性比较强。例如：微软工程院某一年安排的笔试就是关于C、C++语言的题目，对应聘者的编程经验要求非常高。最后经过笔试筛选，淘汰了90%的候选者。

非技术性笔试是最常见的一种测试应聘者知识水平、能力素质的通用形式，对于应聘者的专业背景的要求也相对宽松。非技术性笔试的考查内容相当广泛，除了常见的写作能力、逻辑思维能力、数理分析能力和外文阅读能力之外，有些时候还会涉及时事政治、生活常识、社会经验、情景演绎，甚至智商测试等多个领域的问题。

（三）笔试的类型

目前在企业招聘中常见的笔试大致可分为四类：专业知识测试、IQ 测试和类 IQ 测试、能力测试、个性测试。实践中，企业的笔试基本上是这四类笔试的不同组合。

如壳牌（中国）石油公司在招聘时采用的笔试组合为：类 IQ 测试，主要对应聘者进行数量分析和逻辑推理的测试；能力测试，主要测试应试者对真实的管理事件的理解能力、分析问题的深入和敏锐程度；个性测试，用管理人员人格测验的 12 个维量的测度来判断是否满足企业对应聘者个性的要求。

笔试与其他测试方法一样，也存在一定的局限性：

第一，无法考查应聘者的思想品德修养、工作态度、口头表达能力、灵活应变能力、组织管理能力、实际操作能力等；

第二，可能出现“高分低能”现象，可能使组织真正需要的人才被剔除，而一些不完全符合条件的应聘者进入下一个阶段的测试；

第三，一些应聘者可能由于猜题、押题或依靠欺骗、舞弊等不法手段而获得高分；

第四，不能对应聘者表达含糊的问题直接进行追问，进而掌握其真实的水平。

（四）如何提高笔试的有效性

提高笔试的有效性应注意以下几个问题：

（1）命题是否恰当。命题是笔试的首要问题，命题恰当与否，决定着笔试考核的效度。无论是以招聘管理人员和科技人员为目的的论文式笔试，还是以招录工人和职员为目的的测试式笔试，其命题必须既能考核应试者的文化程度，又能体现应聘岗位的工作特点和特殊要求。考试命题过难、过易都会影响其效度。

（2）确定评阅计分规则。各个考题的分值，应与其考核内容的重要性及考题难度成比例。若分值分配不合理，则总分数不能有效地表示被试者的真正水平。

（3）阅卷及成绩复核。在阅卷和成绩复核时，关键要客观、公平，不徇私情。为此，应防止阅卷人看到答卷人的姓名。阅卷人应共同讨论打分的宽严尺度，并建立严格的成绩复核制度，以及考试违规处理的制度等。

小知识

不同公司笔试内容的侧重点

对于技术、研发型岗位，大公司和中小公司笔试内容的侧重点有很大区别。一般小公司注重实用性，考得比较细，目的是拿来就用。大公司则强调基础和潜力，所以测试的题目比较广泛，多数都是智力测验、情感测验，还有性格倾向测验。例如：摩托罗拉公司的笔试就是非技术的测验，其笔试试题主要包括英文阅读和智力测验等内容。

四、应聘笔试的设计与应用

应聘笔试是采用笔试测验的方法对应聘人员进行初次选拔的过程。

小知识

笔　试

笔试，从广义上看，是以书面形式测量、考核应试者的知识水平、分析力、判断力、想象力、记忆力以及文字表达、逻辑推理等项能力素质的一种重要工具，它的应用范围十分广泛。从狭义上看，笔试主要是指对应试者知识水平的测量和检验。它是由主考部门根据工作岗位的需要，事先拟定好笔试试题，让应试者以书面的形式作答，从而对应试者的基础知识、专业知识、管理知识、技术知识、生产知识以及其他专业知识水平的差异程度进行检测评判的一种测试工具。

在企业人员招聘中，岗位知识测验是为了衡量和检测应聘者对其应聘的岗位所应具备的基础和专业知识的实际掌握程度。因此，其笔试的内容主要与岗位资格条件等方面的要求有关。岗位知识的测验，一般包括以下三个方面：

（一）基础知识测验

主要检测应聘者对基本常识、相关知识实际掌握的程度或知识面的宽度。如公务员考试，通常包括人际沟通协调技巧、法律知识、行政管理、宏观经济、公文写作、时间管理知识等；外交人员的招聘考试，可能涉及对当前国内、国际重大事件的看法，当地的文化、民俗等内容；公共关系人员的招聘考试，可能涉及心理学知识、公关礼仪、人文知识等。

（二）专业知识测验

主要检测应聘者对应聘岗位所要求的专业知识实际掌握的程度。例如：招聘人事经理，专业知识测验的内容通常包括企业管理学、人力资源管理学、劳动法学、劳动人事心理学、劳动定额学等方面的内容；招聘营销经理，专业知识测验的内容通常包括市场营销、企业管理、财务管理、广告学、消费心理学、公关关系等方面的内容。

（三）外语考试

外语考试的目的是要检测应聘者对某一门外语实际掌握的程度。随着我国对外交流的增多，近几年实施外语考试的企业逐渐增多，不仅是外资企业，即便是国有或民营企业，为了拓展业务或是学习吸收国外的先进技术、管理经验，也经常派人出国参观、学习、考察。因此，企业对应聘者外语水平的要求也越来越高。

外语考试的形式可以分成笔试和口试两类。人员招聘中的外语考试与学校里的外语考试相比，更注重实际的应用，重点测试应聘者笔译与口译的水平。因此，人员招聘中的外语考试范围相对较小，题型相对较少，但与应聘者将要从事的工作联系较为密切，考卷上要求翻译的段落语句以及应答的问题，绝大部分直接来源于企业实际工作的实践。

五、笔试的步骤

笔试一般应包括以下几个基本步骤：

（一）成立考务小组

笔试过程中有大量的工作要准备。通过笔试，考务小组可以有效推进整个过程的实施，具体包括计划的制定、试题的编制、考务的组织等项工作。

（二）制定笔试计划

为了使笔试能有序进行，需要制定周密且详细的实施计划。计划的具体内容主要包括：（1）笔试的准备工作。包括笔试的目的和科目确定，试题的设计，试卷的审定、印制与保管。（2）笔试的组织与安排。包括笔试的负责机构或负责人的确定；对考试规模的预计，将有多少人报名参加考试；考试时间和地点；监考人员和阅卷人员的组织与安排等。（3）笔试结束后的工作。包括笔试试卷的装订、收存以及阅卷的组织与管理。（4）笔试的经费预算与效果预测。

（三）设计笔试试题

根据企业计划招聘岗位的要求明确笔试的目的，确定需要测试的主要内容和指标，并以此为基础确定试题的内容、项目、类型、难易程度、题量、计分方法、标准答案或参考答案等。针对人员需求数量大、招聘周期长、重复性强的岗位，企业可考虑建立“笔试试题库系统”。试题库的建立，可以避免大量人力、物力的重复投入和占用，也能提高考试的公平性和公正性。同时，经过一定周期的循环之后，还需要不断补充、更新、修订和完善笔试的试题库。构建一个健全完善的笔试体系，不但能够提高测试的效率，保障人员选拔的质量，而且可以为员工以后的培训与开发提供必要的素材。

在试题编制完成之后，可以选择一部分相关人员进行试测，在此基础上对试题进行审核与修订，以确保试题的信度和效度。

（四）监控笔试过程

为了保障测试的质量，应当加强对笔试实施全过程的监督和控制。笔试的实施包括考前通知、考场管理和考卷保管等项内容。考前通知是根据考试计划的时间、地点通知应聘者和安排培训监考人员：考场管理是考试现场的布置、考务的组织、监考等工作；考卷保管是考试结束后的考卷回收和存放管理。

（五）笔试阅卷评分

对回收的试卷，安排阅卷人员进行阅卷评分，安排工作人员审核分数，最终形成笔试成绩报告。为了保证阅卷评分的质量，应当围绕试题的评分标准和参考答案等内容，对阅卷人员进行一次系统的培训，力求使每一个阅卷人员都能理解并掌握评分的标准和要求。

一般来说，应首先抽取一定数量的试卷进行初评，然后请设计试题的专家进行讲评，以提高阅卷的正确性和准确性。

（六）笔试结果运用

对于笔试的最终成绩，一般有两种筛选方法：一种是淘汰法，即按照分数从高到低的原则选取一定数量的人员进入下一轮的甄选，这种筛选方法体现了优胜劣汰的原则；另外一种方法是达到一定分数的人员，可以进入下一轮的测试，该分数线一般是根据人员招聘计划和应聘者的人数和素质状况事先划定好的，给更多的应聘者进入下一轮测试的机会，从而体现了公平性和公正性。这种方式在一定程度上避免了唯分数论导致的高分低能的风险。

目前，有些组织已经建立了笔试的在线考试系统。事先将测验的试题导入考试系统，安排应聘者在线测验。采用这种网络系统的笔试方式，一方面提高了客观性试题的批阅效率，更有利于对各类测试信息进行统计分析和比较研究；另一方面，有效地防止试题题库内容的外泄，一定程度上杜绝了一些中介机构、人员猜题、押题等不良行为的出现。

六、笔试存在的问题与主要对策

事实上，任何一种人员招聘的筛选方法都有优点和缺点，笔试测验也不例外，如前所述笔试测验虽有着不可替代的优势，但其存在的不足也十分明显，如重知识而轻能力，重结果而轻过程，重识记而轻应用，等等。其实，这些弊端并非来自笔试测验形式本身，而主要源于笔试测验中试题的编制水平。

因此，为了扬长避短，提高选拔应聘者笔试测验的有效性，充分发挥笔试测验的优势，必须确立科学规范的笔试命题机制。从笔试命题机制的流程与程序上讲，只有加强以下几个方面的建设才能保证笔试试题的针对性与科学性。

（一）建立笔试命题的研究团队

建立专业、高水平的命题研究团队是笔试命题的人员保障。在选拔笔试测验的实施过程中，无论是采用第三方命题或实施单位自己组织命题，都必须严格考察命题人员是否具备相应的专业知识与实践经验背景。从笔试命题的实践来看，命题的研究团队主要由三方面的人员组成：一是各个专业、学科长期从事教学、科研工作的专家学者；二是长期从事人员选拔考试组织工作，具有丰富组织出题、考试经验的实际工作者；三是具有相应知识水平和实践经验的应聘者。除此之外，在命制试题前，对命题人员进行系统培训，使他们明确命题原则和标准，掌握科学的命题方法，并进行合理分工，防止重复出题和漏项。

（二）针对招聘岗位的级别以及选拔对象进行岗位的能力匹配分析

做好岗位的能力匹配分析是人员选拔笔试测验命题的出发点与落脚点。在应聘者人员选拔实施过程中，对人员选拔的各级岗位进行分类，并从各类岗位中选取有代表性的岗位，进行职能、职权、职责等方面的系统分析，明确各岗位类别的任职资格条件，即任职者应具备的知识结构、能力素质条件，为命制有针对性的试题提供命题的方向与重点。

（三）根据岗位的级别与分类，实施针对性命题

笔试一般包括公共科目和专业科目两大类。

在这两种类型的考试中，命题的重点与方向不同。虽然考试的类别有所不同，但是它

们存在共同的趋势，即岗位层级越高，主观性题目越强，测试能力水平的目的越明确，试卷命题的复杂程度与难度就越高。因此，在命题的过程中，一定要加强命题的针对性研究。主要包括两方面措施：（1）借助专家匿名命题与现有题库相结合，减少现有题库试题的使用比例；（2）通过调查研究，从工作实践领域中把握专业试题的前沿与发展中面临的问题。

（四）实施专家试卷整合与审核制度

试卷的整合与审核是高质量试卷命题的最后一道防线，它决定着试卷整体的布局与知识点的分布，能有效地避免相关内容的重复，并能及时更正试卷中有争议的试题与文字错误。因此，实施依靠专家的试卷整合与多次审核，是保障试卷命题有效性必不可少的步骤。专家试卷整合与审核的重点主要在于试卷试题内容结构的合理性、有争议的试题规避、试题内容同测试要求的紧密性、试题内容的前沿性及时代性等。

小　结

笔试是一种与面试相对应的测试，是考核应聘者学识水平的重要工具。从表现形式上看，笔试可以采用选择题、是非题、匹配题、填空题、简答题、综合分析题、案例分析题以及撰写论文等多种试题形式。从试题的内容上看，笔试试题主要包括技术型笔试和非技术型笔试两大类。笔试的设计是一个系统过程，主要包括成立考务小组、制定笔试计划、设计笔试试题、监控笔试过程、笔试阅卷评分及笔试结果运用等。

模块六　面　试

知识目标/教学重点

1. 掌握招聘面试的必要理论知识
2. 掌握招聘面试的流程、工具和方法

能力目标/教学难点

1. 能根据招聘岗位需求设计面试问题并开展面试工作
2. 能根据应聘者实际表现做出面试决策

素养目标/课程思政

1. 培养活动组织能力、资源协调能力
2. 培养逻辑能力、分析能力、判断能力
3. 培养诚信意识，提高学生道德情操

学习指导

本模块教学重点围绕如何高效开展面试工作、如何结合企业招聘岗位需求设计面试问题和如何做出科学合理的面试决策来进行；其中面试问题的设计必然包含最佳答案（或思路）的设计，同学们在学习过程中应注意举一反三，不仅学习招聘面试的知识和技能，同时也能提高个人应聘面试的综合能力，为将来的求职面试奠定基础。

建议学时

10 课时

导入案例

“奇葩”的面试

小付是快要毕业的大学生，得知一家电缆厂在招销售人员，便认真准备了简历，来到了面试现场。“那次面试是在一个大教室，来了很多人，但同学们进教室后都选择离讲台较远一些的后排坐下了，随后就开始和旁边的同学或者与自己一起来的同学聊了起来”，小付回忆说。这时的前排空荡荡的，而对于平时就喜欢坐在第一排听课的小付来说，在这样的场合要勇敢地坐到第一排也算是个挑战，但她还是决定坐到第一排去。理由很简单：“这样面试老师提出的问题我能听得更清楚些。”此时的教室“坐阵”形成了两个极端，第一排一个人，后面直到第四排才开始有同学坐并且也没坐满。

正当大家都在窃窃私语等待面试开始时，面试官说话了：“第一排这位同学，你被录取了。”这让大家都感到有些惊讶甚至不解。

宣布录取结果之后，面试官告诉现场的同学，应聘者的积极性非常重要，尤其是销售岗位的人员，更应该主动接近我们的目标客户。在面试现场，面试官就是应聘者的目标客户。就这样，小付顺利进入了这家公司。

还是这个面试，小薛也是正在找工作的应届毕业生，而平时就喜欢坐后排的小薛在意识到这个面试官可能喜欢张扬高调的应聘者时，似乎觉得自己的竞争力一下子弱了许多。但让小薛意想不到的是，接下来的“惊喜”发生在了自己身上。

“戴手表的同学你们被录取了。”面试官的这句话让整个教室沸腾了片刻，很多没戴手表的同学只有大眼瞪小眼地看着旁边戴了手表的同学。小薛说，自己平时就没有用手机看时间的习惯，而且他可以通过手表来把控自己的时间，因此几乎任何时候他都戴着手表，“这比手机看时间简单直接多了”，小薛说道。

面试考官的理由是，很多人或多或少都有时间观念，但更多的人通过手机来看时间，而他们认为戴手表的人会更加注重时间安排，尤其对销售岗位的人员来说，有个很强的时间观念是很必要的。

思考：

1. 对于应聘者而言，应该做什么样的准备，才能符合面试官的面试要求？
2. 对于招聘者而言，什么样的面试方法才能挑出符合要求的准员工？

随着经济建设的不断深入、“一带一路”的全面实施，中国在世界经济舞台上发挥着越来越重要的作用；而伴随着“互联网+”时代的到来，人才更成为决定企业发展的核心力量。一方面，企业希望通过科学、高效、合理的人才选拔方式不断补充、完善、完备自己的人才队伍；另一方面，应聘者也希望通过公平竞争的机制来充分展示自己，力争登上企业的舞台。在这样的大背景下，面试作为一种重要的人才选拔手段，越发受到企业和应聘者的关注，如何做好面试也成为人们共同关心的话题。

一、面试的概念

面试是通过招聘者与应聘者双方面对面的信息沟通来考察应聘者是否具备与职位相关的能力和个性品质的一种人事测评手段。具体地说，面试是一种经过组织者精心设计，在特定场景下，以招聘者与应聘者的面对面交谈与观察为主要手段，由表及里测评应聘者的知识、能力、经验等有关素质的一种活动。

小知识

面　试

面试是最古老而又最重要的一种人才测评选拔方法，从有文字的记载来看，其历史可以追溯到西周天子用“试射”的方式来选拔人才。在现代企业的人员招聘中，几乎所有的企业都使用面试方法，有的兼有笔试，多数只使用面试一种方法来决定人员取舍。在国外一次调查中，56%的被调查者认为在人才的选拔过程中，面试是最重要的，90%的企业在人员选拔中使用了面试的方法。

“在特定场景下”使面试与日常的观察、考察等测评方式相区别。日常的观察、考察，虽然也少不了面对面地观察与交谈，但那是在自然场景下进行的。“精心设计”使面试与一般性的交谈、面谈、谈话相区别。面谈与交谈，强调的只是面对面的直接接触形式与情感沟通的效果，它并非经过精心设计。“面对面地观察、交谈等双向沟通方式”，不但突出了面试“问”“听”“察”“析”“判”的综合性特色，而且使面试与一般的口试、笔试、操作演示、背景调查等人员素质测评的形式也区别开来了。口试强调的只是口头语言的测评方式及特点，而面试还包括对非口头语言行为的综合分析、推理与判断。

因此，面试是一项很复杂的交谈活动。从招聘方的角度来说，他们要想尽方法考察应聘方是否具备相关的素质和条件，不仅需要精心设计面试问题，还需要在面试过程中对应聘方进行提问、观察和倾听，因而对面试官的专业素质要求很高；从应聘方的角度来说，他们要千方百计地展示自己的相关素质，包括面试前的精心准备、个人形象设计、面试中注意力高度集中、敏捷的思维反应、高超的语言表达能力等。

小思考

问：一个房间能装下多少个乒乓球？

据说这是Google面试产品经理时的问题，并且不提供任何数据。

很多人凭直觉给出几千个、几万个的答案，但真实答案恰恰违反我们的直觉，我们可以简单计算一下：一个乒乓球直径大约4厘米，房间的长宽高估计是5米、3米、3米，如果将乒乓球整整齐齐像立方体一样摆在一起，将能够装（500×300×300)/(4×4×4)，约为70万个。而如果房间再大一点，能装上百万个。

这个答案是不是出乎你的意料呢？

二、面试的原理

面试既然是测试应聘方是否具备与职位相关的能力和个性品质的，那么这些能力与品质是否具有稳定性？能否通过面试测量这些素质？这涉及面试的原理，我们可以从以下几方面来了解。

（一）个性特征的相对稳定性

个性是一个人相对稳定的思想和情绪方式，是其内部的和外部的可以测量的特质。我们把一个人在不同的情境下均表现出的一些特点称为个性特征，如外向、害羞、进取、顺从、懒惰、忠诚、畏缩等。

这些个性特征的形成具有相对稳定性，是因为个性特征是经历了长期的社会生活，逐步形成的个人对待生活的态度和个人的行为风格，包含个人的知识经验；这些特征一旦形成，就不容易改变。例如：某人性格外向，那么他不仅在工作单位中好与人打交道，在日常生活的社交场合中也是积极分子；不仅今年是这样，去年也是这样，明年还会是这样。正因为个性特征具有相对稳定性，才使面试变得可能和必要，否则面试就无从谈起了。

（二）心理的可测量性

虽然人的心理无法直接观察到，但它能通过人的行为间接地反映出来，这也是心理测评的依据所在。

心理测评（Psychological Evaluation），是指通过一系列手段将人的某些心理特征数量化，来衡量个体心理因素水平和个体心理差异的一种科学测量方法。主要作为各机关、企业、组织等用来选拔人才、安置岗位，以及对一个人进行诊断、评价、辅助咨询的一种手段，它包含能力测试、人格测试和兴趣测试等。

简单来说，如果某位应聘者在面试过程中面对多位考官连续的“压迫式”提问，能始终保持镇定自若、头脑清晰、合情合理地回答每一个问题，我们可以推断这位应聘者具有较强的情绪自控力。大量的面试结果表明，通过面试，可以对应聘者的心理活动进行有效的、间接的评估测量。

（三）人岗匹配性

人岗匹配是指人和岗位的对应关系。每一个工作岗位都对任职者的素质有各方面的要求，只有当任职者具备多于这些要求的素质并达到规定的水平时，才能胜任这项工作，从而获得最大绩效。人岗匹配是双重匹配，岗位要求与人的知识、技能、能力相匹配，工作报酬与人的工作动机相匹配，总结起来，就是指“人适其岗、岗得其人”的过程。

要做到人岗匹配，首先需要对人和岗位进行客观地认知与评价。岗位的认知与评价可以借助工作分析得到，而人的认知与评价就需要借助包括面试等人才测评手段得出了。

依靠个性特征的相对稳定性、心理的可测量性和人岗匹配性的事实基础，面试才可以较好地测量应聘者是否具备与职位相关的能力和个性品质。

小思考

问题：下水道的井盖为什么是圆的？

这是微软非常知名的一道面试题，曾经难倒无数学霸才子。为什么是圆的？方的不行吗？圆的究竟优势在哪里？这就是在考察面试者的逻辑思维了，其实认真思考之后，不难得出“标准答案”：圆的井盖不容易掉进去；圆形具有一个非常好的性质，就是从圆心角度看各个方向的尺寸都一样，也就是说各个方向的直径都是一样的；那么稍微想象一下就能明白，只要井盖直径稍大于下水道的直径，无论怎么放置井盖，井盖都掉不进去。而对于方的井盖，如果对准方形口的对角线方向竖立起来，很容易就掉下去了。

此外，从工程思维方面也可以这样回答：圆的井盖容易加工。从工业的角度来看，圆的形状比较容易加工，而且由于只有直径一个尺寸，会对误差的容忍度更高一些；圆的下水道更容易挖，所以配圆的井盖。挖洞通常都是挖圆形的（可能是因为在周长相同的平面图形中，圆的面积最大）；圆的井盖更方便使用。圆井盖在更换时可以滚动，比较省力；圆井盖从任何角度都可以直接盖好井口。

三、面试的类型

面试种类繁多，划分标准不同，分类方式也不同。

（一）根据面试标准化程度分类

1. 结构化面试

指面试题目、面试实施程序、面试评价、考官构成等方面都有统一明确的、规范进行的面试，如员工面试和一些银行、国企统一组织的面试。如图 6-1、图 6-2 所示。

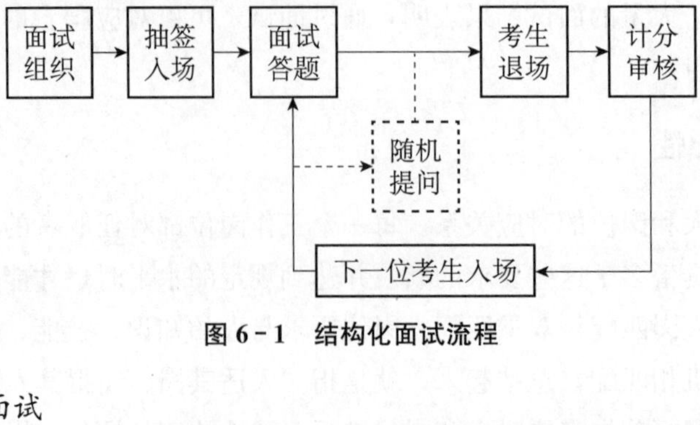

图 6-1 结构化面试流程

2. 非结构化面试

对与面试有关的因素不做任何限定的面试，也就是通常没有任何规范的随意性面试，

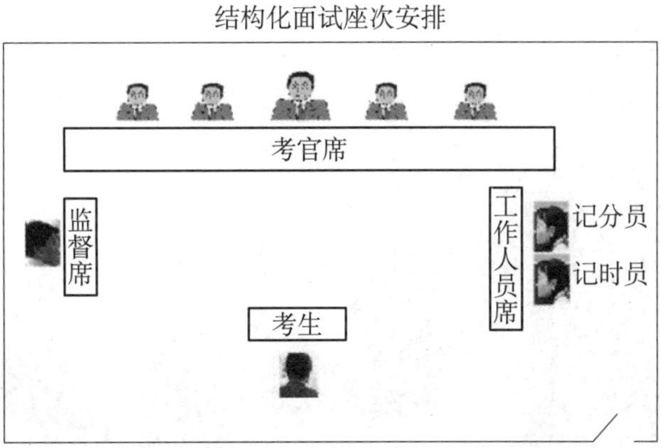

图 6-2　结构化面试场地布局

如一些企业聊天式的提问面试。

3. 半结构化面试

指只对面试的部分因素有统一要求的面试，如规定有统一的程序和评价标准，但面试题目可以根据面试对象而随意变化。比如无领导小组讨论等。

（二）根据面试对象分类

1. 单独面试

指主考官个别地与应聘者面谈。如图 6-3 所示。

图 6-3　单独面试

2. 小组面试

指多位应聘者同时面对面试官的情况，如无领导小组讨论。如图 6-4 所示。

图 6-4 小组面试

（三）根据面试进程分类

1. 一次性面试

指用人单位对应聘者的面试集中于一次进行。

2. 分阶段面试

可分为两种类型，一种叫“依序面试”，一种叫“逐步面试”。依序面试一般分为初试、复试与综合评定三步；逐步面试一般是由用人单位面试小组成员按照由低到高的顺序，依次对应聘者进行面试。

（四）根据面试内容设计的重点分类

1. 常规面试

主考官和应聘者面对面以问答形式为主的面试。

2. 情景面试

突破了常规面试考官和应聘者那种一问一答的模式，引入了无领导小组讨论、公文处理、角色扮演、演讲、答辩、案例分析等人员甄选中的情景模拟方法。

3. 综合性面试

兼有前两种面试的特点，而且是结构化的，内容主要集中在与工作职位相关的知识技能和其他素质上。

（五）根据面试途径分类

1. 电话面试

不需要直接面对面而是以电话交流为途径的面试。

2. 视频面试

指通过视频聊天的方式对应聘者进行面试。

3. 现场面试

指面试官与应聘者面对面直接交流沟通。

视频：
面试的含义
及类型

延伸阅读

面试不要形式化、机械化

在一些重量级的面试（如公务员面试）中，求职者表现得过于形式化、机械化，反而会影响面试官的评分。

有的考生如同机器人一般，进门后带着职业微笑，双手叠放在腹部，双肘分开，深深地一鞠躬，深情地说："各位面试官，各位工作人员，上午好，你们辛苦了！"面试官每说一句话，都眨着眼睛，含笑着点头："嗯，谢谢！"临走时，再深深地一鞠躬："再次感谢各位面试官，祝你们身体健康、精神愉快、工作顺利、全家幸福！"

当面试官念完一道题目示意考生可以回答时，考生面带微笑说："考生现在开始思考！""考生思考完毕，考生开始答题！""请允许考生思考片刻！"同时还很诚恳地笑着看面试官，等着面试官表态。

如果作为文字阅读好像还不错，但在实际场景中，就会显得过于形式化、机械化，不够自然大方了。

四、面试的要素

面试的要素是指面试活动不可缺少的构成因素。合理地配置和使用这些要素，是做好面试工作的基础。

（一）面试目的

面试目的是指面试要达到的预期效果和目标。在招聘中，面试的目标是通过对应聘者素质和能力进行有效的测评，选拔出德才兼备的合适人才。

（二）面试内容

面试内容是指需要测评的应聘者的能力、个性品质等方面的具体内容。一般来说，主要采用要素分解的方法，即设想应聘者的素质是由多种要素构成的有机体，把这些构成要素列出来，再选择部分重要的和相关的素质指标进行测评。因此，如何有针对性地选择与岗位要求相关的素质进行测评，是十分关键的问题。

小知识

面试的内容

面试内容由举止仪表、语言表达、求职动机、计划组织协调能力、应变能力、人际关系处理、自我情绪控制、综合分析能力八项内容构成，这其中并不包括专业能力，专业能力往往由一线管理者来负责评定。

面试官一般会根据企业招聘岗位的需求对这九项内容进行权重的合理分配，如某企业需要招聘一线销售岗位的员工，那么可能会更加注重求职者在应变能力、人际交往的意识与技巧、自我情绪控制方面的表现；但如果是招聘销售经理岗位的员工，则可能更重视求职者在计划组织协调能力、综合分析能力方面的表现。

（三）面试方法

面试方法指面试实施的具体技术，也是影响面试效果的重要因素之一。不同的面试方法对应聘者的考察重点不同，常见的面试方法为结构化面试、半结构化面试和非结构化面试三种。

（四）面试考官

面试考官是面试的测评者，是对应聘者素质考察的执行人员，在面试中扮演着十分重要的角色，面试考官的素质高低对面试结果有重大影响。面试考官的主要工作是提出面试问题、观察和分析应聘者的行为表现、对应聘者进行考核评价等。

（五）应聘者

应聘者是面试测评的对象，与面试考官共同构成面试活动的主体。面试中，面试考官通过对应聘者面试问题的回答，从而达到对应聘者测评的目的。

（六）面试题目

面试题目指面试考官对应聘者提出一定的行为反应的要求。面试题目不同，提出的要求也不同。由于面试模式各异，面试题目也有多种表现形式，如行为性面试题目，要求应聘者描述过去真实发生的时间；情境性面试题目，要求应聘者回答在假定情境中的行为表现；意愿性面试题目，要求应聘者反映自己的行为动机。

视频：
面试问题设计

（七）面试时间

面试时间是面试活动在时间上的跨度。一般而言，在其他条件不变的情况下，面试时间越长，面试结果的可信度就越高。在实践中，受种种因素影响，面试时间往往受到限定，因此，如何在较短的时间内得到全面而准确的应聘者信息是一个值得研究的问题。

（八）面试地点

面试地点是面试活动在空间上的体现。面试地点的选择和布置，关系到面试实施效果的好坏，一般来说，需要考虑的有面试场地大小、面试考官与应聘者位置的安排、光线明暗、噪音、干扰等因素。

（九）面试信息

面试信息包括面试考官信息和应聘者信息两个方面。面试考官信息指面试测评过程中面试考官发出的信息，如对应聘者下达的测评指令、对应聘者行为反应所表现的态度等。应聘者信息指面试测评过程中应聘者表现出来的行为反应信息，如自觉不自觉发出的声音、肢体语言等。

（十）面试评定

面试评定指面试考官利用事先拟定的测评标准，根据应聘者的行为表现，对其相关能力和素质进行考核评价的过程，也是面试决策的主要参考依据。

小测试

题目：一盒蛋糕切成8份，分给8个人，但要求蛋糕盒里还必须留有1份蛋糕。

答案：把切好的8份蛋糕先拿出7份给7个人，剩下的1份蛋糕连蛋糕盒一起分给第8个人即可。

解析：该题目测试的是求职者的创造思维能力，要求求职者思维不被常规框架束缚。

五、面试的发展趋势

随着技术的不断更新、应聘者整体水平的不断提高和企业需求的不断变化，面试呈现以下发展趋势：

（一）面试形式多样化

面试从传统的面对面、一对一的问答模式，演化出丰富多彩的新形式，如集体面试、分阶段面试、结构化面试、视频面试等。

（二）结构化面试被广泛采用

传统面试中，面试考官对面试的过程缺乏把握，面试的随意性大，面试的效果也得不到有效的保障，主观分、印象分层出不穷。为了改进这一点，越来越多的面试操作过程开始规范起来，而结构化面试作为一种标准化面试方法，受到广泛的欢迎。

（三）提问的弹性化

以前许多面试基本等同于口试，面试考官提出的问题一般都事先拟定好，应聘者仅需抽取其中一道或几道问题来回答即可，面试考官一般不根据应聘者回答情况再提出新问题，评定成绩也是按照预先拟定的标准答案给分；这实际上只是笔试的口试版本而已。现在则有了新的变化，面试中面试考官的提问虽然仍依据事先拟定的思路，但却会围绕应聘者的回答自然提出，也就是说面试的后一个问题与前一个问题是自然衔接的，问题是围绕测评的情境与目的展开的。

（四）面试的内容不断丰富

面试测评的内容从传统的仪容仪表、语言表达、知识面等已逐步扩展到对思维能力、反应能力、受挫耐压能力、求职动机、进取精神等全方位的考察。并且面试从传统的以一般素质为测评依据发展到主要以拟录用职位的要求为依据，包括一般素质和特殊素质在内的综合测评。

（五）面试考官的专业化

在传统面试中，面试考官多由企业相关部门的负责人来主持，他们对本部门的工作和岗位要求了解透彻，但往往缺乏专业的面试技巧。现在越来越多的做法是，由相关部门的负责人与人力资源部门的招聘专员、测评专员共同组成面试考评小组，使得面试在专业技巧方面有了很大提高。

（六）面试理论和方法不断有新的突破

通过对传统面试理论方法的不断分析、总结和提高，借助人力资源管理专业领域专家和学者的研究，一些新的面试理论和方法开始在实践中得到应用，如背景性面试、情境性面试等，这些方法克服了传统面试的某些不足，能更有效地测评应聘者的素质。

小知识

面试的由来

在古代，面试被称为荐举，荐举作为选贤任能的一种形式可谓历史悠久。四千多年前，舜继尧位靠的是推举；春秋时的祁羊，“外举不避仇，内举不避亲”，说的也是荐举。若是细分，荐举可分为三种：一曰内举，即本单位的领导向组织建议对某人委任；二曰外举，即领导班子之外的人，也就是一般干部或群众推举某人担任一定的工作；三曰自荐，如毛遂自荐。

六、面试实施过程

在我国历史上，面试自古以来就被广泛地应用在人员选拔工作中，在选人方面起着重要的作用。商汤辨味求伊尹开创殷商基业、文王渭水识太公兴周八百年、刘备三顾茅庐拜孔明创蜀中霸业、曹操以貌取人失西川千里沃野、孝庄再度起用帝师济世培养出一代圣君康熙……由此可见，面试官在整个选拔过程中的地位和作用不可小视。

随着社会的不断进步和人力资源管理方法的不断科学化，面试越来越多地被应用到各种人员的选拔工作中，面试的成败直接影响企业的发展，而面试官的素质将直接关系到面试的成败乃至企业的形象。因此，要做好招聘面试工作首先要有高素质的面试官。

（一）面试准备阶段

视频：
面试准备之应聘者

对于应聘者，特别是潜在的应聘者来说，自他们踏入企业大门之时起，某些细节就已经使其在心中形成了对企业的一些初步印象，因此每一个细节都对吸引人才有积极的作用。而且，良好、充分的准备工作也有助于面试官有条不紊地对应聘者进行面试，不至于因准备不充分而手忙脚乱。因此，作为负责组织面试的人力资源部门，在确定面试之前，首先要做好如下准备工作：

（1）确定面试的岗位，在此基础上确定面试形式和面试官队伍的具体组成，并对面试官进行必要的培训。

（2）认真阅读应聘者的求职申请表，结合所需职位的岗位说明书，制定面试提纲和问题清单，问题的设置围绕需要证实的疑点和问题，针对不同的对象有不同的了解侧重点。

（3）制定面试评估表，准备好面试时对应职位的试题、试卷。

（4）通知应聘者，清楚地告知应聘者他所应聘的岗位、面试的时间、地点、需提供的资料、联系人以及联系电话等信息。面试通知可以有电话通知、书面通知和网络通知等形式。

如果采用电话通知的形式，人力资源部相关工作人员可以根据需要面试的人员情况分批或单独进行通知。如果一次电话联系不上，可以多联系几次，尽量做到通知到位。

如果采用的是书面通知单形式，可以参考如下范例：

面试通知单

××先生/女士：

首先，非常感谢您应聘本公司××职位，经过初步评审，您的学识、经历与我公司招聘的岗位有一定的符合度，为了彼此做进一步了解，特邀您于×年×月×日×时×分前来本公司参加面试。

若您有所不便，请事先以电话与人力资源部×先生（小姐）联系。

公司地址：×××××××××××××

联系电话：××××××××××××

此致

××公司
人力资源部 敬启
×年×月×日

若用人单位是通过网络进行招聘，也可以利用网络招聘系统或邮件形式向应聘者发出面试邀请，但这种方式一般会有一定的延迟或存在联络不上的风险。相比之下，电话通知更加直接、快捷。一般情况下，接到通知的应聘者都会礼貌地接受或拒绝面试邀请，若应聘者回绝了面试邀请，工作人员可以稍稍了解一下对方拒绝的原因，以便掌握人才流向或做相应的调整安排。

（5）安排并布置面试场地。面试场地包括面试室、应聘者候考室、考务办公室等，它是面试构成的空间要素。科学合理的面试场地的选择和布置既可以减少应聘者的心理压力，又可以展示出企业良好的文化氛围。因此，面试场地要按照一定的条件来选择和布置。

第一，面试场地应选择在独立、安静、不易受外界干扰的地方，同时要整洁、宽敞、有良好的采光，通风、冷暖适宜、座位舒适，使面试工作人员和应聘者都感到舒适。

第二，在通向面试场地的相应位置设立指示牌，方便应聘者。

第三，在应聘者候考室放置一些本单位的介绍资料，或者是当天的报纸、杂志及一些轻松的读物，让应聘者轻松地度过面试等待时间，以提高其面试效果，但等待时间不宜过长，一般不超过 15 分钟。

第四，面试室的大小可根据具体需求和目的而定。从心理学的角度分析，狭小的空间容易产生被逼迫的感觉，尤其是需要激烈讨论问题时比较适合采用小一点的空间，这样能使交谈的时间更长、交流的内容更深，比如进行压力面试就应选择相对狭小的房间；相对而言，宽松式面试宜选择比较宽敞的房间。

第五，在面试中，应聘者和面试官的座位安排也需注意。假如为了避免目光直视，使应聘者感觉比较自在，并在最佳的心理状态下接受面试，可采用圆桌会议的形式或者长方形桌子，让面试官与应聘者坐在相邻的两边进行交谈；若需要考察的正是应聘者的情绪控制能力或者是承受压力的能力，那么可以直接采取与应聘者近距离相对而坐的形式。

第六，颜色会影响人的情绪、意识及行为。某些颜色使人有舒适的感觉，但有些颜色却有相反的效果；有些颜色使人心情放松，有些颜色则令人感觉烦躁；有些颜色会降低心智的活动，使人思维放慢。可见，面试场地的颜色布置也应当引起面试官的注意。桌椅、地板、四壁等都趋向单色化，有的甚至就是一张破桌子旁边散落几把椅子，让人有一种随便感及不适感。因此，在面试过程中，一定要注意保证椅子、桌子、墙壁、天花板，甚至地毯及装饰品的色调相互协调。

第七，准备好一套名片，因为应聘者可能会索取。

第八，通知接待人员，安排好应聘者面试前的接待工作。

（二）面试实施阶段

面试开始初期，面试官要努力营造和谐的面谈氛围，目的是解除应聘者的紧张和顾虑，使面试双方建立一种信任的关系，进而较为准确地评价应聘者的日常工作表现。常用的方法是寒暄、问候、微笑、握手、放松的姿势，具体可以通过一个开场白来使应聘者放松紧张的情绪。开场白可以是一个说明，比如企业的情况；也可以是一个问题，如“从你的简历上看，你很喜欢足球，昨晚的那场比赛你看了吗”？等应聘者的情绪放松下来以后，你可以用引导性的问题正式开始面谈，如“请对你的工作情况做一下介绍好吗”？随后进入正式面试过程。

面试实施阶段中需要注意以下事项：

1. 面试官要有良好的个人修养

（1）面试官首先要注意自身的外在形象。面试官在面试时要着正装，男性不可穿背心、短裤、拖鞋，女性不可穿吊带、超短裙或超短裤；要保持头发的整洁，男性不留长发、不留胡须，女性装扮不宜太过浓艳；要保证口气清新，无异味。总之，要做到整洁、大方、得体。

（2）面谈中要注意说话的语气、语调及语速。说话语调应适度，不宜过于大声或过于小声，音调应平缓，不可陡然升高或降低，吐字要清晰，语速可根据应聘者说话时的语速做相应的调整，可与其保持接近，以拉近与应聘者之间的距离。面试中切忌说脏话，同时尽量少讲口头禅。

（3）谈话中忌用不切实际的“洋话”。有的面试官在问问题时，为了卖弄自己的学识，喜欢夹杂一些英语单词，完全不理会这是否有必要，往往给应聘者留下故意卖弄的不良印象。

（4）面谈时要始终面带微笑，坦诚地注视应聘者，并表现出对他的谈话感兴趣，绝不可心不在焉，或是不停地看手表。注意与应聘者的目光接触，但不要直盯对方，也不可对其斜视或者干脆东张西望。若同时对多位应聘者进行面试，目光应主要集中在正在回答问题的应聘者身上，同时兼顾其他应聘者。

（5）整个面试应在一个不受外界打扰的环境中进行。面试开始前，面试官应关闭手机；面试中，面试官不得被其他电话或事情打断，切忌让其他人闯进面试室。在整个面试过程中，面试官不得中途离开，不得做出抽烟、吃东西、随地吐痰、大声说笑等不礼貌的举动。

（6）尊重每一位应聘者，不以貌取人。有些面试官有时会在面谈中对应聘者表现出一种漫不经心的态度，这样应聘者感觉到自己被冷落，就会表现得不够积极，不但考察不到应聘者真正的心理素质和潜在能力，还严重损害了企业的形象。

视频：面试准备之面试官

2. 熟练应用面谈技巧，控制面谈进程

（1）根据面试职位的要求和欲达到的目标的不同，选择不同的面试方法和面谈技巧。从欲达到的效果来分，可以分为初步面试、诊断面试；从参与人员来分，可以分为个别面试、小组面试、集体面试；从面试的结构化程度来分，可以分为结构化面试和非结构化面试；从面试的组织形式来分，可以分为压力面试、行为描述面试、能力面试。在面试过程中，具体采用哪种或哪几种面试方法，视具体情况而定。

在提问时，尽量避免提出引导性的问题。不要问带有面试官本人倾向的问题，如以“你一定……”或“你不会……”开头的问题。不要让应聘者了解你的倾向、观点和想法，以免应聘者为了迎合你而掩盖其真实的想法。同时，可以有意提出一些相互矛盾的问题，引导应聘者做出可能矛盾的回答，来判断应聘者是否在面试中隐瞒了真实情况。

（2）认真倾听每一位应聘者的回答，若有疑问，可做一些澄清式或封闭式的提问，但不要随便打断对方的谈话，不要随时附和。整个提问要先易后难，针对疑点逐一提出。若应聘者回答问题时间过长或偏离主题，可做必要的提醒。

视频：
面试提问技巧

（3）耐心有节地回答应聘者所提出的每一个问题，不欺骗应聘者，不隐瞒某些真相，也不可嘲笑应聘者提出的问题。

（4）多听少说，注意观察。面试的过程是面试官对应聘者进行了解、判断的过程。为了尽可能多地了解应聘者，对其做出正确的判断，首先得让应聘者多说、多表达自己的观点，面试官则应多听。只有善于倾听，面试官才能发现应聘者的优势和不足。同时注意观察，因为在面谈过程中，双方的信息交流不仅限于语言，还包括肢体语言和面部表情。通过对应聘者的外部行为特征的观察和分析，可以考察、评价其素质特征、应变能力、理解能力、思考问题的广度和深度。如果应聘者在回答某一问题时的肢体语言或表情与所表达的内容不一致、不协调，那么将有必要在这个问题上继续追问求证。这些肢体语言和面部表情可参照表 6－1 进行评判：

表 6－1　肢体语言信息含义表

身体部位	动作	含义
头部	抬头上昂	自信、果断、较为自我
	向左侧倾斜	享受谈话过程、放松
	向右侧倾斜	在思考与判断、紧张
眼神	正视面试考官	友善、诚恳、外向、有安全感、自信、镇定
	游移不定	紧张、不自信、不诚实、内向、人际敏感度低
手	抓座椅把手	不自信、紧张
	手玩弄衣角或其他东西	不自信、紧张、心不在焉、不专注
	双手垫放在屁股下面	保守、拘谨、人际交往能力弱
	手摸喉咙、嘴唇	不认同、准备发言反对
	双手放背后或环抱双臂	不欣赏、质疑、防备、准备攻击
腿脚	跷二郎腿，腿脚抖动	清高、随意、有些自大
	两脚张开，脚尖朝对方	开放、诚恳
	两腿交叉，向内收回	封闭、不友好
坐姿	往后靠	放松、自我、骄傲
	往前倾	注意、感兴趣、谦虚
	侧坐/前坐椅子边上	不安、厌烦、警觉

（5）不该问的千万别问。在人际交往中，我们时时刻刻都离不开“问”，而作为面试官来说，其工作中的一个重要部分就是“问”。但有些问题的确是不宜问的，如个人隐私、宗教信仰、政治话题、家庭储蓄情况、夫妻感情等。在面谈过程中，如果不识趣地问及对方的“雷区”，尴尬便会随之而来，会直接导致面谈的失败，甚至会引起不必要的法律纠纷。因此，作为面试官，在面谈过程中，不宜问及的问题不要问。

(6) 对每一个应聘者保持前后一致，即不能够前松后紧或者是前紧后松。刚开始时，面试官精力充沛、思想比较集中，提问和观察都较仔细，对应聘者的测评比较准确，时间一长或者临近下班，面试官要么有些疲倦，要么急于下班，于是便草草了事。这样的面试结果必定不会理想。

3. 尊重劳动者，平等就业，避免就业歧视

我国《劳动法》和《就业促进法》明确地规定了我国劳动者依法享有平等就业和自主择业的权利，不因民族、种族、性别、宗教信仰不同而受歧视。其明确了我国劳动者就业中的平等就业原则，也规范了我们现有的劳动就业市场。可见，我国对就业工作的重视。

但目前我国劳动就业市场仍存在一些就业歧视，如性别歧视、年龄歧视、学历歧视、相貌歧视、地域歧视、户籍歧视、履历歧视、健康歧视等。《劳动合同法》《就业促进法》等法律针对这些就业歧视的现象进行了严格的规定，严格禁止用人单位对劳动者进行歧视。我们各企业的面试官作为这些法规的直接执行者，在面试过程中必须严格守法，对每一位应聘者不得有任何歧视。

小测试

问：有两根不均匀分布的香，香烧完的时间是 1 小时，用什么方法来确定一段 15 分钟的时间？

答：把两根香同时点亮，第一根香两头点着，第二根只点一头；等第一根香烧完的同时，把第二根香另一头点着，另一头从点着到熄灭的时间就是 15 分钟。

(三) 面试结束阶段

通常情况下，面试进入结束阶段，面试官的正式提问结束后，应给应聘者一些时间让他们提出想问的问题并自由发挥自己的想法。

面谈结束时应采取较为轻松的方式再次缓和气氛，如可以询问“还有什么需要了解的吗”?“需要多少时间能到岗”? 这样一方面可以使应聘者感觉受到尊重和重视，加深应聘者对企业的好感；另一方面进入轻松谈话阶段，反而可以从一些细微处反映应聘者的性格和某些特点，有助于面试官进一步了解应聘者的真实情况。另外，作为面试官，面谈结束后，应向应聘者说明面试结果通知的大致时间。注意不要在应聘者面前表现出急于离去的样子，而应用“很高兴与你面谈”或“感谢你前来我公司面谈”这样的辞令结束谈话。面谈结束后，应主动与应聘者握手，对其能参加面试表示感谢并面带微笑目送应聘者走出面试室。有条件的企业可酌情安排人员向参加面试或进入复试的应聘者赠送小礼品，以进一步提升企业形象。

面试过后，假如应聘者主动提前联系查问面试结果，应礼貌告知结果的实际进展情况，并告之如果有结果会在多长时间内通知，切不可烦躁、没有耐心地回绝对方。在结果评定过程中，若对某一应聘者是否录用有分歧，不必急于下结论，还可以安排第二次

面试。

面试结束后，应根据面试记录对应聘者进行评估。评估可采用评语式评估和评分式评估。评语式评估可对应聘者的不同侧面进行深入地评价，但不能对应聘者之间进行横向比较；评分式评估则与评语式评估相反。两种方法各有优劣，面试官在应用时可视情况决定选取哪一种方法或者是两种方法相结合使用，但在对应聘者进行评估或评分时，应避免以下情况的出现：

视频：面试流程

1. 晕轮效应

晕轮效应是指根据不完全的信息，如第一印象而做出的对被知觉对象的整体印象与评价。人与人在见面时最初的 5 分钟就会产生第一印象，而第一印象经常会影响一个人对另一方的判断，这种判断很可能是片面的、不真实的，因此面试官应在详细了解应聘者情况之后再做出理性的判断。

2. 刻板印象

刻板印象就是指有时对某个人产生一种固定的印象。例如：一听到老年人，就认为这是一个保守的人；一听到是北方人，就认为他也具有北方人的所有特征。面试官切不可片面地认为某应聘者属于某个群体中的一员就必定也具有这个群体的特质，这种刻板印象往往会影响面试官客观、准确地评价应聘者。

3. “与我相似”的心理

“与我相似”这种心理就是指当听到应聘者某种背景与自己相似，就会对他产生好感、产生同情的一种心理活动。例如：应聘者是某某大学毕业的，面试官马上想到原来是老校友，便产生一种“与我相似”的感觉，因此面试官在面试时要尽量防止“与我相似”的因素影响。

视频：面试误区

小知识

谈谈外企面试的观后感

有的外企聘请职员时，组织应聘者先参观本企业，然后要求应聘者谈观后感。测试中，有的应聘者谈不出什么感想，或只说本企业的好话；而有的应聘者则能对本企业的蹩脚之处提出意见，并提出改进的建议，怎么加强安全防范措施等；显然，后一种应聘者更关怀企业的进展，具有较强的事业心和责任感，因而受到外企的欢迎。

七、常见的面试方法

面试方法是指通过什么样的方式或手段来测评应聘者的各种能力素质，是面试内容外在化的具体化表现；典型的面试方法主要包括结构化面试、情景模拟、无领导小组讨论、公文筐测验。

（一）结构化面试

按照面试的结构化或标准化程度的高低可以将面试分为结构化面试、非结构化面试和半结构化面试。结构化面试是指依据预先确定的内容、程序、分值结构进行的面试形式。在面试过程中，面试考官必须根据事先拟定好的面试提纲逐项对应聘者测试，不能随意变动面试提纲，应聘者也必须针对问题进行回答，面试各个要素的评判也必须按分值结构合成，也就是说在结构化面试中，面试的程序、内容以及评分方式等标准化程度都比较高，使面试结构严密、层次性强、评分模式固定。

目前，结构化面试因其直观、灵活、深入、具有较高的信度和效度而不断为许多用人单位所接纳和使用，它作为现代人员素质测评中一种非常重要的方法日益受到人们的重视。

1. 结构化面试的测评要素

在结构化面试中，测评要素并不是随意确定的，而是在系统的工作分析基础上由专家研究确定的。面试的目的是要把与职位更匹配的应聘者选拔出来，如果没有对职位要求的工作分析，那么就无法确定与拟任职位的要求密切相关的录用标准，也就无法达到面试的最佳效果。因此，以工作分析为基础确定测评要素是结构化面试的重要特点。测评要素设计如图 6－5 所示。

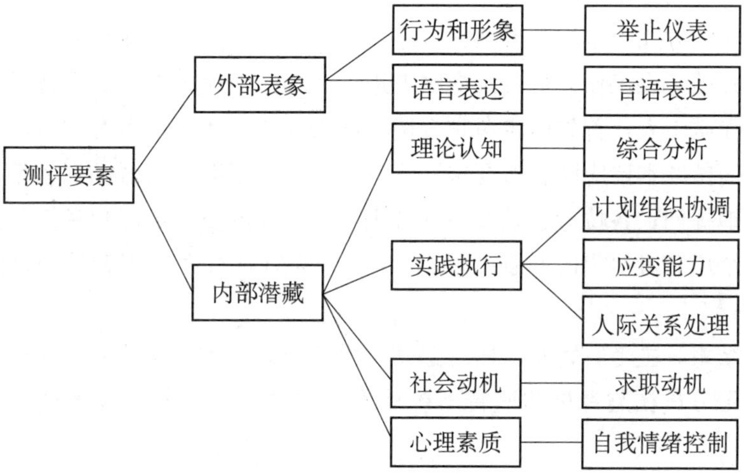

图 6－5　测评要素设计

针对每一个测评要素，结构化面试有规范的、可操作的评价标准。突出表现在每个要素都有严格的操作定义和面试中的观察要点，并且规定了每个评分等级（如优秀、良好、一般、较差）所对应的行为评价标准，从而使每位考官对应聘者的评价有统一的标准。评价标准中还规定了各测评要素的权重，使考官知道什么要素是主要的、关键的，什么要素是次要的、附属的。应聘者的面试成绩最终是经过“体操计分法”统计出来的。结构化面试评分样表如表 6－2 所示。

表 6-2 结构化面试评分样表

序号	测试项目	权重	分值	评分标准
一	职业认知	5	2	较强的从教愿望，对教师职业有高度的认同，对教师工作的基本内容和职责有清楚的了解
			3	关爱学生、尊重学生、平等对待学生，关注每个学生的成长
二	心理素质	5	3	活泼、开朗，有自信心
			2	有较强的情绪调节能力
三	仪表仪态	5	2	衣着整洁，仪表得体，符合教师职业特点
			3	行为举止稳重、端庄、大方，教态自然，肢体表达得当
四	言语表达	15	8	语言清晰，表达准确，语速适宜
			7	善于倾听、交流，有亲和力
五	思维品质	15	3	思维缜密，富有条理
			4	迅速地抓住核心要素，准确地理解和分析问题
			4	看待问题全面，思维灵活
			4	具有创新性的解决问题的思路和方法

2. 结构化面试的具体操作步骤

（1）对进入面试的应聘者讲解本次面试的整体计划安排、注意事项、面试纪律。比如，应聘者在面试前不能与已面试过的应聘者交流，否则就相当于泄题，因为同一职位的应聘者面试试题很可能是完全相同的。鉴于此，应聘者在候考室等待面试时，不许使用手机，也不允许在外面随便走动。

（2）以抽签的方式确定应聘者面试顺序，以确保面试的公正性和公平性。

（3）面试开始，由工作人员带领应聘者进入考场，并通知下一名应聘者准备。

（4）每次面试 1 人，首先由主考官宣读面试指导语；然后由主考官或其他考官按事先的分工，依据面试题本请应聘者按要求回答有关问题；根据应聘者的回答情况，其他考官可以进行适度地提问；各位考官独立在评分表上按不同的要素给应聘者打分。

（5）向每个应聘者提出的问题一般以 6～7 个为宜，每个应聘者的面试时间通常控制在 20 分钟左右。

（6）面试结束，主考官宣布应聘者退席。由工作人员收集每位考官手中的面试评分表交给记分员，记分员在监督员的监督下统计面试成绩，并填入应聘者结构化面试成绩汇总表。

（7）记分员、监督员、主考官依次在面试成绩汇总表上签字，结构化面试结束。

结构化面试流程如图 6-6 所示。

（二）情景模拟

情景模拟面试也是人才测评中应用较为广泛的一种方法，它主要测试应聘者的各种实际操作能力。

1. 情景模拟面试的作用

情景模拟面试的特点决定了它在企业招聘选拔员工时，有着不容忽视的作用。这种作

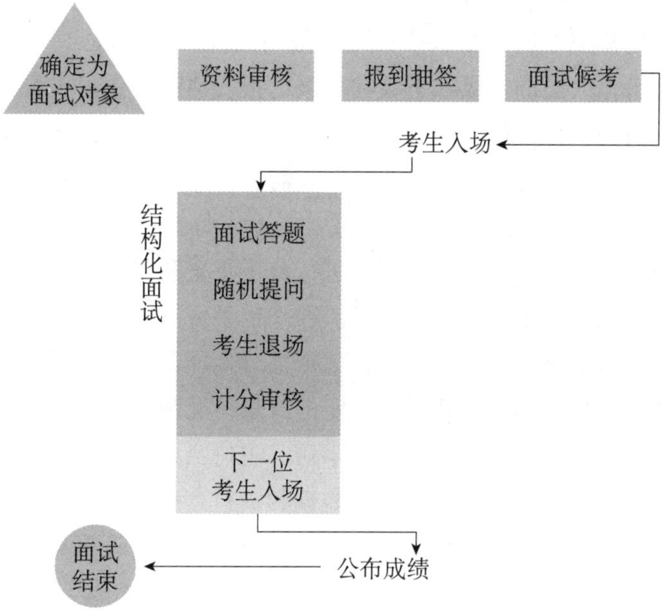

图 6-6 结构化面试流程

用主要体现在以下三个方面：

(1) 为考核应聘者的业务能力提供依据。情景模拟面试在考核应聘者业务能力方面发挥着笔试和面试答辩难以替代的作用。

(2) 有利于避免高分低能现象。情景模拟面试注重业务能力的考核，考核的标准是依据实际工作的要求拟定的，面试考官一般由用人单位的业务骨干担任，这些因素决定了模拟面试不仅能够为实践经验丰富，具有实际工作能力，胜任拟招岗位工作的应聘者提供"用武之地"，而且可以避免笔试成绩较高，实际业务能力差的应聘者进入录用行列。

(3) 为企业进行员工配置提供依据。由于应聘者在情景模拟面试中表现出的个体能力差异与他们的实际工作能力往往十分相关，因此其面试成绩一般都被人力资源管理部门作为安排具体工作岗位的依据。

2. 情景模拟面试的主要方式

(1) 机关通用文件处理的模拟。这一测试可作为对应聘者通用情景模拟手段。它以企业的日常文件处理为依据，编制若干个（约 15～20 个）待处理文件，让应聘者以特定的身份对文件进行处理，这些待定文件应是企业日常工作中常要处理的会议通知、请示或批复、电话记录和备忘录等，要求被测试者在指定时间内处理完毕。

待处理文件大体可分为三类：第一类是工作中已有正确结论的，可以在文书档案调查的基础上对某些文件略做加工提炼。这类文件便于对应聘者处理结果的有效性进行评价。第二类是某些条件和信息尚不完备的文件，这主要是测试其是否善于提出问题，假设或要求进一步获取有关信息的能力。这类文件的处理应有一定难度，以评价应聘者观察力的细致性和深刻性，思维的敏感性、逻辑性和周密性。第三类是文件处理的条件已具备，要求应聘者在综合分析问题的基础上做出决策。这类文件应难易相间，以拉开档次。

（2）工作活动的模拟。这个测试项目可以采用两种形式进行：一是上下级对话形式，由应聘者饰上级，工作人员饰下级，下级向上级汇报或请示工作；也可采用主考人员与其对话，其余测评人员观察打分的方式进行。测试前应让被测试者阅读有关材料，使其了解角色的背景和要求。测试主题可一个专业一题，需有一定难度和明晰的评分标准，时间以每人 20 分钟左右为宜。二是布置工作的测试，要求应聘者在看阅一份上级文件或会议纪要后，以特定的身份结合部门实际，对工作进行分工布置和安排，这一项目可以按个别测试的方式进行，测评人员一般为该部门领导。在一定条件下，测评人员可向应聘者进行发问，以对其进行较深入的整体测评。最后，依据评分标准分别评分。

（3）角色扮演法。事先向应聘者提供一定的背景情况和角色说明，模拟时要求应聘者以角色身份完成一定的活动或任务。如接待来访、主持会议、汇报工作等。

（4）现场作业法。提供给应聘者一定的数据和资料，在规定的时间内，要求应聘者编制计划、设计图表、起草公文和计算结果等。被普遍应用的计算机操作、账目整理、公文筐作业都属于此类形式。

（5）模拟会议法。将若干（10 人左右）应聘者分为一组，就某一需要研讨的问题或需要布置的活动或需要决策的议题，应聘者自由发表议论，相互切磋探讨。具体形式有会议的模拟组织、主持、记录及无领导小组讨论等。

小思考

很多企业要求员工具有团结协作精神。一家企业招聘员工时，要求求职者冒雨到附近指定地点然后返回，但只给一半的求职者发伞；有的发到伞的求职者主动与无伞的求职者搭档，风雨同伞；有的无伞求职者则与有伞求职者协商合用一把伞；还有的有伞的求职者只顾自己，独自撑一把伞。你怎么看待这种面试方式？

（三）无领导小组讨论

无领导小组讨论是评价技术中经常使用的一种测评技术，采用情景模拟的方式对应聘者进行集体面试。将应聘者按相同或相近的报考职位分组，每个小组（一般为 5～7 人）在无人组织的情况下，就某个问题进行无领导（无支持人）讨论，各自提出自己的见解。如图 6－7 所示。

1. 无领导小组讨论流程

无领导小组讨论一般安排 30～60 分钟，讨论实施流程如图 6－8 所示。主要有以下几步：

（1）准备阶段。指导语：要有统一的、明确的指导语，以免在组与组的应试者之间造成不匹配，没有可比性。安排场地：为使所有的应聘者处于同等地位，无领导小组讨论应该用圆桌，而不要用方桌，使用方桌容易使得相对而坐的人有对立感。选择题目：无领导

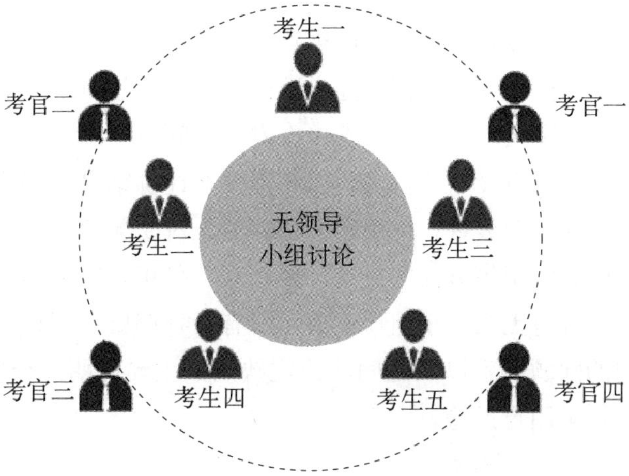

图 6-7　无领导小组讨论

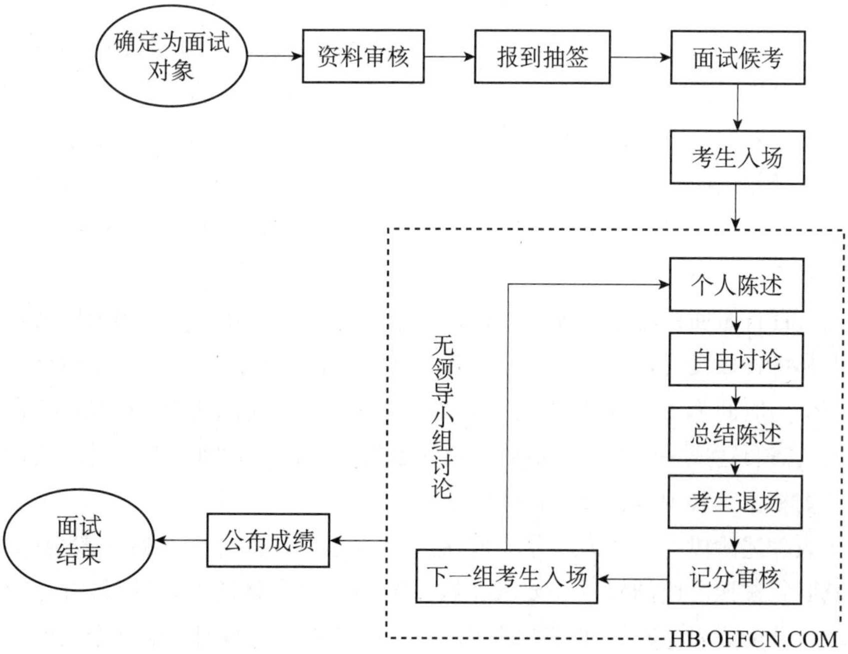

图 6-8　无领导小组讨论实施流程

小组讨论常用的题型有 5 类，在出题难度、评价难度方面略有不同，包括开放式问题、两难问题、多项选择问题、操作性问题和资源争夺问题。一般来说，选择能够引发小组成员较激烈的争论的题目比较好。

（2）具体实施阶段。面试官给应聘者提供必要的资料、交代问题的背景和讨论的要求后，一定不要参与提问、讨论或者回答应聘者的问题，以免给其暗示。整个讨论过程可用摄像机监测、录像。

整个讨论可以分为 3 个阶段：

第一阶段：面试官宣读试题，应聘者了解试题，独立思考，列出发言提纲，一般规定为5分钟左右；

第二阶段：应聘者轮流发言阐述自己的观点；

第三阶段：应聘者自由发言，不但阐述自己的观点，而且对别人的观点提出意见，最后达成某一协议，在时间上要求单个应试者单次发言时间不要过长。

（3）评价阶段。至少要有2个评价者，以相互检查评价结果；评价者应对照计分表所列条目仔细观察应聘者的各项表现；评价者一定要克服对受测者的第一印象，不能带有民族、种族、性别、年龄、资历等方面的成见，要客观、公正，以事实为依据。

（4）总结阶段。在进行无领导小组讨论后，所有考官都要撰写评定报告，内容包括讨论的整体情况、所问的问题内容以及此问题的优缺点，主要说明每个应聘者的具体表现，自己的建议，以及最终录用意见等。

2. 无领导小组讨论面试详解

面对无领导小组讨论的面试方式，可根据其实施流程，分步制定面试细节和措施。

（1）入场阶段。应聘者进入考场时，一定要服从工作人员的安排，一般由工作人员引导，排队入场。如果门是关着的，工作人员又没有给你开门，则由队伍的第一人敲门，得到“请进”的允许后再按顺序进入，一定要注意走姿，抬头挺胸，落落大方。进考场后，迅速扫视全场，做到心中有数，要知道自己从哪里入座，从哪里离场，根据桌牌找到自己的座位，在椅子侧或椅子后站定；未得到考官允许时，不要自行坐下，等考官示意可以坐下时，道谢后坐下；调整座椅时，避免发出刺耳声响；如果考官和你有眼神交流，要礼貌地微笑点头回应。

（2）主考官宣布面试流程及规则阶段。主考官宣读面试流程、规则及题目，面试过程中每一个人都可积极发言，每个应聘者将有5分钟的时间准备发言提纲，然后依照顺序逐一发言，每个人时间为3分钟。之后进入自由讨论阶段，时间为30分钟。在自由讨论阶段，小组成员需要达成一致意见，最后推举一名代表发言，时间为5分钟，之后应聘者返回考场，评委根据其表现进行打分，决定录用人员。

（3）个人陈述阶段（时间为3分钟）。所有应聘者入座后，面试官一般会读一个导语，一定要认真听，按照导语的提示和要求作答。第一个程序就是审好题目，快速阅读材料，掌握好时间，分配好思考时间和答题时间，可以粗略地罗列提纲。根据个人的情况来决定自己什么时候开始发言。在规定的思考时间内，如果准备得很好了，可以做第一个发言者，抢先亮出自己的观点，不仅可以给主考官留下较深刻的印象，而且还有可能引导和左右其他应聘者的思想和见解，将他们的注意力吸引到自己的观点上来，从而争取充当小组中的领导角色。

同时要注意的是，在结束自己的个人陈述之后也要注意他人的个人陈述内容，为下一阶段的自由讨论做准备：一方面取长补短，弥补自己发言中的不足，使自己的应答内容更趋完善；另一方面要充分理解对方观点，在此基础上找出彼此的共同点，以便在下一阶段的自由讨论中引导对方接受自己的观点。

（4）自由讨论阶段（时间为20分钟）。在自由讨论阶段，可以根据自己的性格特征和实际情况来决定自己的角色。

如果你能迅速阅读好材料和题目，也能又快又好地列出答题思路，可以考虑做第一个发言者，发言要观点明确、结构完整、条理清晰、声音洪亮、表达流畅。

如果你的语言表达能力和分析能力不是很强，组织能力很好，就要努力使自己成为一个组织者，控制整个局面，调动整个场面的气氛，控制讨论进展方向，调配发言人，并注意协调强者、组织弱者。

如果前两点都不擅长，可以做一个贡献者，对方案的形成、问题的解决提供实质性的意见和建议，补充其他应聘者前要先对其观点进行肯定，然后再对自己一方的观点做加强补充，最后对对方观点做修正性补充。

小组讨论重要的是看应聘者在讨论过程中扮演了什么角色，无论充任哪一个角色，都要出色地完成自己的任务，将普通的成员角色做出特色、做出效果。要表现出主动参与、积极推进的态度，以团队利益为核心，最不能要的就是个人英雄主义。

此外需要注意的一点是讨论发言时要面向小组成员，而不要看着考官。这一点很多人都忽略了，讨论对象是小组成员而非考官，这是在自由讨论时需要注意的。

（5）总结陈述阶段（时间为 5 分钟）。最后一个阶段，是代表小组进行汇报总结阶段，这就要求在整个讨论过程中认真听，理解大家的观点，做好详尽的笔记，概括归纳能力要强。

在总结陈述阶段，应聘者要注意角色的选择。如果应聘者概括归纳能力较强，表达演绎能力较好，可以尽量争取做总结陈述者，总结时要条理清晰、分点论述，注意把控时间，言简意赅。

如果应聘者分析自身情况认为自己不适合作为总结陈述者，或者小组成员中有更适合进行总结陈述的同伴，那么也要在自由讨论过程中做好笔记、梳理材料，为总结者提供资料，这也是为小组形成一致结论贡献了自己的力量。此外，如果总结陈述者在总结陈述时漏掉了小组讨论的重要内容，应聘者也可以适当地进行补充。

（6）退场阶段。考试结束时，得到考官、工作人员面试结束的示意或可以退场的提示后起立，鞠躬行礼："谢谢各位考官。"然后将桌上的纸笔摆放整齐，不要将试题与草稿纸、记录笔等带出考场，将座椅轻轻放归原位，随工作人员依次走出，注意走姿和面部表情，因为此时面试还没有真正结束。队伍最后一位要注意轻轻将门关上。

视频：无领导小组讨论

小测试

你去应聘某公司技术经理，公司知名度不错，求职者甚多；招聘海报上并没有标注学历的要求。你见到面试官，刚坐下，面试官就说："看你的简历上写的学历是专科，但其实我们这个岗位只要研究生！"这个时候你该如何应对？

解析：这属于常见的压力面试问题，既然你被通知来参加面试，说明这个岗位专科学历是可以胜任的。压力面试主要考察的是求职者的抗压抗挫能力、挑战精神和自我表现能力。在面试中，自我价值的体现是最重要的环节之一，因此，自信一些，表达出你能胜任这个岗位的实力即可。

（四）公文筐测验

“公文筐测验”又称“公文处理模拟测验”，作为一种个人综合性笔试测验，特别适合对中高级管理人员的能力测评。公文筐测验的所有题目都来自管理工作的实战，通过考察应聘者在处理具体业务中的表现，评估其关键能力。

1. 公文筐测验的适用范围

由于公文筐测验可以将管理情境中可能遇到的各种典型问题抽取出来，以书面的形式让应聘者来处理，因此它可以考察应聘者多方面的管理能力，特别是计划能力、分析和判断问题的能力、给下属布置工作并进行指导和监督的能力、决策能力等。归纳起来，主要有以下两类：

（1）与事有关的能力。公文筐的各种公文都会涉及组织中的各种事件，应聘者搜集和利用信息的（洞察问题）能力首先会体现其中，另外有的事情是需要应聘者做出分析、综合判断的，有的事情需要做出决策，有的事情需要组织、计划、协调，有的还需要分派任务（授权），而且在纷繁复杂的事情中需要分清轻重缓急，因此这些能力都可以在公文筐测验中得到反映。同时由于与其他测评方法相比，此法提供给应聘者的测验材料和作答都是以书面形式来实现的，因此还能有效观察应聘者的文字与写作能力。

（2）与人有关的能力。在公文中会提到各种各样的人物以及他们之间的关系，这些文件也来自不同的人，设计得很好的公文筐测验会把人物的特点勾勒得淋漓尽致。应聘者除了善于处理公文中的事情之外，还要对文件有关的人非常敏感，而且很多情况下，事情处理得是否得当就取决于是否能够正确理解人的意图、愿望、性格特点和人物之间的关系。因此，在公文筐测验中也能很好地测量与人打交道的能力，尽管这种能力是通过书面的形式间接表现出来的。

2. 公文筐测验的实施步骤

公文筐测验的实施步骤包括测评前的准备阶段、正式测评阶段和评分阶段，各个阶段都有一些特定的要求，任何环节出了问题，其他环节都难以弥补。所以在实施时，必须严格按照要求对所有的应聘者进行测评，以保证测量的标准化和公平性。如图 6-9 所示。

（1）测评前的准备。测评前的准备工作是公文筐测验能否顺利实施的关键。测评前的准备工作范围很广，包括指导语的设计、各种材料的准备、测试场地的安排等。

首先，要有清楚、详细的指导语。指导语要说明应聘者在公文筐测验中的任务与有关要求，文字应该通俗易懂，以保证每个应聘者都能够准确无误地理解测验要求。

其次，准备好测验材料。测验材料包括两类，即提供给应聘者的背景材料和待处理的各种测验资料。背景材料一般包括应聘者的特定身份、工作职能和组织机构等具体的情景设计，背景材料的多少随测验材料而定，其核心目的是为应聘者处理公文筐测验中的各种

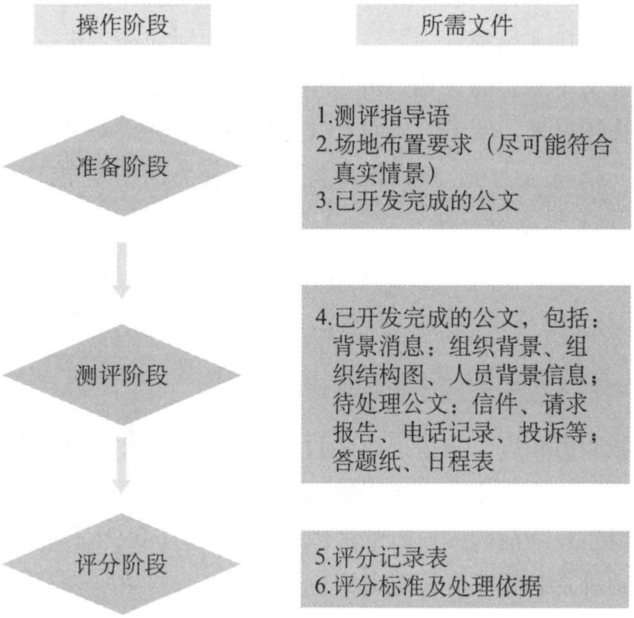

图 6-9 公文筐测验流程

问题提供一个背景，以保证应聘者有足够的背景信息可以参照。各种测验资料包括信函、报告、备忘录等。这些材料事先放在桌子上的公文袋里。

再次，准备好答题纸。答题纸是专供应聘者对材料写处理意见或回答指定的问题，是应聘者唯一能够书写答案的地方，评分时只对答题纸上的内容进行评分。给每个应聘者的测验材料和答题纸事先要编上序号，实施前要注意清点核对。

然后，要事先编制好评分标准。根据各测验要素的定义，结合具体的测验试题，给出个要素的评分标准，必要时可以给出好、中、差三种情况的作答特征描述。

最后，事先安排一个尽可能与真实情境相似的环境，除了要求环境安静、空气新鲜、采光好等条件外，最好能够使测试环境与真实情境相似，至少应该保证每个应聘者有一张桌子和必要的办公用具，由于要处理大量的公文，桌面要足够大。应聘者之间的距离也应该远一些，以免相互干扰。为了保密和公平，最好所有的应聘者在同一时间内完成公文筐测验。

（2）正式测评阶段。这一阶段通常需要 1～3 个小时的时间，为了保证公平性，在正式测评前，应聘者不得翻看测验材料。应聘者对文件的处理意见或者答案都要写在答题纸上，除非评价中心测评的总体设计中另有设定，应聘者一般需要独立工作，没有机会与外界进行其他方式的交流。应聘者在这个阶段有任何问题，都不得向主考官进行提问。测评结束时，应聘者必须同时停笔，但是可以提醒他们检查一下是否在每一页答题纸上写上了应聘者的编号。对于提前做完的应聘者，不要让他们离开考场，因为下一个阶段考官可能还会对应聘者进行必要的追问。

（3）评分阶段。测试结束以后，主试要对应聘者的作答立即进行粗略的评价，只有这样，当主试感到应聘者的回答模糊不清时，才可能对应聘者当面进行提问。如果未能及时进行评价，那么也应该在现场翻看一下，以决定是否要对应聘者进行必要的追问。

关于如何填写公文筐测验的评语，并没有很严格的限定，只要抓住应聘者的主要特点，用适当的文字描述出来，给予恰当的考核建议即可。如果对公文筐测验的结果仍然存在很多疑点或者判断模糊的地方，可以留待与其他测评方法相互印证。

小　结

本模块重点从招聘方角度，阐述了面试的类型、方法、技巧和决策思路，不仅供企业相关人员参考借鉴，同时也为学习本课程的同学提供了面试的指导思路。通过对此模块的学习，同学们应该具备作为应聘方应有的面试求职能力，同时也具备作为招聘方应有的面试设计和决策能力，并能根据实际情况灵活应变。

模块七 人才测评

知识目标/教学重点

1. 掌握人才测评的基本概念和基本内容
2. 熟悉人才测评的应用领域
3. 掌握能力测评中智力测评、职业能力倾向测评、创造力测评的内容
4. 掌握个性品质测评中气质测评、卡特尔16种人格因素问卷测评、艾森克人格问卷测评、MBTI职业性格测试、霍兰德职业兴趣测评的内容

能力目标/教学难点

1. 灵活应用能力测评中的智力测评、职业能力倾向测评、创造力测评方法进行人才测评
2. 灵活应用个性品质测评中气质测评、卡特尔16种人格因素问卷测评、艾森克人格问卷测评、MBTI职业性格测试、霍兰德职业兴趣测评方法进行人才测评

素养目标/课程思政

1. 培养逻辑能力、分析能力、判断能力
2. 培养诚信意识，提高学生道德情操

学习指导

本模块重点围绕人才测评的应用领域、具体内容以及具体方法展开，同学们在学习过程中不仅要熟知各种人才测评方法的具体内容，更要掌握各种人才测评方法在人力资源管理工作中的灵活应用。

建议学时

8课时

导入案例

A 公司如何利用人才测评选拔中层干部？

北森作为中国最大的人才管理与测评解决方案提供商，一直致力于为客户提供最佳的人才管理一体化服务，以人为核心，关注企业人才的职业生命周期，在最大程度上帮助企业实现人尽其才，才尽其用。北森为 A 公司开展的人才评估项目就是一个典型。

A 公司是全球最大的压缩机制造商，年产值达 100 亿元人民币。伴随着公司业务的飞速发展以及全球领先战略的制定，未来公司将面临巨大的人才缺口，内部人才培养的战略地位是重中之重。

在此背景下，A 公司人力资源部决定对核心技术骨干展开一系列的管理培训，并在培训班开始之前进行人才评估活动，目的在于提高干部的个人自我认知度，并对当前人才进行识别，增强培训的针对性和有效性。

北森通过资料研读、战略理解、高管访谈、内部分析等多种手段科学地制定了 A 公司中层管理干部五大能力素质标准与任务管理风格指标，并把其作为本次人才测评项目的核心标准。北森通过 FBEI 关键行为事件访谈对管理团队的能力素质和任务管理风格进行深入评估，就岗位特性和管理风格进行匹配分析，以管理素质、管理技能、管理风格、职业价值观测试作为评估补充。通过人才测评手段，让企业对当前人员能力状况进行了盘点与梳理，更好地发现、了解企业中存在的不足和盲点。

A 公司的中层管理团队多由技术骨干构成，通过 FBEI 访谈发现，当前管理团队主要存在以下特点：

（1）执行力较强，踏实、肯干、务实、有韧性，多是技术骨干出身，晋升速度都较快；

（2）管理岗位任职时间尚短，管理经验及知识的积累都相对不足，下属团队也十分年轻，工作经验浅，团队管理工作不尽人意；

（3）管理者开放性不足，仅关注自身工作，对于新鲜而前沿的事物关注较少，在认知层面上仍停留在原有的高度，缺乏全局把控的意识；

（4）在工作规划上，更多为中、短期行为，缺少中、长期规划，缺乏前瞻性和预见性，对风险的把控能力不足；

（5）在沟通做事风格上，沿袭了技术型人才的特点，直截了当，部门间及人际协调上能力较弱，阻碍了工作进度。

案例分析：随着人才管理知识的普及和资讯的飞速发展，许多企业已意识到人才选、育、任、留的重要性，相继开展人才培训项目，而人才盘点与素质测评等前沿思路也被众多知名企业逐渐接纳。

人才测评不仅能让员工实现自我认知，发现自己的优势、正视自己的不足，还能为员工的自我提升及职业生涯规划提供指导意义。更重要的是，人才测评能为企业打开一扇窗，通过此窗口，企业能了解员工的素质能力、性格特点及组织现状，发现潜才，为日后的人员培养与晋升继任提供科学依据和支持，提升企业人力资源管理及综合管理能力水平。从技术走向管理，是众多企业打造后备力量、培养管理团队的核心课程。人才测评能大大提高培训的针对性与有效性，是现代企业高端培训及人才继任晋升计划的坚实基石。

人才测评，既年轻，又古老。说其年轻，是因为现代科学的人才测评理论和技术自20世纪初期开始才形成和发展，并得到越来越多的关注；说其古老，是因为人才测评的思想和实践从古代就有，中国早在两千多年前就开始利用考试来选拔官员。

一、人才测评概述

人才测评是运用现代心理学、管理学及相关学科的研究成果，通过心理测验、情景模拟等客观方法对人的能力、水平、性格特征等因素进行测量，并根据职位需求及企业组织特性对其素质状况、发展潜力、个性特点等心理特征做出科学的评价，为企业用人、选人、育人等人力资源管理和开发工作提供有价值的参考信息。简单地说，人才测评是指通过一系列科学的手段和方法对人的基本素质及其绩效进行测量和评定的活动。

人才测评的具体对象不是抽象的人，而是作为个体存在的人其内在素质及表现出的绩效。人才测评的方法包含在概念自身中，即人才测量和人才评价。人才测评的主要工作是通过各种方法对被试者加以了解，从而为企业组织的人力资源管理决策提供参考和依据。

人才测评技术既可以用于国家公务员的录用、党政机关领导干部的选拔、考核及评价，又可以用于企事业单位人员晋升、提拔、考核及培训，还可以用于毕业生就业指导以及在职人员工作调动、职位变换、择业转向、企业领导班子经营业绩的评价、考核等。从测评的目的来看，它既可以全面测试、评价一个人，也可以对人的某个单项能力进行测试。

二、人才测评的分类

人才测评按照目的不同可以分为5种主要类型：

（一）选拔性测评

选拔性测评的目的是区分和选拔优秀人才，这是人力资源管理中最常用到的一种测评，这种测评特别强调区分功能，要求过程客观、结果明确。我们从小熟悉的学校考试比较接近这种测评，考试成绩在一定程度上反映了学习效果的好坏。

（二）配置性测评

配置性测评是以合理的人职匹配为目的，人尽其才。实践证明，当任职者的能力、兴趣和价值观刚好吻合职位的要求时，可以达到最佳的人力资源使用效果。配置性测评最大的特点是必须结合职业要求，不同职位的测评标准明显不同，并且不能由于人员的原因降低标准，强调宁缺毋滥。

（三）开发性测评

开发性测评是以开发人员潜能为目的，所以这种测评的报告并不强调好坏之分，而是强调通过测评来勘探个人的优势和劣势，尤其是潜在的发展可能。开发性测评也经常结合明确的开发目的进行，如希望通过测评提升团队的沟通效率和质量。

（四）诊断性测评

诊断性测评是以了解素质现状或组织诊断为目的。诊断性测评的特点是比较全面和细致，希望通过寻根问底的测评，探究问题产生的根源，这种测评不一定公开结果，主要供管理人员参考。

（五）考核性测评

考核性测评又称鉴定性测评，目的是鉴定和验证被考核者是否具备某种素质，或者具备的程度和水平。考核性测评经常穿插在选拔性测评和配置性测评之中，主要是对测试者素质结构与水平的鉴定，要求测评结果具有较高的信度和效度。

视频：人才测评含义及类型

小知识

什么是现代人才测评?

现代人才测评是相对于古老、传统的识人术而言的。对现代人才测评的理解经历了3个阶段：20世纪初，在现代人才测评最初产生的时候，人们一般将其等同于心理测量工具；到20世纪50年代，随着评价中心、多源反馈等技术的发展，测评逐渐演变为一套方法和技术系统，被广泛应用于政府、军队、企业等组织的人才甄选工作，可以说得到了长足的发展，但其依然被当作行为科学的一种应用实践；直到21世纪初，随着国内外院校纷纷开设专门的人才测评课程，其理论价值才得到越来越多的认同，为其作为独立学科的发展奠定了较好的基础。现代人才测评是根据一定目的，综合运用定量与定性方法对人才的德、智、能、绩、勤、体进行客观、准确评价的一种社会活动。

现代人才测评运用定量和定性相结合的方法。定量分析以测量学为基础，把所需测量的指标进行科学量化，便于统计和分析；而定性分析则是在定量分析的基础上，对测评结果进行深入地解释和阐述，给出一个便于理解的客观结论，从而进一步预测测评对象可能的行为和业绩表现，为组织的人事决策和人才发展提供科学的建议。

三、人才测评的基本原则

人才测评的基本原则有：

（一）普遍性与特殊性相结合

现代人才测评是针对一定岗位或职位的人员进行的，这就要求在设计测评要素和编制测评标准时，一方面遵循测评工程的技术要求，另一方面充分体现工作岗位或职位的特点与要求。认真做好职务分析工作，是合理选择测评要素，保证测评效度的重要基础。

（二）测评与评定相结合

在对测评信息进行统计处理和解释测评结果时，要注意测量与评定相结合。测量是对人员素质或绩效的定量描述，而评定则是超过这一描述权衡其价值大小。在现代人才测评工程中，定量的测量和定性的评定是一个有机的整体，测量是评定的基础，评定是测量的继续和深化。没有准确客观的测量，就不会有科学合理的评定；同样，离开了科学合理的评定，即使有准确客观的测量也难以发挥作用。

（三）科学性与实用性相结合

在进行人才测评时，一方面应尽可能提高测评的科学性，另一方面也要考虑现有的技术水平和测评条件，注重实用性。在实际测评工作中，应在这两者之间较好地谋求一种协调。那种只追求测评的科学性，而忽视现有的技术水平和应用条件，可能会导致对大量测评工作的抹杀，反而不利于测评的开展和测评的技术水平的进一步提高。

（四）精确与模糊相结合

在人才测评中，有些测评要素是可以很精确地进行测评的，如机械推理能力；有些则很难进行测评，如口头表达能力和自我认识，这时就需要进行模糊测评。模糊测评有两种：一种是损失一定的精确性，寻求实用性；另一种是利用模糊数学原理进行貌似模糊，实则更精确的测评。在人才测评中应该是在模糊之中求精确，在精确之中蕴模糊。能精确处求精确，不能精确之处则模糊。精确测评与模糊测评相结合，应体现在测评要素的设计、标准的制定、方法的选择、信息分析、结合评定与解释的全过程中。

（五）静态与动态相结合

在现代人才测评中，静态与动态相结合的原则首先表现在测评要素和测评标准的设计与编制上，静态测评是以相对统一的测评方式在特定的时空条件下进行测评，不考虑测评要素的动态变化性。静态测评的优点是易于看清被测者之间的相互差异，以及他们是否达到了某种标准的要求，这样便于横向比较；缺点是忽视了被测者的原有基础和今后的发展趋向。动态测评则是从要素形成与发展的过程，以及前后发展的情况进行测评，这种测评有利于了解被测者的实际水平，但不利于不同被测者测评结果的相互比较。静态测评与动态测评相结合还表现在测评方法的选择上。心理测验一般是静态的，而评价中心、面试与观察评定等技术具有动态性。在一次人才测评中，有的测评要素宜用静态测评的方法进行测评，如专业知识、能力倾向等；有的测评要素则宜用动态测评的方法进行测评，如决策能力、人际关系与合作等。

四、人才测评的主要功能

人才测评的主要功能有：

（一）鉴定功能

鉴定功能是人才测评的最直接的功能。鉴定是指对人的心理素质、能力素质、道德品质和工作绩效等做出鉴别和评定。由于人才测评综合采用了多种科学方法和技术，它能依据人才测评的目的和要求对被测试者进行更加客观和准确的鉴定，并将鉴定的结构以定量或定性的方式表示出来。人才测评的鉴定功能的实现有赖于人才测评工具的科学性和人才测评实施过程的规范性以及鉴定标准的适当性，这三者是实现人才测评的鉴定功能的必要条件。

（二）预测功能

人才测评主要是为受测者在实际工作岗位和业绩上所能达到的程度的预测提供丰富而客观准确的有关个体（或群体）当前发展水平的信息。心理学是人才测评的重要理论基础，而有关人的发展规律是心理学研究的重要领域。在进行人才测评的工具——量表设计时就已经考虑到人的发展规律了，更为重要的是，用于人才测评的量表在编制过程中非常注重对其效度的研究，即探索人才测评的结果与某一段时间后的工作行为（或实绩）之间的关系。在中国目前的人才测评中，因内容全面、系统，方法科学，提供的有关测评对象当前发展水平的信息丰富、客观，故其预测的准确性在现实上是有很大的可行性的。

（三）诊断功能

当个人或组织发展到一定阶段后，就会出现发展缓慢或停滞不前，甚至退后的现象。这时候，人才测评的诊断功能就是指采用一定的人才测评技术和方法对被测评者相应要素进行客观评价，使组织和个人能够进行反省和自我检查，找出存在的问题、缺陷和不足，以便采取针对性的措施加以改善，如优化组织结构、改善思维方式、更新知识和观念等，使组织和个人清除前进中的障碍，实现可持续发展。

（四）导向功能

所有人才测评都是有目的的，无论是从主测者还是受测者，都不是为测评而测评，而是要根据测评结果做出决策，如是否录用、是否晋升、是否给予奖励等，即人才测评的结果总是与人们的某种利益或个人的成长发展相关，因此，好的人才测评的结果总是人们所希望的。为了获得优良的结果，被测评者往往要针对测评的内容、标准进行各种学习、训练，吸收了新的知识，提高了能力和技能，增强了自身的素质和修养。人才测评的导向功能体现在测评的内容和评价标准上，反映了社会对人才的需求标准，如果被测评者均以测评的内容和标准为导航，自觉地用他们所认可的测评要素以及其标准来调整自己的行为，强化自己的基础和实际技能，则社会人才寻求和供给的差距就会大大缩小。从这个意义上看，人才测评具有导向功能。

（五）激励功能

激励功能是指人才测评能够激励人们进取向上的愿望与动机，使人们自觉自愿地努力学习和工作，从而不断地提高每一个人的素质和工作能力。每个人都有自尊和进取的需要，希望自己在人才测评中取得好成绩、好结果。这就迫使人们发奋努力、不断进取。从行为修正激励理论观点看，获得肯定性评价的行为趋于高频率出现，而获得否定性评价的行为趋于低频率出现。因此，人才测评是促使个体素质的培养与修养行为向着社会所要求的方向发展的强化手段。

小知识

古人鉴别人才的方法

中国古代学者不仅认识到人才鉴别的意义，也在实践中总结了一套人才鉴别的方法。《庄子·列御寇》曾借孔子之口提出了九种鉴别人才的方法："故君子远使之而观其忠，近使之而观其敬，烦使之而观其能，卒然问焉而观其知，急与之期而观其信，委之以财而观其仁，告之以危而观其节，醉之以酒而观其则，杂之以处而观其色。"

用今天的话来说，就是：

（1）派一个人到远处工作，就可以了解他是否忠实；

（2）让一个人在身边做事，就可以观察他是否恭敬；

（3）在复杂的情况下，派一个人去处理事情，就可以知道他的能力大小；

（4）突然提出一个问题让一个人回答，就可以了解他的智力高低；

（5）在紧迫的情况下与一个人相约，就可以考验他是否守信用；

（6）放手让一个人去管理钱财，就可以看出他是否贪心；

（7）告诉一个人有危急情况，就可以观察他是否有气节；

（8）让一个人喝得酩酊大醉，就可以看出他是否遵守规矩；

（9）让一个人在男女混杂处居留，就可以观察他是否好色。

三国时期魏国人刘劭，有一本《鉴人资源》，说人有八种才干："聪能听序，谓之名物之材；思能造端，谓之构架之材；明能见机，谓之达识之材；辞能辩意，谓之赡给之材；捷能摄失，谓之权捷之材；守能待攻，谓之持论之材；攻能夺守，谓之推彻之材；夺能易予，谓之贸说之材。"

翻译成现代语言，这八种才干分别为：聪明而能够认识事物的发展规律；思考而能够在旧基础上更新、创新；智慧而能了解事物变化的原因；善于沟通而能说服别人；反应敏捷而能避免失误；坚于防守而能抵御对手；主动出击而能获得胜利；能够"以子之矛攻子之盾"批驳对手而赢得胜利。

五、人才测评的重要意义

人才测评在人力资源管理和开发中具有重要意义，主要体现在以下 5 个方面：

（一）有助于人才的选拔和使用

传统的选拔方法带有很强的主观性和随意性，往往导致员工不适应岗位工作、人浮于事的不良后果。而使用人才测评技术，可以全面了解人的素质，从而做到因事择人、人职匹配。当需要企业从外部招聘人才时，可以通过人才测评来掌握应聘者的素质，从而择优录用。当企业内部需要做人员调整时，人才测评可以作为这种调整的重要参考依据，从而有利于人尽其才、才尽其用。

（二）有助于人力资源的全面普查

传统的人力资源信息中，一般包括性别、年龄、学历等简单的信息。但在现代社会激烈的竞争中，仅有这些信息是远远不够的，因为这些信息无法全面准确地反映人员的素质，更难以判断应聘人员能否满足未来发展的需要。因此，现代人力资源的普查不仅包括传统的自然信息，还包括人员的能力水平和个人特点等素质方面的信息，也可以通俗地称为建立人员的“素质”档案。企业可以根据现有人员的总体能力结构和特点，有针对性地进行培训，依据人员特点合理使用与管理。

（三）有助于为团队建设提供依据

一个好的团队不是一个一个成员的简单相加，而是其成员之间的素质匹配要合理，凝聚力要强。而人才测评能较好地为建设一个好的团队提供依据。

（四）有助于自我认识和发展

对于个人来说，人才测评可以帮助个体了解自己，知道自己的长处和兴趣在哪儿，从而在实践中扬长避短，有助于个人职业生涯设计和职业生涯发展，实现更好的自我发展。

（五）有助于管理者的工作开展

对于管理者来说，管理者的绩效总是部分地取决于下属的绩效。没有适当能力的雇员就不能有效地工作，并影响自己工作的开展。而人才测评可以帮助管理者迅速地了解雇员的实际能力，并为人员培训提供诊断性信息。

人才测评通过科学方法对个体的行为和内在素质进行分析，为人事决策提供可靠、客观的依据和参考性建议，是人事决策的基本工具。主要应用在以下几方面：

一是人员选拔。随着社会分工的日益细化，以及经济社会的高速发展，个体与个体之间，组织与组织之间的竞争态势不断从广度与深度两个方面发展，工作本身对人的素质和心理适应性的要求越来越高。许多待遇优厚、工作舒适、社会地位高的职位常常具有众多的求职者，此时，单凭个人经验的选拔方法无法对人的心理素质进行科学准确的评估。在人力资源管理领域，人才测评可以用来对人才进行选拔。人才测评的运用可以使人事决策更为科学、准确，并可大大提高选拔的效率。

二是人员配置。不同的工作对人的素质要求有所不同，而每一个人的素质又具有不同的特点，这就要求在人员和工作之间选择最佳匹配。只有让每位员工做适合自身素质的工作，让每个岗位由具备该岗位素质要求的员工来担任，才能提高工作效率。通过人员素质测评，可以对个体的兴趣、人格、能力、技能等多方面进行分析，为实现人才的合理安置提供信息。

三是人员开发。不同的组织都将开发员工的潜能作为一项重要的任务。培训作为人力资源开发的重要组成部分，其内容越来越复杂，成本越来越大。运用人才测评可以判断员工为工作所需要的素质，描述其素质结构，为制定有效的培训方案提供依据。

四是人员考核。众所周知，现代的人事考核已不仅仅局限于单纯的工作产出绩效考核，也越来越多地涉及工作中的行为、态度、胜任力等，这些内容的考核不同于传统的绩效考核，很难由直接的工作产出来表示，这就需要运用专门针对行为和内在品质进行量化描述、分析的心理测量技术。人才测评能够提供关于个体的行为的描述，形成对被测者的全面的评价，从而为人事考核提供依据。

五是人员晋升。晋升是人力资源管理工作的重要组成部分，是激励员工的重要手段。假如没有合理的晋升手段和晋升政策将优秀的人员放到适合的岗位，同时，也不能阻止无能力的人员到达不合适的岗位，那必然会增加企业的人力资源管理成本，影响企业的快速发展。借助人才测评，可以使组织管理者对晋升的候选人进行考察，降低人事决策的风险。

延伸阅读

人才测评的误区

误区之一：编成计算机软件的人才测评工具最科学、最先进。

实际上，人才测评工具是否有效不在于是不是计算机软件，尤其是一些单纯追求短期利润的服务公司，东凑西拼一些测验题目，就卖给企业用来测评人的素质，如果短期内就推出一系列工具来，其技术指标之低是不言而喻的。一个成熟的测评工具没有三五年甚至更长的时间是不可能开发成功的。大家在提高测评工具的质量上下功夫，真正提高测验的效度和信度，才是对人才测评技术产业化的最大贡献。因此，在选择测评工具时，主要是看其信度和效度指标的高低，而不是一些形式上的东西。

误区之二：人才测评就是心理测验。

心理测验只是人才测评工具中的一种很重要的类型，但不是唯一的方法。面试是最常用的一种测评方法，当然，传统的非结构化面试需要改进才能够更加有效。另外，情景模拟面试法也越来越被使用者看好。在实际应用中，往往是几种方法综合使用。评价中心就是几种方法综合运用的一个典型。人的心理现象非常复杂，仅仅依靠心理测验判断的风险较大，专家通过面谈和观察进行判断是不可或缺的环节。因此，企业在应用人才测评技术时，千万不要忽视专家的智能性判断。

六、能力测评

能力测评，包括一般能力测评、特殊能力测评、创造力测评和学习能力测评。其中，一般能力测评，也即通常所说的智力测评，按照测验方式的不同，常将其分为个别智力测验和团体智力测验；特殊能力测评，主要指对于某些行业、组织与岗位特定能力的测评，这种测评具有专业特色与要求，在此，主要讨论职业能力倾向测评；创造力测评，多以发散思维为测评指标，是指测量创造能力的测评，学习能力测评，具体的应用形式多为笔试，本书其他章节已有涉猎，在此不再赘述。

（一）智力测评

智力，是指人类学习和适应环境的能力，包括观察能力、记忆能力、想象能力、思维能力等。智力测评就是对智力的科学测试，它主要测验一个人的思维能力、学习能力和适应环境的能力。

小知识

智力的重要性

智力的高低以智商（IQ）值来表示，不同的智力理论或者智力量表用不同的分数来评估智商。比如，在韦氏量表中，正常人的智力是 IQ 在 90 到 109 之间；110 到 119 是中上水平；120 到 139 是优秀水平；140 以上是非常优秀水平；而 80 到 89 是中下水平；70 到 79 是临界状态水平；69 以下是智力缺陷。一般来说，智商比较高的人，学习能力比较强。但这两者之间不一定完全正相关。因为人的能力还包括社会适应能力，有些人学习能力强，但社会适应能力并不强。

1. 智力测评应具备的基本条件

精密而又客观的智力测评工具，至少必须同时具备以下 5 个基本条件。这 5 个条件，既可以作为评定各种能力测验的标准，也可以作为测验的原则。

一是效度。效度指的是测验对所要测量的智力特征的正确程度。一个测验的效度越高，表示它所测结果越能代表智力的真正特征，该测验也就越能成为有效的测量工具。同时，也要关注效度系数。求效度系数一般采用统计的方法，以所测得的分数与所希望测得的分数（根据特定的标准）之间的相关系数来表示。一般来说，智力测评的效度系数达到 0.3 以上即算相当有效，因为除了效度本身数值的大小以外，测验人数的多少也与效度系数的高低有关。一般智力测评的系数多在 0.3 到 0.6 之间，效度系数越接近 1，说明其效度越高。

二是信度。信度是指测验结果的稳定性或可靠性的程度，即个人在同一测验上数次测量结果的一致性。它表现在：一个测验内各个项目的得分是否基本相符；两次测验的分数前后是否基本一致。决定测验的信度时，最常用的方法是重测法，即用同一种测验，对同一组受测者，前后测量两次，根据两次的分数，计算相关系数，这个相关系数又称为信度系数，按其数值的大小表示该测验的信度的高低。一个良好的测验，其信度系数通常在0.9左右。

三是常模。个人在测验上的实得分数，称为原始分数。原始分数的本身，显示不出什么意义，必须参照标准样本的平均分数与各分数的分配情况，才能决定个人在分配中的地位是高于平均数，还是低于平均数。这个标准化样本的平均数，即为测验的常模。因此，一个测验的常模，也就是解释测验分数的主要根据。测验必须经过标准化，才能成为客观的测量工具。在标准化的进程中，首先应从将来实际应用该测验的全体对象中抽取足以代表全体的样本先行测量，并以样本分数为根据建立常模。为使测验标准化而抽取的样本，即为上述的标准化样本。

四是实施程序。任何测验编制的目的，均在于实际应用以鉴别个体的能力。在实际应用时必须有一定的实施程序。否则，即使上述3个条件全部具备，也未必能发挥测验的功能，达到鉴别个体能力的目的。所谓"一定实施的程序"，即指一个测验在实施进程中，凡是主测者应做的事和应说的话都必须予以标准化，即无论是谁使用同一测验时，都应做同样的事，说同样的话。

五是记分方法。测验的结果是通过分数来体现的，只有可靠的分数，才能提供有用的信息。因此，在测验时，如何计算原始分数，如何换算成其他分数，如何使用常模等，必须在说明书内详细规定。无论采用何种记分方法，都必须符合客观、正确、迅速、经济、实用的原则。

2. 企业在招聘中常用的智力测评类型

企业在招聘中最常用的智力测验有以下几种：

（1）奥蒂斯自我管理心理测验。这种测验是挑选雇员时最常用的一种测验。测验集体进行，所花时间短，适用于筛选不需要很高智力的，级别较低的工作的求职者，如职员、流水线操作工、计算机制表操作员、低级工头和监工等。对筛选级别较高的工作的求职者不太适用。

（2）旺德利克人员测验。这种测验是奥蒂斯测验的减缩形式，在工业企业挑选雇员时运用得特别普遍，因为这种测验只需12分钟，是一种非常经济的筛选手段。尽管测验很简单，但是对测验求职者能否胜任某些低级工作，特别是文书类工作还是很有用的。

（3）韦斯曼人员分类测验。这也是一种集体测验，大约30分钟做完。测验有语言部分分数、数字部分分数和总分，并且提供推销员、生产监工和培训生的常模。

测验的语言部分是一种类推形式。

例如：____________对夜晚的关系就像光亮对____________的关系一样。

每题中有若干答案供被测者选择后填入表格。数字部分由计算项目和理解分析文字项目组成。韦斯曼测验更适用于一些较高级的人员的挑选。

（4）韦克斯勒成人智力测验。这种测验在招聘时主要用于高级人员的挑选工作。主持这种测验，要求主持人训练有素、经验丰富。成人智力量表包括语言量表和操作量表两部分。前者包括常识、理解、算术、类似、记忆广度、词汇解释 6 个分测验，后者包括符号替代、图形补充、图形设计、连环图系、物形配置 5 个分测验。

（5）瑞文推理测验。瑞文推理测验，简称瑞文测验，是由英国心理学家瑞文（J. C. Raven）于 1938 年设计的一种非文字智力测验。该测验以智力的二因素理论为基础，主要测量一般因素中的推理能力，即个体做出理性判断的能力。它可排除或尽量克服知识的影响，努力做到公平，这是比内量表和韦克斯勒量表所不能代替的。

瑞文测验按其原名可以译为渐进性矩阵图，整个测验一共由 60 个题目组成，按逐步增加难度的顺序分成 A、B、C、D、E 五组，每组包含 12 个题目，也按逐渐增加难度的方式排列，编号分别为 A1、A2……An；B1、B2……Bn 等。每个题目由一幅缺少一小部分的大图案和作为选项的 6～8 个小图案组成（A 组和 B 组有 6 个，C 组以后有 8 个），小图案分别标号为 1、2……8。如图 7－1 所示：

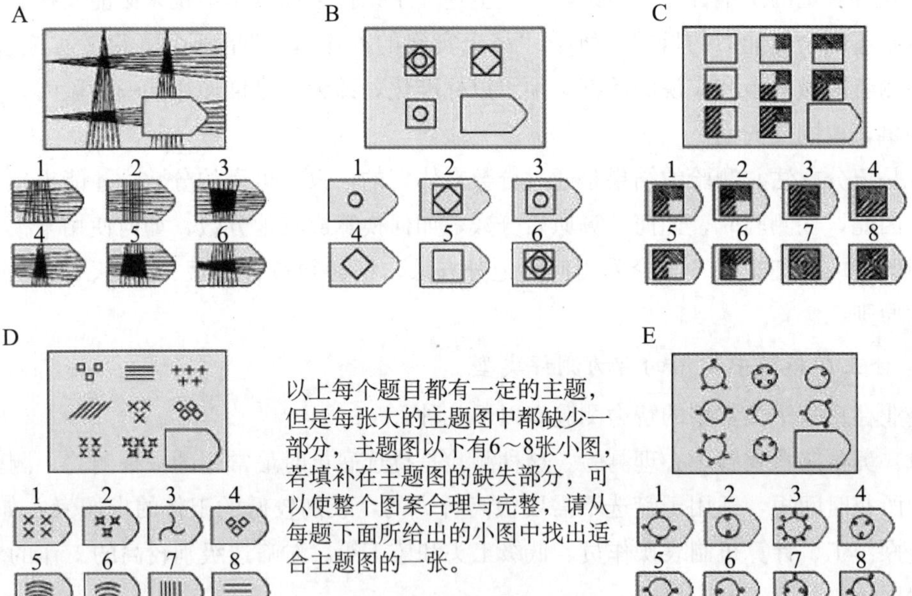

图 7－1 瑞文测验题目

测验要求受试者根据大图案内图形的某种关系去思考、去发现，看哪一个小图案添入大图案中缺失的部分最合适，使整个图案形成一个合理完整的整体。

瑞文测验既可以用于个别测验，也可以用作团体施测，适用于 6 岁儿童至一般成人。施测很简单，给每个受试者发一册量表和一张答卷纸，说明测试方法后，受试者即可进行测试，大约需要 45 分钟。测验结果可以计算出原始分数（满分 60 分），然后根据原始分数确定受试者的智力等级，或者换算成受试者的智商值。在瑞文测验的基础上，瑞文于 1947 年又编辑出了瑞文彩色推理能力测验，适用于 5～71 岁儿童和智力落后的成人。此外还发展了瑞文高级推量能力测验。在瑞文测验上得分高于55分的成人进行更精细的区分，这样更强化了瑞文测验的功效。瑞文测验现已被称为标准型推理能力测验。

延伸阅读

瑞文标准推理测验的发展

瑞文测验的理论假设源于斯皮尔曼的能力二因素理论。该理论认为能力主要由一般因素（G）和特殊因素（S）组成。前者体现在所有的智力活动中，人人都有，水平各异，决定了人的聪明程度；后者则对应于各种特定的活动。

瑞文将智力因素划分为两种相互独立的能力：一种称再生性能力，表明个体经过教育后达到的水平；另一种称推断性能力，表明个体不受教育影响的理性判断能力。瑞文认为，词汇测验是对再生性能力的最有效测量，而非言语的图形推理测验则是对推断性能力的最佳测量，尤其与人的问题解决的能力、清晰知觉和思维、发现和利用自己所需信息以及有效地适应社会生活的能力有关。这就是瑞文推理测验的来源。

瑞文测验在20世纪五六十年代几经修订，目前发展成3种形式，除了上述的标准型以外，还有为适应测量幼儿及智力低下者而设计的彩色型和用于智力超常者的高级型。为了实际测试的需要，李丹等人（1989年）将瑞文测验的标准型与彩色型联合使用，称为瑞文测验联合型，这样可使整个测量的上下限延伸，适用范围可扩大到5～75岁。

由于瑞文测验具有一般文字智力测验所没有的特殊功能，可以在语言交流不便的情况下使用，适于用作各种跨文化的比较研究，5～75岁的幼儿、儿童、成人、老人皆可借此量表粗分智力等级。

瑞文推理测验的编制者曾在1947年和1956年对标准推理测验做过小规模的修订，1947年又编制了适用于更小年龄儿童和智力落后者的彩色推理测验（Colored Progressive Matrices，CPM）和适用于高智力水平者的高级推理测验（Advanced Progressive Matrices，APM）。

瑞文推理测验的优点在于适用的年龄范围广，并且可用于一些生理缺陷者。测验对象不受职业、国家、文化背景的限制，甚至聋哑人及丧失某种语言机能的病人、具有心理障碍的人也可以用。测验既可个别进行，也可团体实施，使用方便、省时、省力，结果直观简单，测验具有较高的信度与效度，在世界各国被广泛应用。

（二）职业能力倾向测验

职业能力倾向测验是一种心理测试，可以发现一个人的潜在才能，预测个体在将来的学习和工作中可能达到的成功程度，帮助自己选择适合的职业。

职业能力倾向测验是选贤任能的一种科学方法和手段，它综合利用心理学、行为学、管理学、测量学、计算机技术等多种学科知识，通过严密的测评过程和客观的评分标准，对人的知识水平、能力结构、个性特点、职业倾向、发展潜能等素质进行综合测评，为企事业单位招聘、选拔、培养各类人才提供参考依据，同时也为个人的发展提供咨询。世界各地已经广泛地将其应用于人力资源开发，国内亦在蓬勃发展。

1. 测验内容

职业能力倾向测验由五大部分组成：

第一部分为数量关系测验。这一部分主要考察应试者对数量关系的理解与计算能力，从数字推理和数学运算两个角度测查。

第二部分为语言理解与表达。这一部分主要考察应试者对现代汉语的理解与表达能力，包括词语替换、选词填空、语句表达和阅读理解 4 种题型。

第三部分为判断推理。这一部分测验应试者的逻辑推理判断能力。包括事件排序、图形推理、演绎推理和定义判断 4 种题型。

第四部分为常识判断。这一部分测验应试者的知识面并考察应试者对常见的现象或事物产生的原因、引起的后果等进行分析、归纳、推理的能力。常识判断题取材范围广泛，要求对原因或结果进行分析，因此应试者平时的知识积累对完成这部分试题十分重要。

第五部分为资料分析。这一部分测验应试者对各种资料（主要是统计资料，包括图表和文字资料）进行准确理解、转换与综合分析的能力。要求应试者在阅读理解图表和文字资料的基础上，通过直接观察、指标换算、分析、比较或综合判断等过程，得出符合资料实际情况的结论来。

延伸阅读

普通能力倾向成套测验

普通能力倾向成套测验（General Aptitude Test Battery，GATB），最初是美国劳工部从 1934 年开始用了 10 多年时间研究制定的。它是对许多职业群同时检查各自的不适合者的一种成套测验。由于这套测验在许多国家被广泛使用，因而备受推崇。后来，日本厚生劳动省将 GATB 进行了日本版的标准化，制定成《一般职业适应性检查》(1969 年订版)。这套测验主要是实现对许多职业领域中工作所必需的几种能力倾向的测定。它由 15 种测验项目构成，其中 11 种是纸笔测验，其余 4 种是操作测验，两种测验可以测定 9 种能力倾向。

这 9 种能力倾向对完成各种职业的工作都是必要的。具体如下：

G—智能。指一般的学习能力。对测验说明、指导语和诸原理的理解能力、推理判断能力、迅速适应新环境的能力。

V—语言能力。指理解语言的意义及与它关联的概念，并有效地掌握它的能力；对语言相互关系及文章和句子意义的理解能力，也包括表达信息和自己想法的能力。

N—数理能力。指在正确快速地进行计算的同时能进行推理，解决应用问题的能力。

Q—书写知觉。指对词、印刷物、各种票类之细微部分正确知觉的能力。能直观地比较、辨别词和数字，有发现错误或校正的能力。

S—空间判断能力。指对立体图形以及平面图形与立体图形之间关系的理解、判断能力。

P—形状知觉。指对实物或图解之细微部分正确知觉的能力。根据视觉能够对图形的形状和阴影部分的细微差异进行比较辨别的能力。

K—运动协调。指正确而迅速地使眼和手相协调，并迅速完成操作的能力。要求手能跟随眼看到的东西正确迅速地做出反应动作，并进行准确控制的能力。

F—手指灵巧度。指快速而正确地活动手指，用手指很准确地操作细小东西的能力。

M—手腕灵巧度。指随心所欲地、灵巧地活动手及手腕的能力。如拿着、放置、调换、翻转物体时手的精巧运动和腕的自由运动能力。

以上 9 种能力中的每一种能力，都要通过一种实践性测验获得。

2. 职业能力倾向测验的优点

一是可以帮助参测者根据自己的性格、能力来确定自己的职业生涯发展规划；

二是可以帮助参测者确定职业目标，尽可能发挥出自己最大的潜能；

三是多角度、专业化的职业评测维度可以帮助参测者提高个人的工作技能，提高自己的职场竞争力；

四是让用人单位根据评测报告合理地进行人岗匹配，达到企业和个人的利益最大化。

视频：
职业能力测试

延伸阅读

行政职业能力倾向测验

行政职业能力倾向测验（Administrative Aptitude Test，AAT）是我国公务员录用考试的一个重要组成部分。一般来说，在我国国家公务员公共科目考试成绩中，该测验成绩占到 40%～50%的比例，全国各级、各类公务员录用考试均将行政职业能力倾向测验列为必考科目。这表明，行政职业能力倾向测验在国家公务员录用考试中占有重要地位。换句话说：行政职业能力倾向测验成绩的优劣，在很大程度上决定应试者能否进入公务员行列。

语言理解与表达、数量关系、判断推理、常识判断、资料分析是我国公务员考试中行政职业能力倾向测验的主要内容，这 5 个方面内容所体现出的 5 种能力是对国家公务员最低限度的要求，并不代表行政职业能力的所有方面。能通过行政职业能力测验，只说明应试者具备了做好行政工作的必要条件，而不是充分条件。

1. 对语言文字的综合分析能力

考生对语言文字综合分析能力的考查主要通过言语理解与表达这种题型来实现。该题型的基本构成是给出一段文字资料或者一篇文章，然后根据所给材料设置一定的问题，内容主要是对词和句子一般意思和特定意义的理解、对比较复杂的概念和观点的正确理解、对语句隐含信息的合理推断。在干扰因素较多的情况下，能比较正确地辨明句意、筛选信息等，要求考生具有相对较强的言语分析和理解能力，以及扎实的语法功底和文字处理能力。

2. 对数量关系的理解与计算能力

对应试者数量关系的理解与计算能力的考查是通过数量关系这一题型来实现的。对数量关系的理解和基本的数学运算能力，是人类智力的重要组成部分。在科学技术高度发达的今天，国家公务员进行的是一种高效、科学、规范的信息化管理，因而要求管理者能够对大量的信息进行快速、准确地接收与处理，而这些信息中有很大一部分是用数字来表达或者与数字相关的。因此，作为国家公务员必须具备数量关系理解能力，能迅速发现数字之间蕴含的关系，进行准确的数学运算，只有这样，才能胜任其工作。

3. 逻辑判断推理能力

判断推理是测查应试者的一种测验形式。判断推理是人类智力的核心部分，它的强弱反映了一个人对事物实质及事物之间联系的认识能力的高低。国家公务员担负着行政管理工作，面临的事物之间的关系和矛盾十分复杂，要处理好这些复杂的关系，必须具备较强的判断推理能力。判断推理能力涉及对图形、词语概念和文字材料的认知理解、比较、组合、演绎、综合判断等能力。

4. 运用基本知识分析判断的能力

对这项能力的考查是通过常识判断来实现的，公务员职业性质要求其具备相对较广的知识面，否则将不能处理日常中形形色色的人和事，因此在这类试题中，所选素材从古到今，从无机物到人类，从自然界到社会，包罗万象，对应试者没有专业上的歧视，而是通过测试比较不同考生知识的广博程度。对于大多数考生而言，要在短时间内提高常识判断能力是很难的，重要的是平时的学习、观察、思考和积累。

5. 资料分析能力

现代社会是信息社会，大量的信息往往通过统计资料来反映，要正确、及时地做出决策，必须能够对这些形式上比较抽象的综合信息进行快速地分析与加工，从枯燥的形式中找出需要的“关键点”，只有如此，方能有的放矢地制定方案。作为一名公务员，资料分析和判断能力的强弱将直接关系到工作的开展和工作的效果。

（三）创造力测评

创造力测评（Creativity Test）是指测量创造能力的测验，多以发散思维为指标，题目一般分为语言式和绘画式两类。常从思维的流畅性、灵活性、变通性、独创性、精致性等方面评定。

1896年，法国心理学家比内曾编制无固定答案、有多种解决方法的开放性测验题目，为早期的创造力研究者所接受和仿效。比较著名的创造力测评有以下几种：

1. 南加利福尼亚大学发散性思维测验

南加利福尼亚大学发散性思维测验又称吉尔福特智力能力结构测验，是根据吉尔福特1957年提出的智力三维结构模型编制的发散性思维测验。

吉尔福特认为，发散性思维是个体思考解决问题时，能针对问题情境，同时想起多个可能的解决办法，不局限于单一答案。从理论上讲，按照吉尔福特的智力结构模型，发散性思维与思维内容（5项）、思维结果（6项）组合可产生30种不同的创造力组成要素。目前测验涉及的是其中的14项要素：字词流畅、观念流畅、联想流畅、表达流畅、多种用途、解释比喻、效用测验、故事命题、推断结果、职业象征、组成对象、构图、火柴问题、装饰。前10项要求言语反应，后4项则用图形内容反应。

该测验适用于中学水平以上的人，主要从流畅性、变通性和独创性记分（有时也根据精确性记分）。我国心理学工作者曾对中国科技大学少年班52名学生进行了发散性思维测试，并与普通班大学生（平均年龄比他们大3岁5个月）进行比较研究。他们发现少年班学生除了符号流畅性略低于普通班大学生外，其余各项指标都高于或显著地高于普通班大学生。在图形的发散能力和发散思维中的独创性因素方面有极显著的差异。

延伸阅读

南加利福尼亚大学发散性思维测验的内容

吉尔福特认为发散性思维是创造力的外在表现，由此他将该测验发展为一套创造力测验。该测验由语言测验和图形测验两部分组成，共14个项目。语言测验有10个项目：字词流畅、观念流畅、联想流畅、表达流畅、多种用途、解释比喻、效用测验、故事命题、推断结果、职业象征。图形部分包括4个项目：组成对象、构图、火柴问题、装饰。

1. 字词流畅：迅速写出包含某个字母的单词。如“A”，答案可能有：art，about，april……如以中文作例子，可要求应征者迅速写出含部首“足”的汉字，如踢、跳、踹……

2. 观念流畅：迅速写出属于某种特殊类别的事物。如“半圆结构的物体”，答案可能有：拱形桥、彩虹、哈密瓜……

3. 联想流畅：列举给定词语的近义词。如“高兴”，答案可能有：开心、愉快、欢乐……

4. 表达流畅：写出所有4个词的句子，每个词以给定字母开头。如“K、U、Y、I”；答案可能有：Keep up your interest，Kill unless yellow insects……如果以中文作例子，可看作有限定条件的造句。

5. 多种用途：列举出一个指定物体通常用途之外的各种可能用途。如“钢笔”，答案可能有：礼品、收藏、装饰……

6. 解释比喻：要求被试者填充意义相似的几个句子，如：“现在的日本帝国主义就像秋后的蚂蚱，它……”答案可能有：马上就面临死亡了，很快就要投降了，坚持不了多久了……

7. 效用测验：尽可能多地列举所给东西的用途。如空啤酒瓶，答案可能是：作花瓶、作小容器、乐器……

8. 故事命题：写出一个短故事情节的所有合适的标题。例如：“冬天快到了，商店新来的售货员忙着销售手套，但他忘记了手套应该配对出售，结果商店最后剩下 100 只左手的手套。”答案可能有：只有左手的人，新职员，100 只手套……可根据标题总数（思想流畅性）及有创见的标题数目（独创性）进行记分。

9. 推断结果：列举某个假设事件的所有不同结果。例如：“假如地球的引力少了一半。”答案可能是：相同的飞机能载更多客人，月球会离地球更远，跳高的世界纪录将会翻倍……记分方式同故事命题的记分方式。

10. 职业象征：列举一个给定的物体或符号所象征的所有可能职业，如“班长”。

11. 组成对象：利用一套简单的图案，如圆形、三角形等，画出几个特定的物体，任一图案都可重复或改变大小，但不能增加其他任何线条或图形。如图 7－2 所示：

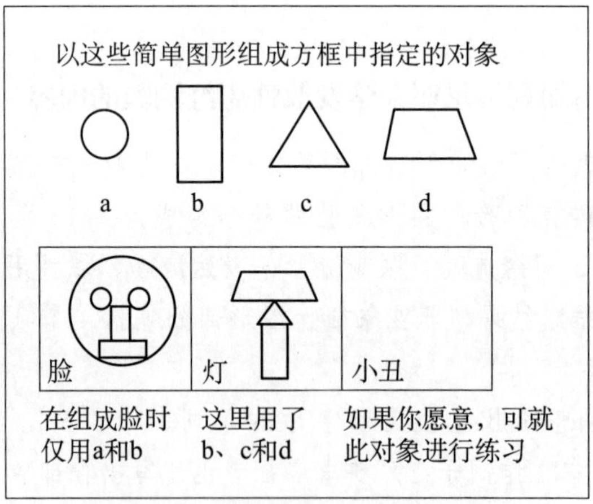

图 7－2 发散性思维测验组成对象

12. 构图：要求将一个简单图形复杂化，给出尽可能多的可辨认物体的草图。如在一页纸上有很多圆形图案，被试尽可能地在每个圆上绘出可辨认的不同物体草图。

13. 火柴问题：移动特定数目的火柴，保留特定数目的正方形或三角形。如图 7－3 所示：

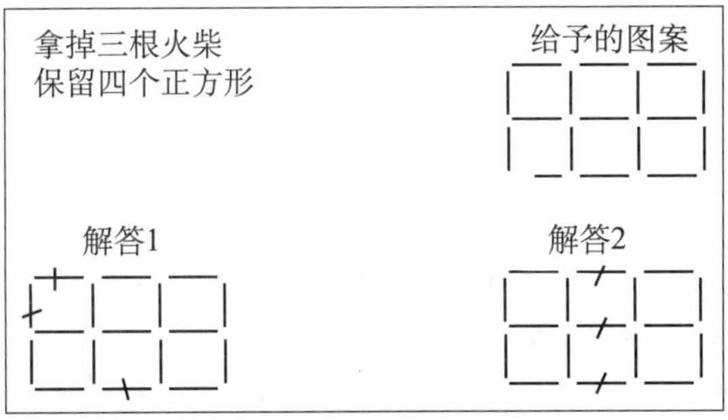

图 7-3　发散性思维测验——火柴问题

14. 装饰：以尽可能多的不同设计修饰一般物体的轮廓图。

2. 托兰斯创造性思维测验

美国明尼苏达大学的托兰斯等人编制的著名的创造力测验，由语言创造性思维测验、图画创造性思维测验以及声音词语创造性思维测验构成。这些测验均以游戏的形式组织、呈现，测验过程轻松愉快。

（1）语言创造性思维测验：包括七项活动。前三项活动要求被试根据所呈现的图画，列举出他为了解该图而欲询问的问题、图中所描绘的行为可能的原因及该行为可能的后果；活动四要求被试对给定玩具提出改进意见；活动五要求被试说出普通物体的特殊用途；活动六要求对同一物体提出不寻常的问题；活动七要求被试推断一种不可能发生的事情一旦发生会出现什么后果。测验按流畅性、变通性及独创性记分。

（2）图画创造性思维测验：包括三项活动。活动一要求被试把一个边缘为曲线的颜色鲜明的纸片贴在一张空白纸上，贴的部分由他自己选择，然后以此为出发点，画一个非同寻常的能说明一段有趣的振奋人心的故事的图画；活动二要求利用所给的少量不规则线条画物体的草图；活动三要求利用成对的短平行线或圆尽可能多地画出不同的图。此套测验皆根据基础图案绘图，可得到流畅性、灵活性、独创性和精确性四个分数。

（3）声音词语创造性思维测验：这是后发展起来的测验，两个分测验均用录音磁带实施。第一个活动为音响想象，要求被试对熟悉及不熟悉的音响刺激做出想象；第二个活动为象声词想象，对十个诸如“嘎吱嘎吱”等模仿自然声响的象声词展开想象。两个活动皆为语言性反应，对刺激作自由想象，并写出联想到的有关物体或活动。根据反应的罕见性，记独特性分数。

测验时根据四个标准评分：流畅性（中肯反应的数目）；灵活性（由一种意义转到另一种意义的数目）；独创性（反应的罕见性）和精确性（反应的详细和特殊性）。被试从整个测验中得到一个总的创造力指数，代表个体的创造性思维的水平。该测验适用于从幼儿到研究生的文化水平，普遍采用集体测试的方法，对于小学四年级以下的学生，一般采用个别口头测试。

延伸阅读

托兰斯创造性人格自陈量表

发散性思维测验是托兰斯进行创造力研究的主要方法，但不是唯一的方法。仅就测验而言，除创造思维测验外，托兰斯在1965年还编制了简便、易行、有效的创造性人格自陈量表——“在创造性思维方面你属于哪一类人?”其中包括66个从50项有关研究中收集来的创造性人格特征。

题目形式是强迫性选择，即二择一式，其目的是让受测者本人提供其创造人格特征的报告，以了解他们的创造性水平。

下面是托兰斯创造性人格自陈量表中的一些例题。在完成该测验时，受测者需根据与自己相符合的情况，在每道题目后面的括号里打上“√”或“×”，打“√”的题目可得1分。

1. 办事情、观察事物或听人说话时能专心致志。（　　）
2. 说话、作文时经常用类比的方法。（　　）
3. 能全神贯注地读书、书写和绘画。（　　）
4. 完成老师布置的作业后，总有一种兴奋感。（　　）
5. 敢于向权威挑战。（　　）
6. 习惯于寻找事物的各种原因。（　　）
7. 能仔细地观察事物。（　　）
8. 能从别人谈话中发现问题。（　　）
9. 在进行创造性思维活动时，经常忘记时间。（　　）
10. 能主动发现问题，并能找出与之有关的各种关系。（　　）
11. 除日常生活外，平时大部分时间都在读书、学习。（　　）
12. 对周围事物总持有好奇心。（　　）
13. 对某一问题有新发现时，精神上总感到异常兴奋。（　　）
14. 通常能预测事物结果，并能正确地验证这一结果。（　　）
15. 即使遇到困难和挫折，也不气馁。（　　）
16. 经常思考事物的新答案和新结果。（　　）
17. 具有敏锐的观察力以及提出问题的能力。（　　）
18. 在学习中，有自己选定的独特研究课题，并能采取自己独有的发现方法和研究方法。（　　）
19. 遇到问题时，常能从多方面探索可能性，而不是固定在一种思路或局限在某一方面。（　　）
20. 总有新设想在脑子里涌现，即使在游玩时也能产生新设想。（　　）

评分标准：每符合上述标准的打钩的给一分，最后算出总分。总分在0～13分之间创造性思维的水平为一般，总分在14～17分之间创造性思维的水平较高，总分在18～20分之间创造性思维的水平很高。

实质上，吉尔福特和托兰斯都是从认知心理学进行检测的，目的在于认知创新能力的培养，通过被试思维的发散来认识他们的创新能力，这种方法在一定程度上存在一些缺陷，以上两套试题被怀疑是否能全部检测到学生的创新能力，因为人的创新能力不仅是思维创新能力，还包括聚合思维能力和辩证思维能力以及动手创新能力，应该根据具体的情况选择最好的方法、可操作的方法，对人的创新能力进行全面的评价。

3. 芝加哥大学创造力测验

芝加哥大学创造力测验（Chicago University Test of Crearivity）是由美国芝加哥大学盖泽尔斯（J. W. Getzczs）和杰克逊（P. W. Jackson）于 20 世纪 60 年代初期编制的创造力测验。盖泽尔斯和杰克逊等人根据吉尔福特的思想对青少年的创造力进行了深入的研究，编制了这套测验。这套测验包括以下 5 个项目。

（1）语词联想测验；

（2）用途测验；

（3）隐蔽图形测验；

（4）完成寓言测验；

（5）组成问题测验。

许多心理学工作者研究了创造性和实际创作作品之间的关系，发现思维的流畅性和创造作品之间有明显相关。思维流畅性能够预测许多领域中的成就。同时，许多研究表明，智商与创造力分数之间的相关是低的，但是是正的。也有研究认为智商与创造力之间的相关高低是由创造力测验的性质而定的，某种创造力可能要求较高的智力，而另一些创造力又可能与智力相关不高。尽管在智力和创造力的相关上还有不同的看法，但比较一致的意见是，高智商并不能保证高度的创造性，而低智商的人肯定只能得到较低的创造力分数。相当数量的智力（一般认为最低阈限约为 120）对于从事文化教育、科学技术或艺术上的创造革新是必要的。

七、个性品质测评

（一）气质测评

1. 气质的内涵及分类

（1）气质的内涵。气质是个人生来就具有的心理活动的典型而稳定的动力特征，是人格的先天基础。气质是指人典型的、稳定的心理特点，包括心理活动的速度（如语言、感知及思维的速度等）、强度（如情绪体验的强弱、意志的强弱等）、稳定性（如注意力集中时间的长短等）和指向性（如内向性、外向性）。这些特征的不同组合便构成了个人的气质类型，它使人的全部心理活动都染上了个性化的色彩，属于人的性格特征之一。

近百年来，气质心理学得到了迅速发展，成为个性心理学中的一个重要组成部分。心理学根据气质是人的高级神经活动类型的特点和其在行为方式上的表现，揭示出兴奋过程和抑制过程的 3 种特性：兴奋过程和抑制过程的强度；兴奋过程和抑制过程的均衡度；兴奋过程和抑制过程的灵活性。这些特征把高级神经活动分为 4 种类型：强而不均衡的；强的、均衡的、灵活的；强的、均衡的、惰性的；弱型的。这些高级神经活动的类型是人的气质形成的生理基础。

（2）气质的分类。人的气质可分为 4 种类型：胆汁质（兴奋型）、多血质（活泼型）、黏液质（安静型）、抑郁质（抑制型）。古代所创立的气质学说用体液解释气质类型虽然缺乏科学根据，但人们在日常生活中确实能观察到这 4 种气质类型的典型代表。直率、热情、精力旺盛、情绪易于冲动、心境变换剧烈等，是胆汁质的特征。活泼、好动、敏感、反应迅速、喜欢与人交往、注意力容易转移、兴趣容易变换等，是多血质的特征。安静、稳重、反应缓慢、沉默寡言、情绪不易外露，注意力稳定又难以转移，善于忍耐等，是黏液质的特征。孤僻、行动迟缓、体验深刻、善于觉察别人不易觉察到的细小事物等，是抑郁质的特征。因此，这 4 种气质类型的名称曾被许多学者采纳，并一直沿用。

人的气质类型可以通过一些方法加以测定，但属于某一种类型的人很少，多数人是介于各类型之间的中间类型，即混合型，如胆汁-多血质，多血-黏液质等。

2. 气质类型分析

（1）胆汁质：强而不平衡。这样的人情感和情绪发生迅速，爆发力很好。同时，情感和情绪消失得也快，情绪趋于外向。智力活动、灵敏有力，但理解问题容易粗枝大叶。意志力坚强，不怕挫折、勇敢果断，但容易冲动，难以抑制。工作热情高，表现得雷厉风行，顽强有力。

典型表现：胆汁质又称不可遏止型或战斗型。具有强烈的兴奋过程和比较弱的抑郁过程，情绪易激动，反应迅速、行动敏捷、暴躁而有力；在语言上、表情上、姿态上都有一种强烈而迅速的情感表现；在克服困难上有不可遏止和坚韧不拔的劲头，而不善于考虑是否能做到；性急，易爆发而不能自制。这种人的工作特点带有明显的周期性，埋头于事业，也准备去克服通向目标的重重困难和障碍。但是当精力耗尽时易失去信心。适合职业者：管理工作者、外交工作者、驾驶员、服装纺织业者、餐饮服务业者、医生、律师、运动员、冒险家、新闻记者、演员、军人、公安干警等。

（2）多血质：强而平衡，灵活性高。这种人情感和情绪发生迅速，表露于外，极易变化，灵活而敏捷，动作活泼好动，但往往不求甚解。工作适应力强，讨人喜欢，交际广泛。容易接受新事物，也容易见异思迁而显得轻浮。

典型表现：多血质又称活泼型，敏捷好动，善于交际，在新的环境里不感到拘束。在工作学习上富有精力而效率高，表现出机敏的工作能力，善于适应环境变化。在集体中精神愉快、朝气蓬勃，愿意从事合乎实际的事业，能对事业心向神往，能迅速地把握新事物，在有充分自制力和纪律性的前提下，表现出巨大的积极性。兴趣广泛，但情感易变，如果事业上不顺利，热情可能消失，其速度与投身事业一样迅速。从事多样化的工作往往成绩卓越。适合职业者：导游、推销员、节目主持人、演讲者、外事接待人员、演员、市场调查员、监督员等。

（3）黏液质：强而平衡，灵活性低。这种人情绪比较稳定，兴奋性低，变化缓慢，内向、喜欢沉思。思维和言行稳定而迟缓，冷静而踏实。对工作考虑细致周到，不折不扣，坚定地执行自己已经做出的决定，往往对已经习惯了的工作表现出高度热情，而不容易适应新的工作和环境。

典型表现：这种人又称为安静型，在生活中是一个坚持而稳健的辛勤工作者。由于这些人具有与兴奋过程向均衡的强的抑制，所以行动缓慢而沉着，严格恪守既定的生活秩序和工作制度，不为无所谓的动因而分心。黏液质的人态度持重，交际适度，不做空泛的清谈，情感上不易激动，不易发脾气，也不易流露情感，能自制，也不常常显露自己的才能。这种人可以长时间坚持不懈，有条不紊地从事自己的工作。其不足是对待有些事物不够灵活，不善于转移自己的注意力。惰性使他们因循守旧，表现出固定性有余，而灵活性不足；从容不迫和严肃认真的品德，以及性格的一贯性和确定性。适合职业者：外科医生、法官、管理人员、出纳员、会计、播音员、话务员、调解员、教师等。

（4）抑郁质：弱性，易抑制。这种人情绪体验深刻，不易外露。对事物有较高的敏感性，能觉察到一般人觉察不到的东西，观察事物细致。行动缓慢、多愁善感，也易于消沉，干工作常常显得信心不足，缺乏果断性。交往面较窄，常常有孤独感。

典型表现：有较强的感受能力，易动感情，情绪体验的方式较少，但是体验得持久而有力，能观察到别人不容易察觉到的细节，对外部环境变化敏感，内心体验深刻，外表行为非常迟缓、忸怩、怯懦、怀疑、孤僻、优柔寡断，容易恐惧。适合职业者：校对员、打字员、排版工作者、检察员、雕刻工作者、刺绣工作者、保管员、机要秘书、艺术工作者、哲学家、科学家等。

气质类型与人的生理素质关系尤为密切，不易改变。每个人的气质都有其所长，也有其所短，要了解其特点，扬长避短。

（二）卡特尔 16 种人格因素问卷测评

卡特尔 16 种人格因素问卷是美国伊利诺伊州立大学人格及能力测验研究所卡特尔教授编制的用于人格检测的一种问卷，简称 16PF。在一项关于心理测验在临床上应用的调查中，16PF 排在前列。卡特尔是人格特质理论的主要代表人物，对人格理论的发展做出了很大的贡献。

卡特尔（Raymond B. Cattell，1905—1998），美国心理学家，最早应用因素分析法研究人格。他对心理测验的研究、对个体差异的测量，以及对应用心理学的倡导，有力地推进了美国心理学的机能主义运动。

卡特尔最突出的贡献在于将因素分析的统计方法应用于人格心理学的研究。他认为人的个性是由许多特性构成的，各种特性在一个人身上的不同组合，构成了一个不同于他人的独特个性。他把人的个性分为“表面特质”和“根源特质”，表面特质是指一个人经常发生的、可以从外部观察到的行为；而根源特质则是制约着表面特性的潜在基础。卡特尔从许多表面的行为中抽取了 16 种“根源特质”，称为 16 种个性因素。然后他又据此编制了专门的量表来测量这 16 种特质。卡特尔 16 种个性因素测验具有较好的信度和效度，因而在世界范围应用很广。

延伸阅读

卡特尔人格特质理论

卡特尔认为人格的基本结构元素是特质。特质的种类很多，有人类共同的特质，有各人独有的特质。有的特质决定于遗传，有的决定于环境；有的与动机有关，有的则与能力和气质有关。若从向度来分，可分为4种向度。

(1) 表面特质与根源特质。表面特质是指一群看起来似乎聚在一起的特征或行为，即可以观察到的各种行为表现。它们之间是具有相关性的。根源特质是行为的最终根源和原因。它们是堆砌成人格的砖块。每一个根源特质控制着一簇表面特质。透过对许多表面特质的因素分析便可找到它们所属的根源特质。

(2) 能力特质、气质特质与动力特质。能力特质与认知和思维有关，在16PF中主要由智慧因素（B因素）表示，决定工作的效率。行为的情绪、情感方面则表明了气质和风格的特质。动力特质与行为的意志和动机方面有关。

(3) 个别特质和共同特质。卡特尔认为人类存在所有社会成员共同具有的特质（共同特质）和个体独有的特质，即个别特质（指表面特质）。虽有共同特质，但共同特质在各个成员身上的强度却各不相同（指根源特质）。

(4) 体质特质和环境塑造特质。卡特尔认为16PF中有些特质是由遗传决定的，称为体质根源特质，而有些特质来源于经验，因此称为环境塑造特质。卡特尔认为在人格的成长和发展中遗传与环境都有影响。他十分重视遗传的重要性，曾试图决定每一根源特质的特殊遗传成分。

卡特尔在其人格的解释性理论构想的基础上编制了16种人格因素问卷，从16个方面描述个体的人格特征。这16个因素或分量表的名称和符号分别是：乐群性A、聪慧性B、稳定性C、恃强性E、兴奋性F、有恒性G、敢为性H、敏感性I、怀疑性L、幻想性M、世故性N、忧虑性O、实验性Q1、独立性Q2、自律性Q3、紧张性Q4。如表7-1所示。

表7-1　卡特尔16种人格因素问卷因素简介表

1) 因素A—乐群性： 低分特征：缄默，孤独，冷漠。 高分特征：外向，热情，乐群。	2) 因素B—聪慧性： 低分特征：思想迟钝，学识浅薄，抽象思考能力弱。 高分特征：聪明，富有才识，善于抽象思考，学习能力强，思考敏捷正确。
3) 因素C—稳定性： 低分特征：情绪激动，易生烦恼，心神动摇不定，易受环境支配。 高分特征：情绪稳定而成熟，能面对现实。	4) 因素E—恃强性： 低分特征：谦逊，顺从，通融，恭顺。 高分特征：好强固执，独立积极。

5）因素 F—兴奋性： 低分特征：严肃，审慎，冷静，寡言。 高分特征：轻松兴奋，随遇而安。	6）因素 G—有恒性： 低分特征：苟且敷衍，缺乏奉公守法的精神。 高分特征：有恒负责，做事尽职。
7）因素 H—敢为性： 低分特征：畏怯退缩缺乏自信心。 高分特征：冒险敢为，少有顾忌。	8）因素 I—敏感性： 低分特征：理智的，注重现实，自恃其力。 高分特征：敏感，感情用事。
9）因素 L—怀疑性： 低分特征：依赖随和，易与人相处。 高分特征：怀疑，刚愎，固执己见。	10）因素 M—幻想性： 低分特征：现实，合乎成规，力求妥善合理。 高分特征：幻想的，狂放不羁。
11）因素 N—世故性： 低分特征：坦白，直率，天真。 高分特征：精明能干，世故。	12）因素 O—忧虑性： 低分特征：安详，沉着，有自信心。 高分特征：忧虑抑郁，烦恼自扰。
13）因素 Q1—实验性： 低分特征：保守的，尊重传统观念与行为标准。 高分特征：自由的，批评激进，不拘泥于现实。	14）因素 Q2—独立性： 低分特征：依赖，随群附众。 高分特征：自立自强，当机立断。
15）因素 Q3—自律性： 低分特征：矛盾冲突，不顾大体。 高分特征：知己知彼，自律严谨。	16）因素 Q4—紧张性： 低分特征：心平气和，闲散宁静。 高分特征：紧张困扰，激动挣扎。

人格是稳定的、习惯化的思维方式和行为风格，它贯穿于人的整个心理，是人的独特性的整体写照。人格对于管理者来说很重要，它渗透到管理者的所有行为活动中，影响管理者的活动方式、风格和绩效。大量研究和实践表明：一些样式的人格类型和管理活动有着特定的关系，它们对团体的贡献不同，所适宜的管理环境也不同。利用成熟的人格测验方法对管理者或应聘人员的人格类型进行诊断，可为人事安置、调整和合理利用人力资源提供建议。

从乐群、聪慧、自律、独立、敏感、敢为、怀疑等 16 个相对独立的人格特点对人进行描绘，可以了解应试者在环境适应、专业成就和心理健康等方面的表现。在人事管理中，16PF 能够预测应试者的工作稳定性、工作效率和压力承受能力等，可广泛应用于心理咨询、人员选拔和职业指导的各个环节，为人事决策和人事诊断提供个人心理素质的参考依据。本测验适用范围很广，凡是有相当于初中以上文化程度的青、壮年和老年人都适用。

小测试

卡特尔 16 种人格因素问卷网上在线测试如图 7 - 4 所示：

问卷星调查平台：https://www.wjx.cn/jq/176289.aspx。

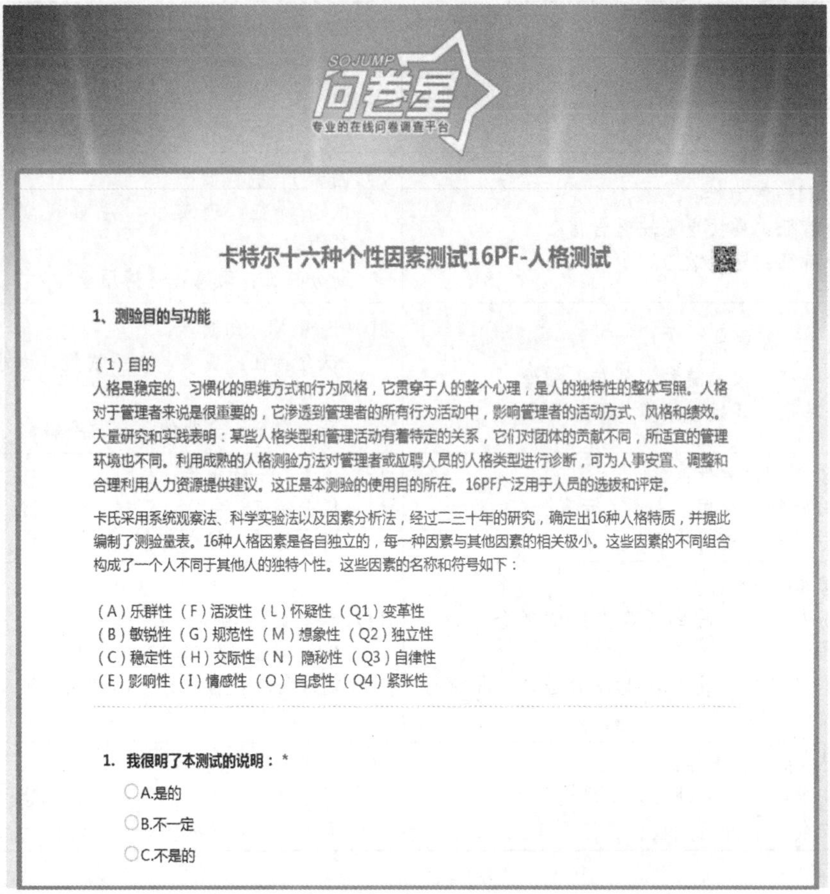

卡特尔十六种个性因素测试16PF-人格测试

1、测验目的与功能

（1）目的
人格是稳定的、习惯化的思维方式和行为风格，它贯穿于人的整个心理，是人的独特性的整体写照。人格对于管理者来说是很重要的，它渗透到管理者的所有行为活动中，影响管理者的活动方式、风格和绩效。大量研究和实践表明：某些人格类型和管理活动有着特定的关系，它们对团体的贡献不同，所适宜的管理环境也不同。利用成熟的人格测验方法对管理者或应聘人员的人格类型进行诊断，可为人事安置、调整和合理利用人力资源提供建议。这正是本测验的使用目的所在。16PF广泛用于人员的选拔和评定。

卡氏采用系统观察法、科学实验法以及因素分析法，经过二三十年的研究，确定出16种人格特质，并据此编制了测验量表。16种人格因素是各自独立的，每一种因素与其他因素的相关极小。这些因素的不同组合构成了一个人不同于其他人的独特个性。这些因素的名称和符号如下：

（A）乐群性（F）活泼性（L）怀疑性（Q1）变革性
（B）敏锐性（G）规范性（M）想象性（Q2）独立性
（C）稳定性（H）交际性（N）隐秘性（Q3）自律性
（E）影响性（I）情感性（O）自虑性（Q4）紧张性

1. 我很明了本测试的说明：*
○A.是的
○B.不一定
○C.不是的

图 7-4　卡特尔 16 种人格因素问卷

（三）艾森克人格问卷

艾森克人格问卷（Eysenck Personality Questionnaire，EPQ）是由英国心理学家艾森克编制的一种自陈量表，是在艾森克人格调查表（EH）基础上发展而来的。20 世纪 40 年代末开始制定，1952 年首次发表，1975 年正式命名。

视频：卡特尔 16PF 测试

艾森克（Hans J. Eysenck，1916—1997），英国心理学家，主要从事人格、智力、行为遗传学和行为理论等方面的研究。他主张从自然科学的角度看待心理学，把人看作一个生物性和社会性的有机体。在人格问题研究中，艾森克用因素分析法提出了神经质、内倾性-外倾性以及精神质三维特征的理论。

艾森克教授认为，人格是由行为和行为群有机组织而成的层级结构。最低层是无数个具体反应，是可直接观察的具体行为。较高层是习惯性反应，它是具体反应经重复被固定下来的行为倾向。再高一层是特质，是一组习惯性反应的有机组合，如焦虑、固执等。最高一层是类型，是由一组相关特质有机组合而成，具有高度概括的特征，对人的行为具有广泛的影响。他通过对人格问卷资料的因素分析研究，确定了人格类型的 3 个基本维度。根据外倾性维度可以把人格分为外倾型和内倾型；根据情绪稳定性可以把人格分为情绪型和稳定型；根据心理变态倾向可以把人格分为精神失调型和精神整合型。

艾森克教授搜集了大量有关人格方面的特征，并通过因素分析归纳出 3 个维度，从而提出决定人格的 3 个基本因素：内外向、情绪性和心理变态倾向。EPQ 目前有成人问卷和青少年问卷两种格式，让被试根据自己的情况回答“是”或“否”。然后，按 E、N、P、L 4 个量表记分。E、N、P 分别代表艾森克人格结构的 3 个维度，L 是后来加进来的一个效度量表。具体为：E——内外向；N——神经质，又称情绪性；P——精神质，又称心理变态倾向；L——谎话或自身掩饰。

经艾森克等人的因素分析计算，前 3 个量表代表人格结构的 3 种维度，它们是彼此独立的，L 则是效度量表，代表假托的人格特质，也表现社会性朴实、幼稚的水平。L 虽与其他量表有某些相关，但它本身却代表一种稳定的人格功能。由于 EPQ 具有较高的信度和效度，用其所测得的结果可同时得到多种实验心理学研究的印证，因此它也是验证人格维度理论的根据，如图 7-5 所示。艾森克人格问卷是目前医学、司法、教育和心理咨询等领域应用最广泛的问卷之一。

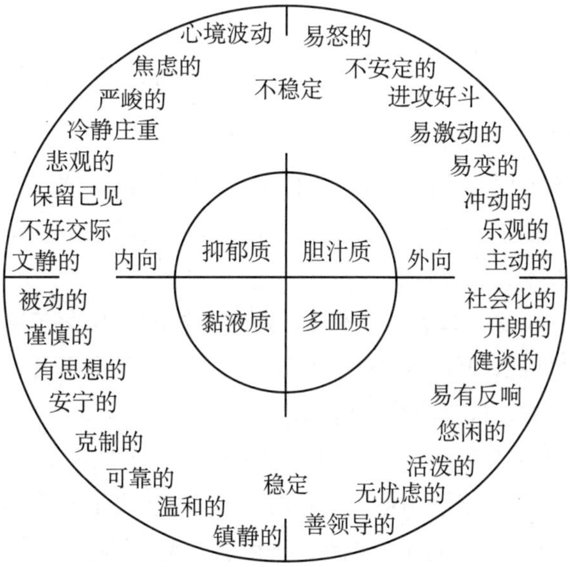

图 7-5　艾森克人格二维结构示意图

各量表的具体含义如下：

E——内外向：分数高表示人格外向，可能是好交际、渴望刺激和冒险，情感易于冲动。分数低表示人格内向，可能是好静，富于内省，除了亲密的朋友之外，对一般人缄默冷淡，不喜欢刺激，喜欢有秩序的生活方式，情绪比较稳定。

N——神经质：又称情绪性，反映的是正常行为，与病症无关。分数高可能是焦虑、担心、常常闷闷不乐、忧心忡忡，有强烈的情绪反应，以至于出现不够理智的行为。

P——精神质：又称心理变态倾向。并非暗指精神病，它在所有人身上都存在，只是程度不同。但如果某人表现出明显的程度，则容易发展成行为异常。分数高可能是孤独、不关心他人，难以适应外部环境，不近人情，感觉迟钝，与别人不友好，喜欢寻衅搅扰，喜欢干奇特的事情，并且不顾危险。

L——自身掩饰：测定被试的掩饰、假托或自身隐蔽，或者测定其社会性朴实幼稚的水平。L 与其他量表的功能有联系，但它本身代表一种稳定的人格功能。

艾森克教授对人格的研究从人格的特质转向人格维度，提出了人格的 3 个基本维度。这不仅为实验室内许多实验所证实，而且得到数学统计和行为观察之佐证，受到各国心理学家的重视，且已广泛地应用于医疗、教育和司法领域。艾森克人格问卷（EPQ）是用途较广的人格量表，被多个国家译出或修订。艾森克教授的人格研究不像美国许多心理学家从事或偏重特质水平，而是集中于类型。他认为特质是观察到的个体的行为倾向的集合体，类型是观察到的特质的集合体。他把人格类型看作某些特质的组织。他提出的人格理论主要是属于层次性质的一种类型，每一种类型结构的层次明确，因此人格就可分解为有据可查、有数可计的要素。这是心理学家多年来一直探讨而难以确定的东西。许多心理学家认为，在特质和类型的关系上，艾森克教授解决得相当出色。

（四）MBTI 职业性格测试

MBTI 职业性格测试是目前国际最为流行的职业人格评估工具，MBTI 人格理论的基础是著名心理学家卡尔·荣格（Carl Jung）关于心理类型的划分，后经一对母女伊莎贝尔·迈尔斯（Isabel Myers）和凯瑟琳·布里格斯（Katharine Briggs）研究并加以发展。这种理论可以帮助解释为什么不同的人对不同的事物感兴趣，擅长不同的工作并且有时不能互相理解。MBTI 主要应用于职业发展、职业咨询、团队建议、婚姻教育等方面，是目前国际上应用较广的人才甄别工具。

从古希腊的希波克拉底（Hippocrates），到中世纪的帕拉萨尔斯（Paracelsus），人们早已注意到所有的人都可以归纳为 4 种：概念主义者、经验主义者、理想主义者和传统主义者。同一种类型的人的性情具有惊人的相似之处。

1921 年，弗洛伊德的正宗门徒，心理学家荣格发表了他经典的心理学类型学说。他在书中设计了一套性格差异理论，他相信性格差异同时会决定并限制一个人的判断。他把这种差异分为内向型/外向型、直觉型/感受型和思考型/感觉型。同时，他认为这些差异是与生俱来的，并且在一个人的一生中相对固定。

荣格把感知和判断列为脑的两大基本功能，前者帮助我们从外部世界获取信息，后者则使我们以特定的方式做出决定。它们在大脑活动中的作用受到个人生活方式和精力来源的节制，从而对人的外部行为和态度产生各不相同的影响。正是在这个意义上，性格被视为一种人与生俱来的天性。

20 世纪 40 年代，美国一对母女在荣格的心理学类型理论的基础上提出了一套个性测验模型。伊莎贝尔·迈尔斯和凯瑟琳·布里格斯把这套理论模型以她们的名字命名，叫作 Myers-Briggs 类型指标（Myers-Briggs Type Indicator，MBTI）。MBTI 作为一种对个性的判断和分析，是一个理论模型，从纷繁复杂的个性特征中归纳提炼出 4 个关键要素——动力、信息收集、决策方式和生活方式，对此进行分析判断，从而把不同个性的人区别开来。MBTI 人格分类模型和理论的意义在于“解释人与人之间的差异现象”以及优化决策，对决策流程“进行理性的干预”。

心理学家大卫·凯尔西（David Keirsey）发现，这些由不同文化背景和不同历史时期的人各自独立研究得出的 4 种不同性情的划分，对性格的描绘有着惊人的相似。同时他发现，MBTI 性格类型系统中的 4 种性格倾向组合与古老智慧所归纳的 4 种性情正好吻合。这 4 种组合是：

直觉（N）＋思维（T）＝概念主义者

感觉（S）＋感知（P）＝经验主义者

直觉（N）＋情感（F）＝理想主义者

感觉（S）＋判断（J）＝传统主义者

MBTI 人格分类模型共有 4 个维度，每个维度有 2 个方面，共计 8 个方面。分别是：

外向（E）和内向（I）

感觉（S）和直觉（N）

思维（T）和情感（F）

判断（J）和感知（P）

例如：

我们与世界的相互作用是怎样的？

——外向（E）和内向（I）

我们自然留意的信息类型是什么？

——感觉（S）和直觉（N）

如何做决定？

——思维（T）和情感（F）

做事方式？

——判断（J）和感知（P）

每个人的性格都落足于 4 种维度每一种中点的这一边或那一边，我们把每种维度的两端称作“偏好”。例如：如果你落在外向的那一边，那么就可以说你具有外向的偏好（得分为正数）。如果你落在内向的那一边，那么就可以说你具有内向的偏好（得分为负数）。

“性格”是一种个体内部的行为倾向，它具有整体性、结构性、持久性、稳定性等特点，是每个人特有的，可以对个人外显的行为、态度提供统一的、内在的解释。其中，“外向 E—内向 I”代表着个人不同的精力（Energy）来源；“感觉 S—直觉 N”“思维 T—情感 F”分别表示人们在进行感知（Perception）和判断（Judgement）时不同的用脑偏好；“判断 J—感知 P”针对人们的生活方式（Life Style）而言，它表明我们如何适应外部环境——在我们适应外部环境的活动中，究竟是感知还是判断发挥了主导作用。每一种性格类型都具有独特的行为表现和价值取向。了解性格类型是寻求个人发展、探索人际关系的重要开端。

1. MBTI 测试的 16 种类型

MBTI 的 4 个维度，两两组合，共有 16 种类型。以各个维度的字母表示类型，如下：

ESFP、ISFP、ENFJ、ENFP

ESTP、ISTP、INFJ、INFP

ESFJ、ISFJ、ENTP、INTP

ESTJ、ISTJ、ENTJ、INTJ

4 个维度在每个人身上会有不同的比重，不同的比重会导致不同的表现，关键在于各个维度上的人均指数和相对指数的大小。

2. MBTI 16 种人格类型解析

（1）ISTJ。

1）严肃、安静、借由集中心志与全力投入及可被信赖获得成功。

2）行事务实、有序、实际、逻辑、真实及可信赖。

3）十分留意且乐于任何事（工作、居家、生活均有良好组织及有序）。

4）负责任。

5）照设定成效来做出决策且不畏阻挠与闲言，会坚定为之。

6）重视传统与忠诚。

7）传统性的思考者或经理。

（2）ISFJ。

1）安静、和善、负责任且有良心。

2）行事尽责且投入。

3）安定性高，常居项目工作或团体之安定力量。

4）愿投入、吃苦及力求精确。

5）兴趣通常不在于科技方面，对细节事务有耐心。

6）忠诚、考虑周到、知性且会关切他人感受。

7）致力于创构有序及和谐的工作与家庭环境。

（3）INFJ。

1）因为坚忍、创意及必须达成的意图而能成功。

2）会在工作中投入最大的努力。

3）默默强力地、诚挚地及用心地关切他人。

4）因坚守原则而受敬重。

5）提出造福大众利益的明确愿景而为人所尊敬与追随。

6）追求创见、关系及物质财物的意义及关联。

7）想了解什么能激励别人及对他人具洞察力。

8）光明正大且坚信其价值观。

9）有组织且果断地履行其愿景。

（4）INTJ。

1）具有强大动力与本意来达成目的与创意——固执、顽固者。

2）具有宏大的愿景且能快速在众多外界事物中找出有意义的模范。

3）对所承负职务，具良好能力于策划工作并完成。

4）具有怀疑心、挑剔性、独立性、果决，对专业水准及绩效要求高。

（5）ISTP。

1）有逻辑性、实际、务实、娴静、谦逊以及独立。

2）现实主义、注重实效、孤僻、对自然世界的具体实践十分好奇。

3）他们通常擅长和数字打交道，灵活和足智多谋地处理具体可见的事物，客观而不诉诸感情。

（6）ISFP。

1）羞怯的、安宁和善地、敏感的、亲切的且行事谦虚。

2）喜于避开争论，不对他人强加己见或价值观。

3）无意于领导却常是忠诚的追随者。

4）办事不急躁，安于现状，无意于以过度的急切或努力破坏现状，且非成果导向。

5）喜欢有自由的空间及照自定的流程办事。

（7）INFP。

1）安静观察者，理想主义者，忠于自己的价值观及自己所重视的人。

2）希望生活形态与内在价值观相吻合。

3）具有好奇心且很快能看出机会所在，常担负开发创意的触媒者。

4）行事具有弹性、适应力强且承受力强。

5）具有想了解及发展他人潜能的企图，想做太多且做事全神贯注。

6）对所处境遇及拥有的东西不太在意。

7）具有适应力，有弹性，除非价值观受到威胁。

（8）INTP。

1）安静、自持、弹性及具适应力。

2）特别喜爱追求理论与科学事理。

3）习于以逻辑及分析来解决问题。

4）对创意事务及特定工作最有兴趣，对聚会与闲聊无大兴趣。

5）追求可发挥个人强烈兴趣的生涯。

6）追求发展对有兴趣事务之逻辑解释。

（9）ESTP。

1）擅长现场实时解决问题。

2）喜欢办事并乐于其中。

3）倾向于喜好技术事务及运动，交结同好友人。

4）具有适应性、容忍度、务实性，投注心力于会很快具成效的工作。

5）不喜欢冗长概念的解释及理论。

6）最专精于可操作、处理、分解或组合的真实事务。

（10）ESFP。

1）外向、和善、乐于分享。

2）喜欢与他人一起行动且促成事件发生，在学习时亦然。

3）知晓事件未来的发展并会热烈参与。

4）最擅长人际相处及具备完备常识，很有弹性，能立即适应他人与环境。

5）是对生命、人、物质享受的热爱者。

（11）ENFP。

1）充满热忱、活力充沛、聪明、富想象力，视生命充满机会但期望能得到他人的肯定与支持。

2）几乎能达成所有有兴趣的事。

3）对难题很快就有对策并能对有困难的人施以援手。

4）依赖能改善的能力而无须预做规划准备。

5）为达目的常能找出强制自己为之的理由。

6）即兴执行者。

（12）ENTP。

1）反应快、聪明、长于多样事务。

2）具有激励伙伴、敏捷及直言讳专长。

3）会为了有趣对问题的两面加以争辩。

4）对解决新的及挑战性的问题富有策略，但会轻忽或厌烦经常的任务与细节。

5）兴趣多元，易倾向于转移至新生的兴趣。

6）对所想要的会有技巧地找出逻辑的理由。

7）长于看清楚他人，有智能去解决新的或有挑战的问题。

（13）ESTJ。

1）务实、真实、事实倾向，具有企业或技术天分。

2）不喜欢抽象理论；最喜欢学习可立即运用的事理。

3）喜好组织与管理活动且专注以最有效率的方式行事以达至成效。

4）具有决断力、关注细节且很快做出决策，是一位优秀的行政者。

5）会忽略他人感受。

6）喜做领导者或企业主管。

7）做事风格比较偏向于权威指挥性。

（14）ESFJ。

1）诚挚、爱说话、合作性高、受欢迎、光明正大的——天生的合作者及活跃的组织成员。

2）重和谐且长于创造和谐。

3）常做对他人有益的事。

4）给予鼓励及称许会有更佳的工作成效。

5）对直接及有形影响人们生活的事情最有兴趣。

6）喜欢与他人共事，精确且准时地完成工作。

（15）ENFJ。

1）热忱、易感应及负责任的，具有能鼓励他人的领导风格。

2）对别人所想或希求会表达真正关切且切实用心去处理。

3）能怡然且技巧性地带领团体讨论或演示文稿提案。

4）爱交际、受欢迎及富有同情心。

5）对赞许及批评很在意。

6）喜欢带领别人且能使别人或团体发挥潜能。

（16）ENTJ。

1）坦诚、具有决策力的活动领导者。

2）长于发展与实施广泛的系统以解决组织的问题。

3）专精于具内涵与智能的谈话如对公众演讲。

4）乐于经常吸收新知且能广开信息管道。

5）易生过度自信，会强于表达自己的创见。

6）喜于长程策划及目标设定。

SJ：教条型，护卫者　　　　NF：友善型，理想主义者

ISTJ Inspector 稽查员/检查者	ISFJ Protector 保护者	INFJ Counselor 咨询师/劝告者	INFP Healer/Tutor 治疗师/导师/化解者
ESTJ Supervisor 督导/监督员	ESFJ Provider/Seller 供给者/销售员	ENFJ Teacher 教师/教导者	ENFP Champion/Advocator/Motivator 倡导者/激发者
ISTP Operator/Instrumentor 操作者/演奏者	ISFP Composer/Artist 作曲家/艺术家	INTJ Mastermind/Scientist 智多星/科学家/策划	INTP Architect/Designer 建筑师/设计师
ESTP Promolor 发起者/创业者	ESFP Performer/Demonstrator 表演者/示范者	ENTJ Field Marshall/Mobilizer 统帅/调度者	ENTP Inventor 发明家

SP：探索型，艺术创造者　　　　NT：坚定型，理性者

图 7－6　MBTI 16 种人格类型图

MBTI 是当今世界上应用最广泛的性格测试工具之一。MBTI 的价值对企业来说，一方面能帮助企业看清楚一个员工的性格类型及优、劣势，能根据自己的性格测试做出职业选择和规划；另一方面，企业可以通过对员工的评估，达到员工性格跟岗位需求匹配的要求。MBTI 已经被翻译成近 20 种世界主要语言，每年的使用者多达 200 万人。据相关统计，世界前 100 强公司中已有 89%引入了 MBTI，用于员工和管理层的自我发展、提升组织绩效等各个领域。

八、职业兴趣测评

职业兴趣是指个体对某项工作或者某种职业所抱有的倾向性态度。职业兴趣测评（Vocational Interest Tests）是心理测试的一种方法，它可以表明一个人最感兴趣的并最可能从中得到满足的工作是什么，该测评是将个人兴趣与那些在某项工作中较成功的员工的兴趣进行比较。它是用于了解一个人的兴趣方向以及兴趣序列的一项测试。职业兴趣测评有许多用途，最典型的就是用于员工的生涯规划，因为一个人总是把自己感兴趣的事情做得很好。另外还可以把它作为员工招聘的工具，如果你能选择那些与现职成功的雇员的兴趣相似的候选人，那么这些候选人在新的岗位上取得成功的概率也很大。

职业兴趣测评工具有多种，早期的技术方法有斯特朗职业兴趣量表（Strong Vocational Interest Blank，SVIB）、库德职业兴趣调查表（KOIS）等。兴趣测验通常列出众多的兴趣选择项，涉及运动、音乐、艺术、文学、科学、社会服务、计算、书写等领域。例如：喜欢踢足球，喜欢看球赛，喜欢听流行音乐，喜欢听交响乐，喜欢看画展，喜欢外出写生，喜欢看爱情小说，喜欢看侦探小说，喜欢看科普杂志，喜欢自己做小家具，喜欢写诗歌，喜欢做数字游戏，喜欢写信，喜欢外出旅游，喜欢独立思考，喜欢下棋等。根据被试者对各种兴趣项目的“是”或“否”选择，或依据受试者排列出的兴趣序列，可以对其是否适合某一职业或某一种工作做出判断。

1959 年，霍兰德（John Holland）提出了具有广泛社会影响的人业互择理论——霍兰德职业兴趣自测。这是目前最有名、使用最普遍的职业兴趣测评方法。这一理论首先根据劳动者的心理素质和择业倾向，将劳动者划分为六种基本类型，相应的职业也划分为六种类型：社会活动型（Social）、经营管理型（Enterprising）、现实技能型（Realistic）、常规事务型（Conventional）、探索研究型（Investigative）和艺术创造型（Artistic）。他认为绝大多数人都可以被归于六种类型中的一种。

霍兰德的职业选择理论是根据他本人大量的职业咨询经验及其职业类型理论编制的人才测评工具，实质在于劳动者与职业的相互适应。霍兰德认为，同一类型的劳动与职业互相结合，便是达到适应状态，劳动者找到适宜的职业岗位，其才能与积极性会得到很好发挥。在霍兰德的理论中，人格被看作兴趣、价值、需求、技巧、信仰、态度和学习个性的综合体。人格与职业环境的匹配是形成职业满意度、成就感的基础。就职业选择而言，兴趣是个体和职业匹配的过程中最重要的因素，霍兰德职业兴趣理论是最具影响力的职业发展理论和职业分类体系。

（一）霍兰德职业兴趣测评的六种职业类型

1. 社会活动型（S）

共同特点：喜欢与人交往、不断结交新的朋友、善言谈、愿意教导别人。关心社会问题、渴望发挥自己的社会作用。寻求广泛的人际关系，比较看重社会义务和社会道德。

典型职业：喜欢与人打交道的工作，能够不断结交新的朋友，从事提供信息、启迪、帮助、培训、开发或治疗等事务，并具备相应能力。如教育工作者（教师、教育行政人员），社会工作者（咨询人员、公关人员）。

2. 经营管理型（E）

共同特点：追求权力、权威和物质财富，具有领导才能。喜欢竞争、敢冒风险、有野心、抱负。为人务实，习惯以利益得失、权力、地位、金钱等来衡量做事的价值，做事有较强的目的性。

典型职业：要求具备经营、管理、劝服、监督和领导才能，以实现机构、政治、社会及经济目标的工作，并具备相应的能力。如项目经理、销售人员、营销管理人员、政府官员、企业领导、法官、律师。

3. 常规事务型（C）

共同特点：尊重权威和规章制度，喜欢按计划办事，细心、有条理，习惯接受他人的指挥和领导，自己不谋求领导职务。喜欢关注实际和细节情况，通常较为谨慎和保守，缺乏创造性，不喜欢冒险和竞争，富有自我牺牲精神。

典型职业：要求注意细节、精确度，有系统、有条理，具有记录、归档、据特定要求或程序组织数据或文字信息的职业，并具备相应能力。如秘书、办公室人员、记事员、会计、行政助理、图书馆管理员、出纳员、打字员、投资分析员。

4. 现实技能型（R）

共同特点：愿意使用工具从事操作性工作，动手能力强，做事手脚灵活，动作协调。偏好于具体任务，不善言辞，做事保守，较为谦虚。缺乏社交能力，通常喜欢独立做事。

典型职业：喜欢使用工具、机器，需要基本操作技能的工作。对要求具备机械方面才能、体力或从事与物件、机器、工具、运动器材、植物、动物相关的职业有兴趣，并具备相应能力。如技术性职业（计算机硬件人员、摄影师、制图员、机械装配工），技能性职业（木匠、厨师、技工、修理工、农民、一般劳动者）。

5. 探索研究型（I）

共同特点：思想家而非实干家，抽象思维能力强，求知欲强，肯动脑，善思考，不愿动手。喜欢独立的和富有创造性的工作。知识渊博，有学识才能，不善于领导他人。考虑问题理性，做事喜欢精确，喜欢逻辑分析和推理，不断探讨未知的领域。

典型职业：喜欢智力的、抽象的、分析的、独立的定向任务，要求具备智力或分析才能，并将其用于观察、估测、衡量、形成理论、最终解决问题的工作，并具备相应的能力。如科学研究人员、教师、工程师、电脑编程人员、医生、系统分析员。

6. 艺术创造型（A）

共同特点：有创造力，乐于创造新颖、与众不同的成果，渴望表现自己的个性，实现自身的价值。做事理想化，追求完美，不重实际。具有一定的艺术才能和个性。善于表达、怀旧，心态较为复杂。

典型职业：喜欢的工作要求具备艺术修养、创造力、表达能力和直觉，并将其用于语言、行为、声音、颜色和形式的审美、思索和感受，具备相应的能力。不善于事务性工作。艺术方面如演员、导演、艺术设计师、雕刻家、建筑师、摄影师、广告制作人，音乐方面如歌唱家、作曲家、乐队指挥，文学方面如小说家、诗人、剧作家。

（二）霍兰德职业兴趣测评六种职业类型的关系

霍兰德所划分的六种职业类型，并非是并列的、有着明晰的边界的。他以六边形标示出六种职业类型的关系，如图 7-7 所示。

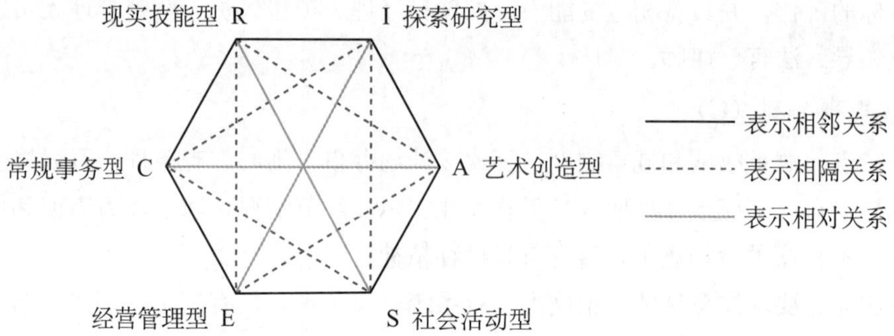

图 7-7 霍兰德职业兴趣测评六种职业类型关系图

1. 相邻关系

如 RI、IR、IA、AI、AS、SA、SE、ES、EC、CE、RC 及 CR。属于这种关系的两种类型的个体之间共同点较多，现实技能型 R、探索研究型 I 的人就都不太偏好人际交往，这两种职业环境中也都较少有机会与人接触。

2. 相隔关系

如 RA、RE、IC、IS、AR、AE、SI、SC、EA、ER、CI 及 CS。属于这种关系的两种类型个体之间共同点较相邻关系少。

3. 相对关系

如 RS、IE、AC、SR、EI 及 CA。相对关系的人格类型共同点少，因此一个人同时对处于相对关系的两种职业环境兴趣都很浓的情况较为少见。

人们通常倾向于选择与自我兴趣类型匹配的职业环境，如具有现实型兴趣的人希望在现实型的职业环境中工作，可以最好地发挥个人的潜能。但职业选择中，个体并非一定要选择与自己兴趣完全对应的职业环境。一则因为个体本身常是多种兴趣类型的综合体，单一类型显著突出的情况不多，因此评价个体的兴趣类型时也时常以其在六大类型中得分居前三位的类型组合而成，组合时根据分数的高低依次排列字母，构成其兴趣组型，如 RCA、AIS 等；二则因为影响职业选择的因素是多方面的，不完全依据兴趣类型，还要参照社会的职业需求及获得职业的现实可能性。因此，职业选择时会不断妥协，寻求相邻职业环境，甚至相隔职业环境，在这种环境中，个体需要逐渐适应工作环境。但如果个体寻找的是相对的职业环境，意味着所进入的是与自我兴趣完全不同的职业环境，则我们工作起来可能难以适应，或者难以做到工作时觉得很快乐，相反，甚至可能会每天工作得很痛苦。

（三）霍兰德职业兴趣测评对于企业招募人才的价值分析

职业兴趣作为一种特殊的心理特点，由职业的多样性和复杂性反映出来。职业兴趣上的个体差异是相当大的，也是十分明显的。一方面，现代社会职业划分越来越细，社会活动的要求和规范越来越复杂，各种职业间的差异也越来越明显，对个体的吸引力和要求也就迥然不同；另一方面，个体自身的生理、心理、教育、社会经济地位、环境背景不同，所乐于选择的职业类型、倾向于从事的活动类型和方式也就十分不同。

不同职业的社会责任、满意度、工作特点、工作风格、考评机制各不相同。同时，这种差异决定着不同职业对于员工的职业兴趣有着特殊的要求。现代人力资源管理的基本原则是将合适的人放在合适的岗位上。人与职位的匹配应该包括两个方面的内容：一是人的知识、能力、技能与岗位要求相匹配；更重要的是人的性格、兴趣与岗位相适应。因此，企业在招募新员工时，非常有必要对申请在本企业工作的人员进行职业兴趣的测评，了解申请者的职业兴趣人格类型。通过测试，企业可以得知它所能提供的职业环境是否与申请者的职业兴趣类型相匹配，换句话说，企业可以考察到申请者是否适合在本企业的职业环境中工作。因此，企业在招募人才的过程中，如果能够坚持以霍兰德的职业兴趣测评为指导，不仅可以招募到适合本企业的人才，还可以在招聘工作中减少盲目性。通过职业兴趣测评，企业还可以给予新员工最适合的工作环境，以期他们最大限度地在工作中发挥聪明才干。

视频：
霍兰德职业倾向测试

小测试

霍兰德职业兴趣测评网在线测试：智通人才网（http://www.job5156.com/talent _ exam/pdetail/holland）。

小　结

本模块首先介绍了人才测评的基本概念和基本内容，然后着重介绍了能力测评中智力测评、职业能力倾向测评、创造力测评的内容和方法，以及个性品质测评中的气质测评、卡特尔 16 种人格因素问卷测验、艾森克人格问卷测评、MBTI 职业性格测试及职业兴趣测评中霍兰德职业兴趣测评的内容和应用。通过这一模块的学习，学生应该着重掌握不同测评方法在实际招聘工作中的灵活应用。

模块八 员工试用

知识目标/教学重点

1. 掌握员工试用的必要理论知识
2. 掌握员工录用流程
3. 掌握入职培训各个环节的实施过程

能力目标/教学难点

1. 能设计员工背景调查表
2. 能够根据试用员工条件及岗位确定试用员工薪酬

素养目标/课程思政

1. 培养活动组织能力、资源协调能力
2. 培养逻辑能力、分析能力、判断能力
3. 培养诚信意识，提高学生道德情操

学习指导

本模块教学重点围绕在员工试用的阶段，应该如何在试用前做好员工的背景调查，结合员工面试的具体岗位要求来进行背景调查表的设计，对于试用员工应该怎样确定薪酬；掌握员工的录用流程；结合岗位的需要，在员工面谈阶段运用不同的方法和提问技巧，熟悉入职培训的各个环节；除此之外，希望同学们在学习过程中可以灵活运用已经学习过的知识，将本模块所讲授的知识内容与之前所学习的知识融会贯通，锻炼提高个人的综合能力。

建议学时

6 课时

导入案例

他为什么会失败：美国某电信公司拉美子公司 CEO 的聘任

美国某电信公司为其拉美子公司在全球范围内寻找 CEO 人选。事实上，这家子公司并不是一个新兴的企业，而是由美国母公司收购两家当地企业后组成的合资企业。按照惯例，这两家已被收购企业的前任 CEO 仍被任命为合资企业的董事会成员并保留巨大的股份。由于拉美市场已日趋饱和，进入者必须不失时机地寻找自己合适的位置，同时由于新的合资企业没有任何的营销计划，董事会一致要求新任 CEO 具有建构企业发展战略的经验及高技术产品的分销经验。

三个月过后，董事会为这家子公司雇用到了一位非常合适的人物。他在掌管另一家电信公司的相同部门时取得过极大的成功，尽管这不是在拉美取得的。他被认为是一个卓有成效的战略家，是市场营销方面的行家里手，比其他九个候选者更加了解新公司的技术、产品和顾客。但结果是他的任期不到一年就结束了。

理由很简单：他缺乏工作真正需要的两项技能：谈判与跨文化敏感性。这位新任的 CEO 必须适应有着不同目标的三位老板。美国母公司的老板想利用新的实体向新地区推销母公司的产品和服务；一位前任 CEO 同样也是大股东之一，想的是如何通过提高价格来实现利润最大化；另一位前任 CEO 同样也是大股东之一，想的却是降价，因为他认为销售量才是真正的关键所在。

新任的 CEO 渴望能迎合这三位老总的不同“口味”，结果却使自己成为众矢之的。此外，由于美国的沟通方式是面对面直接交流，而拉美在正式场合的沟通风格却是恭敬式的，这种沟通风格的文化差异使他们之间的口角越来越激烈，其愤怒与失望使得整个企业陷于内耗、停滞不前，高级主管人员也开始大量离职。关键的分销商发现该公司上层存在问题，因此纷纷溜之大吉，另寻求其他渠道。结果，到这位 CEO 被解雇的时候，该公司已经处于破产的边缘。

思考：

1. 这家公司在最开始进行招聘的时候为什么没有获得成功？后来为什么获得了成功？
2. 对于招聘者而言，如何在招聘过程中避免以表面价值来选才的陷阱？

人力资源管理是公司管理的核心，而员工录用管理决定着公司人力资源的数量、质量和结构，是人力资源管理的前提和基础，是组织绩效和目标的重要保证。近年来，随着公司的发展，员工数量快速上升，面对大量的应聘者，如何公平公开、科学高效地甄选录用符合公司岗位需求的员工，以达到改善人力资源结构，保证年龄结构、知识结构、能力结构等符合组织发展的整体目标，是摆在人力资源从业者面前的一个难题。因此，构建完善的员工录用管理模式成为我们日益关注的焦点。

一、背景调查概述

（一）背景调查的内涵

视频：背景调查含义及内容

背景调查是指通过从外部求职者提供的证明人或以前工作的单位那里搜集资料，来核实求职者的个人资料的行为，是一种能直接证明求职者情况的有效方法。背景调查既可在深入面试之前进行，也可在其后进行。这将花费一定的时间和财力，但一般仍值得去做。背景调查是由独立的专业机构依托权威数据源通过合法的途径和方式对被调查人提交的个人背景信息进行核查比对并形成背景调查报告以辅助委托调查人验证其真伪。现在，一些比较大型、正规的公司都会要求招聘模块里有这一部分，会对一部分新进员工做背景调查。

小知识

背景调查

背景调查是以雇佣关系为前提，通过合法的调查途径及调查方法，了解待入职人员及在职人员的个人基础信息、过往的工作背景、能力及工作表现，形成对被调查人员的综合评价，是企业在用人环节中必不可少的招聘流程。招聘一名新员工，企业可能会遇到的风险包括胜任能力风险、法律风险、职业操守风险和成本风险。而一份完善的员工背景调查报告可以为企业节省不必要的花销，降低企业的招聘及培训费用，规避用人风险。

员工背景调查是指用人单位通过各种合理合法的途径，来核实求职者的个人履历信息的真实性的过程，它是保证招聘质量的重要手段之一。员工背景调查是舶来品，在欧美国家比较盛行。近几年，随着中国经济的腾飞和对外开放的深化，员工背景调查也逐渐在中国流行起来。

（二）背景调查的重要性

通过背景调查，可以证实求职者的教育和工作经历、个人品质、交往能力、工作能力等信息。简而言之，背景调查就是用人单位通过第三者对应聘者提供的入职条件和胜任能力等相关信息进行核实验证的方法。这里的第三者主要指应聘者原来的雇主、同事以及其他了解应聘者的人员，或是能够验证应聘者提供资料准确性的机构和个人。

由于背景调查技术的成本较高，操作难度较大，企业一般在确定了目标职位的候选人之后才使用。究竟调查哪些信息更有用，取决于企业将向申请人提供什么样的职务。美国联邦和各州通过了各种有关的法律，以求保护那些在就业前的甄别中可能受到调查的申请人的权利。在所有已通过的旨在保护个人隐私权的法律中，最重要的要属 1974 年的联邦隐私法（The Federal Privacy Act）。

因此，在背景调查过程中，招聘方可能会面临一些问题：如果为进行合理的背景调查，招聘方可能会因为在招聘人选问题上玩忽职守而承担法律责任；如果调查显示对求职者不利的信息，招聘方可能会被求职者控诉侵犯隐私或诽谤。

背景调查材料是指在对个体进行调查时，个体提供的信息。在公安机关办理行政案件时，部分地区要求办案单位在对嫌疑人进行调查询问时一定要先调查嫌疑人的背景材料。这种做法也反映出公安执法过程在规范化、科学化。

员工背景调查是为招聘保驾护航的重要手段和方法之一，包括：谁来进行背景调查、何时进行、背景调查的对象和内容有哪些、如何具体操作、如何确保调查结果的可靠性、如何避免背景调查中的各种纠纷。员工背景调查是指用人单位通过各种合理合法的途径，来核实求职者的个人履历信息的真实性的过程，它是保证招聘质量的重要手段之一。

近几年，随着中国经济的腾飞和对外开放的深化，员工背景调查也逐渐得到企业的重视。但大部分的人力资源管理者大概知道背景调查是做什么的，对于如何具体展开专业的背景调查不甚了解，或者是一知半解。人力资源管理者们充分利用背景调查这个有力的管理工具，为招聘工作把好至关重要的最后一关。

（三）背景调查的适用范围

对于企业来说，如果对拟聘用的所有人员均进行背景调查，需要花费大量的时间、人力、资金，且不太现实。因此，企业在进行员工背景调查时，均会根据情况进行区别处理，并不会对所有聘用岗位人员进行背景调查。一般来说，企业对拟录用人员进行背景调查的岗位主要有：

（1）涉及资金管理的岗位：如会计、出纳、投资等岗位，出于对资金安全考虑，一般企业都会对这些岗位的拟录用人员进行背景调查，主要是期望了解这些拟录用应聘者的工作能力、犯罪记录和诚信状况。

（2）涉及公司核心技术的岗位：如研发部的工程师、技术人员等，企业的核心技术涉及企业的生存问题，如可口可乐的核心配方和产品样品等，如果一旦被卖给竞争对手，企业就会出现生存危机。因此，在企业招聘涉及核心技术的岗位的拟录用人才时，都会非常慎重，花费一定的资金对拟录用者进行犯罪记录、诚信状况等背景调查。

（3）部分中高层管理岗位：如运营总监、销售总监、战略管理副总经理等，这些岗位主要涉及企业的运营战略。企业在战略周期的运营方向、核心客户资源等都掌握在这些岗位人员手上。如果这部分人员产生动荡，会给整个企业的资金链或者运营层面带来极大的负面效应，大多数企业都会对中高层岗位聘用者进行背景调查，甚至不惜花费重金请外部调查机构。

小思考

问题：什么企业更倾向于由企业 HR 自己进行员工背景调查？

由企业 HR 自主进行调查的行为在中小企业中比较普遍，原因在于这类企业对招聘态度审慎，但囿于成本原因，不愿委托专业机构从事调查。HR 更愿意动用自己在互联网领域的人脉资源，亲力亲为，通过一通通电话与邮件以及公开资料，拼凑出应聘者的过往工作轨迹。

通常来说，大企业和外资企业会选择固定的第三方合作机构配合完成背景调查，而对于BAT级别的互联网巨头，第三方合作者甚至可能不止一家。由第三方机构出具的背景调查报告，无疑会比猎头或企业本身出具的更具专业性。

（四）背景调查的方法

现代社会，一方面企业人才空缺、求贤若渴，另一方面人才市场鱼龙混杂，这对企业面试官提出了极高的要求，恨不得让面试官变成火眼金睛。但是企业的人力资源人员，仅通过面试凭借自己的经验判断，很容易因急生错。而招聘的失误不仅浪费了公司的招聘成本，同时也可能带来其他方面的损失。随着《劳动合同法》的颁布，企业对用人越来越谨慎，掌握一定的工具有利于减少这方面的失误。被称作人才招聘的“防火墙”的入职背景调查被越来越多的人力资源从业者认同，已经成为招聘流程的一个重要环节。做好入职员工背景调查不仅可以减少招聘风险，还可以为企业选拔合适的人才提供决策依据，从而提高了招聘的有效性。

入职员工背景调查就是通过各种正常的、符合法律法规的方法和途径，获得被调查员工背景资料的相关信息。通过对获得的信息与被调查者所提供的简历信息、面试收集的信息等进行对比，以成为企业人力资源管理者对员工聘用的参考依据。背景调查的内容通常包括受聘员工以前的受教育背景、工作经历、担任职务等。

在实际工作中，做好人才背景调查工作要坚持“明法、知礼、克私”的六字方针。

（1）在调查之前必须通知求职者，也应该在事先争得求职者本人的同意后开展，限定要调查问题的范围，主要对于求职者工作情况有关的方面进行调查，而无关的特别是涉及个人隐私的问题，要坚决避免。

（2）根据具体岗位确定调查强度，岗位职责越大，调查的强度也越大。对于管理人员、重要的职能及关键岗位的聘用尤为重要。

（3）通过职位分析了解背景分析的重点，不同的岗位要求也不同，因此要事先做好职位分析工作。

（4）优先选取求职者的前上司或同事进行调查，由于这些人跟求职者有最多的工作接触，对求职者的品行、能力、工作态度有更深刻的了解。

（5）汇总背景调查结果并形成书面材料，为招聘人才提供依据。

（五）背景调查的原则

企业在招聘工作中所面临的种种风险可以归纳为胜任能力风险、法律风险、职业操守风险、成本风险四大类。如果没有必要的措施，这些风险将直接由企业的人力资源部承担。

市场的风险主要来自应聘者素质与企业要求之间的差异。而来自内部的风险不仅是试用期员工给企业造成的成本损失及企业品牌形象风险的可能，还可能危及企业内部员工、客户与股东的利益。这些风险最后集中于人力资源部的招聘工作。

不管是企业 HR，还是第三方调查机构，在做背景调查时都应该遵守以下几个原则：

（1）只调查与工作有关的情况，并以书面形式记录，以证明将来的录用或拒绝是有依据的。

（2）重视客观内容的调查核实，忽略应聘者的性格等方面的主观评价内容。

（3）慎重选择“第三者”。要求对方尽可能使用公开记录来评价员工的工作情况，避免偏见的影响。

（4）估计调查材料的可靠程度。一般来说，应聘者的直接上司的评价要比人力资源部人员的评价更为可信。

（5）利用结构化的表格，确保不会遗漏重要问题。

（6）保证被调查者的知情权，在进行背调前一定要告知被调查者，获得被调查者的书面授权。

（7）调查内容绝对保密，只告知有相关知情权利的人员。

（六）背景调查的内容

员工背景调查的内容主要包括身份识别、犯罪记录调查、教育背景调查、工作经历调查、数据库调查五大类。其中，身份识别指核实候选人身份证的真假；犯罪记录调查是对候选人是否有犯罪记录的核实，由于犯罪记录在中国不会对公众开放，通常的做法是由候选人到当地派出所出具无犯罪证明；教育背景调查就是甄别候选人教育经历、学历学位等是否造假。工作经历调查包括调查工作经历是否真实，即时间、职位、是否正常离职等信息，和工作中的具体表现；数据库调查指通过各种权威的信息库来查找候选人被公开的一些负面信息。在同一个企业中，对不同岗位所进行的背景调查的范围和深度是不一样的。

企业人力资源部可以根据岗位的重要性将员工划分成几档，以此决定对不同员工进行调查的范围和深度：最基层的员工可以仅做身份证识别和犯罪记录核实，比如一线的操作工人、保安、保洁人员等。初级专业职位如文员、助理一类，需要加上教育背景和工作经历的核实。教育背景仅核实最高学历，工作经历仅了解最近一两段工作经历，也只需确认工作起始时间和是否正常离职即可，不需要了解详细的工作绩效。高级专业职位，包括核心技术人员、高层管理者，则需要全面彻底的调查，包括各种专业资格证书的核实、海外经历核实、是否陷入各种法律纠纷、是否在媒体中有负面报道、在前任雇主的详细的工作表现和真实的离职原因。另外，还要进行更长时间范围内的工作经历核实。在中国，一般最长可以追溯到候选人 10 年以内的工作经历。教育背景也可以核实从本科开始所取得的所有学位。最后，对于一些特殊性质的职位，如法务、财务相关工作，无论职位高低，都需要进行最全面严谨的调查。

在企业的招聘过程中，对员工的背景调查是必要的，除了上述内容，更加具体的调查主要包括以下几方面：

1. 学历调查

无论你公司提供的职位对于学历的要求标准如何，你都必须对员工学历的真实性做调查。一个编造学历的员工，很多时候都会有不诚实的表现。

学历背景调查目前有多种途径，审核毕业证原件只是其中的一个环节，但是目前假证泛滥，且伪造技术越来越高，因此在审核毕业证原件的同时还要辅以其他验证方式。第一个方式就是到教育部学历验证中心的网站上去验证，该服务为收费服务，非常适合企业招聘用，在此网站查询的结果比较权威，除军校学历及自考学历外，数据库中一般都包含各个层次的学历数据。第二种方式就是打电话到所在院校的学籍管理部门进行确认。

2. 个人资质

个人资质包括人员以前工作单位、为何辞职、家庭住址等。如果希望找到好的员工，就应该认真考察求职者提供的诸如前工作单位、辞职原因、家庭住址及其他状况。

身份背景调查可以通过收取应聘人员身份证、户口簿、护照等个人信息证件来进行，一般的方式是通知应聘人员带证件的原件和复印件，审核原件，留复印件。关于身份证的信息，目前网上有很多验证身份证号的软件和网站，但只能查询身份证号是否有效以及身份证首次登记的地址（一般精确到区）等信息。

3. 个人资信

个人资信包括个人品行、成长经历、家庭情况、个人爱好、资产及信用调查。有资料表明，一个人的品行定性于 25 岁之前。对于用人单位，如果抱希望于在工作中再对员工的品行做了解或调整，很可能会招致不必要的损失。每个用人单位都希望得到有好的品行、良好的成长经历、无不良嗜好及有一定信用度的员工，而非专业人员，但是不管通过查看员工的应聘资料，还是面试，都很难知道他们是否提供了真实的资料。

4. 雇员忠诚度调查，违反公司合同、损害公司利益调查

有丰富管理经验的企业家，都有过因为用人不慎而导致企业直接或间接经济损失的经历，但面对应聘中的员工，常常难辨真假。员工的背景调查是企业在招聘过程中一个很重要的环节，但除了资深的人力资源经理，其他人很难做好这个环节。

小思考

问题：第三方机构会如何开展员工的背景调查？

背景调查公司会通过电话联系求职者，明确告知对方将对其工作履历展开调查。电话告知后，求职者会收到一封邮件，里面需要提供的信息有：1）背调授权书；2）履历信息表，包含过往经历的公司和证明人信息；3）学历证书或其他文件，如薪资流水。拿到求职者的信息后，背调公司会逐一打电话给求职者简历上的公司 HR，核实履历信息。需要注意的是，HR 都是由背调公司随机寻访的，以确保 HR 与求职者没有事先串通。核心的内容聚焦于工作时间信息的真实性、离职原因真实性、薪资、有无违反公司制度的行为、求职者提供的证明人是否真实。在排除证明人非求职者的亲戚朋友冒充后，背调公司会去联系证明人访谈，包括上级、同事和下属，向他们核实求职者的工作表现情况。核心的内容聚焦于工作时间信息的真实性、工作内容和职责的真实性、工作表现的评价、人际关系状况、性格评定等。

（七）背景调查的要素

背景调查是招聘中的一门学问，如果操作不当可能损害应聘者利益，影响公司的形象。经过背景调查长期的实践，在背景调查操作中要注意以下四方面的内容：

1. 何时开始调查

背景调查最好安排在面试结束后与上岗前的间隙，因为此时大部分不合格人选已经被淘汰，对淘汰人员自然没有实行调查的意义。剩下的佼佼者数量已经很少，进行背景调查的工作量相对少一些，并且根据几次面试的结果，他们介绍的资料已经熟悉，此时调查，在调查项目设计时更有针对性。根据调查结果决定是否安排上岗，以免在上岗后再调查出问题，令用人公司和调查公司进退两难。

小知识

背景调查的合适时机

一周的前半周是大家工作最忙的时候，对一周工作的安排、邮件的处理等占据了不少时间，因此每周的下半周是个不错的选择。另外，要考虑该在什么时间点和对方联系。通常情况下，下午 4 点钟左右会好一点。在这个时间进行背景调查，一般得到配合的概率会大一些。

调查的内容要循序渐进、由浅入深，切忌在最开始就触及某些敏感话题，会使对方有抵触情绪，不愿配合调查。在准备打电话前，明确本次沟通需要了解的问题，将其书写下来。灵活掌握问题的顺序，一般是把最简单、无关痛痒的问题放在最前面，在电话中循序渐进、慢慢深入。

2. 向谁调查，用什么方法

有些公司的背景调查由专业人员进行，他们中的大多数人是长期从事人力资源工作的专家。同时，还要公司其他部门的配合，一些单凭人力资源专家无法完成的调查工作，会分配到其他部门去完成。

3. 如何设计调查内容

背景调查内容应以简明、实用为原则。内容简明一是为了控制背景调查的工作量，降低调查成本，缩短调查时间，以免延误上岗时间而使用人部门人力吃紧，影响业务开展。二是优秀的人才往往几家公司互相争夺，长时间的调查会给竞争对手制造机会。而实用是指调查的项目必须与工作岗位需求高度相关，避免查非所用，用者未查。调查的内容可以分为两类：一是通用项目，如毕业学位的真实性、任职资格证书的有效性；二是与职位说明书要求相关的工作经验、技能和业绩。

另外，我们还会使用专业人员设计的问卷，一个有经验的调查人员，在被调查人回答完问卷后，就能找到重点的调查方向。

4. 调查工作如何取得应聘者的谅解与配合

前三个要素，一个合格的人力资源经理应能完全掌握。但目前中国的中小型企业却缺乏这些专家；猎头公司在向企业推荐人员时也会用前述的三个要素对被推荐人进行考核，但他们的首要工作是向企业推荐人才，对于考核的工作，做得不会很细致。其实调查公司的工作是找应聘者的不合格之处，而猎头公司的工作正好相反，他们是找应聘者符合企业要求之处。同时，中国是个人情社会，无论是配备了人力资源经理的较大企业，还是由老板直接对应聘者考核的中小企业都难以把握力度，重了，以后还要共事，轻了，很可能给今后的工作带来负面影响。如果由专业调查公司来做这些事，可以让应聘者体面而愉快地接受调查，取得他们的谅解与配合。

（八）背景调查的流程

雇主应以股东、客户、员工的利益为出发点，有责任去核实拟入职员工的背景以及具体情况。一份彻底的员工背景调查报告，可以为企业节省未来不必要的花销，规避用人风险，减少企业招聘和培训以及再培训的费用开支，更重要的是为企业选用了可靠的人才，避免了对公司和客户造成损害，从而促进企业产生更大的效益。背景调查的流程如图 8－1 所示。

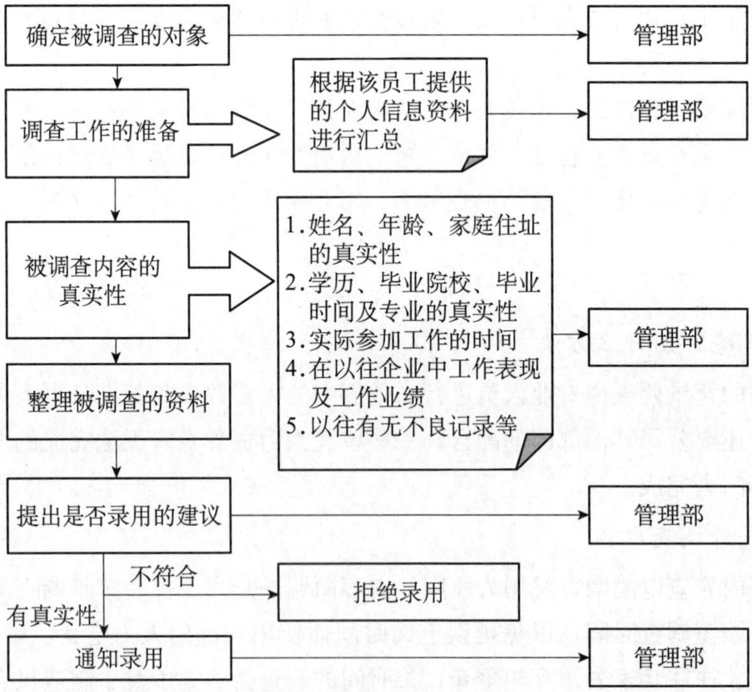

图 8－1 背景调查的流程

延伸阅读

背景调查

企业在对候选人进行背景调查之前，需要收集、准备调查所需资源。此阶段是最关键的基础准备工作，包含候选人提供的原始基本信息、证明人、职位特性分析、分析报告的可执行比率等步骤。

在信息获取时，企业应设计专用的信息收集流程和模板，全面收集应聘候选人的信息，以保证背景调查顺利实施。职位特性的分析有助于更好地设计报告问题，针对不同职位设计不同的问题，从而考察在面试中无法验证的一些信息。具体来说：在应聘者填写应聘登记表时，就要求应聘者填写完整和其有工作关系的证明人姓名及联系方式。

为尊重应聘者，做背景调查之前，一定要告知应聘者：为避免法律风险，保证其过去经历的真实性，公司对所有入职员工都要做背景调查。

（九）背景调查的注意事项

在进行背景调查的时候可能会遇到一些阻碍，需要采取一定的技巧，以便获取更多有价值的信息。

1. 告知应聘者，获得允许和理解

背景调查在一定程度上可能触犯了应聘者的隐私，为了互相全面了解，获得互相合作的机会，在征得应聘者的允许和理解下才可以进行。招聘方可以在应聘人员登记表中设计一栏“背景调查”，让应聘者提供最近工作的单位，并提供证明人及联系电话。应聘人员登记表需要应聘者签字，并声明所填的信息都是真实的。这样做相当于已经告诉应聘者我们后续可能会做背景调查，应聘者应谨慎、负责地填写表格信息。这样，应聘者也能理解企业谨慎录用员工的行为，而不会导致应聘者反感调查隐私甚至投诉公司。

2. 不对应聘者未离职的单位进行调查

如果你向应聘者正在受雇的公司了解情况的话，会给他的工作带来不便。因此，在做背景调查时，不宜贸然对正在受雇的公司进行背景调查，可以通过其他方式了解相关信息，而不要给应聘者带来不便。

3. 在面试过程中确定背景调查的重点

应聘者的很多信息可以通过面试进一步收集，对于面试中应聘者提供的有疑点的信息在背景调查时需核实，如工作时间、在工作中承担的角色、工作的真实业绩等，这些方面的疑点需要在面试时就进行记录，作为背景调查的重点。

在进行工作经历背景调查时，一般重点对最近两份工作的经历进行了解与核实。如果最近两次经历时间都不长，而且受雇的公司比较多，可以重点调查 5 年内的工作经历，因为最近的工作经历能更好地反映应聘者目前的能力状态。同时，对于经常换工作的应聘者，需要更多了解应聘者离职的原因。

背景调查主要为了了解应聘者提供的信息是否真实及应聘者未曾提到但与工作密切相关的信息，了解的主要内容包括：工作的职位角色、工作经历的时间是否吻合、离职的原因、工作的表现如何等。应聘者受雇某公司的背景调查记录表一般由 2 至 4 份组成，相关信息一般从应聘者的直接上级、工作联系紧密的同事、直接下属以及人力资源部人员处了解。特别是对公司关键岗位进行背景调查时，一定要全面收集信息。在背景调查时不一定面面俱到，但是一定要把关键的信息收集到。

4. 最迟在决定聘用之前做背景调查

从背景调查的内容上看，做一个人的背景调查工作量也不小。因此背景调查最好安排在终试结束后、入职前进行。在这里强调一定要在发入职通知前进行，不然人已经来了，后因调查发现不合适，让应聘者在试用期离职，这样做不仅损害了应聘者的利益，也加大了公司的招聘成本。

5. 电话调查时把握重点，礼貌有效提问

在做背景调查时，调查人员应简单进行自我介绍，要礼貌、语言得体。充分考虑背景调查信息提供者的时间，把握重点，对于对方时间紧急的，问问题也不必面面俱到。

如果能把握以上要点，做背景调查工作基本上就没有问题了。做好背景调查，不仅为企业选择合适的人才提供了事实依据，也能减少公司各方面的风险。

案例分析

一家著名房地产公司需要招办公室主任，在应聘者中，他们对一位男士非常满意，委托全人网对这个候选人做背景调查。由于候选人的从业时间很长，策划过很多项目，是高层主管级别，全人网进行了全方位的深度核查。在与申请人提供的证明人交流时，他们发现信息有明显的假象。他们自行对候选人任职过的公司进行全方位搜索并联系相关人员，证实申请人的实际表现与简历所述完全不同，其所经历的公司对他的评价都是负面的，工资也是虚报的。经过 5 天的调查，全人网将一份完整详细的报告发给了客户，客户对核实结果非常满意。

建议：企业在招聘员工时最好做背景调查，现在的简历都包装得非常完美，虽然有面试过程，但候选人都是经验丰富的“老姜”，稍有不慎就会被其蒙蔽，建议对简历证明人也要仔细核实，不要轻信申请者提供的证明人的证词。

二、新员工薪酬确定

（一）新员工薪酬确定的重要性

1. 薪酬确定会影响企业的人力资源规划、人员招聘和人员流动

薪酬预算的额度直接决定着企业可以增加的薪酬额度和人员数量。在薪酬预算额度不足时需要裁减部分薪酬和人员，因此薪酬预算直接决定未来企业的人员招聘和人员流动。事实上，在企业的财务资源一定的情况下，企业在薪酬管理人员配备、员工培训和其他一些管理措施之间投入的财务预算存在一种此消彼长的关系。因此，薪酬预算的多少可以很清晰地反映企业的人力资源战略重心，同时也是整个人力资源管理中的重要组成部分，直

接关系到企业的经营和员工的心理感受。

2. 薪酬确定会影响员工的工作努力程度和满意度

薪酬直接与员工利益相关，薪酬预算的多寡直接决定了在员工基本薪酬、绩效薪酬、福利等方面的支出，会影响员工对未来努力付出后的收益预期，因此，薪酬预算直接影响了员工的工作努力程度以及满意度。此外，企业要以薪酬作为激励手段还是用其他人力资源管理手段来激励员工，同样是一个值得考虑的问题。在这种情况下，如果企业在薪酬预算方面不存在正式的制度而是任由管理者自由决定，那么就很可能在各种人力资源管理手段方面的投入出现较大偏差，而员工可能也无法得到公平和公正的对待。

延伸阅读

薪酬满意度

薪酬满意度是指员工对获得企业的经济性报酬和非经济性报酬与他们的期望值相比较后形成的心理状态。

从广义上看，是员工对其劳动所得的所有报酬的一种态度；从市场的角度看，是人力资源价格给员工造成的心理态度；从分配的角度看，是企业对人力资源要素的回报是否符合员工心理的期望值。

员工薪酬满意度是一个相对的概念，一般认为超出期望值表示满意，达到期望值表示基本满意，低于期望值表示不满意。

员工的薪酬满意度越高，薪酬的激励功能就越明显，员工就会更努力地工作，往往得到企业领导的肯定和赞赏，从而得到更高的薪酬，形成良性循环，企业可能留住更多优秀的员工。相反，则会形成恶性循环，造成人才流失。员工的工作态度直接影响生产效益，而员工的薪酬满意度又直接影响他们的工作态度。薪酬激励就是在保障员工基本生活的同时，充分激励、发挥员工的能力，从而提高企业的经济效益和市场竞争力。

（二）新员工薪酬确定的目标

薪酬实际上是企业和员工之间达成的一项隐形契约，它体现了雇佣双方就彼此的付出和给予达成的一致性意见。正是凭借这一契约，员工和企业之间的交换才得以实现。因此，在进行新员工的薪酬预算时，企业一般会以以下三个方面为目标。

1. 保证企业收益最大化

和所有的交换一样，发生在企业和员工之间就劳动力和薪酬所进行的交换也要遵循经济学中最基本的规律：双方都想在提供最小投入的情况下从对方身上获得最大的产出。具体到企业方面，当从员工方面得到的收益逐渐增多时，企业在购买劳动力时需要支付的成本也逐渐上升。人工成本的适当增长，可以激发员工的积极性，促使员工为企业创造更多价值。在企业人工成本变动过程中，一般会出现企业投入的边际人工成本等于企业获得的边际收益状态，薪酬预算就是要找到这个均衡点，在使劳动者薪酬得到增长的同时，使企业获得的收益最大化。

2. 合理控制新员工的流动率

员工的流动率受到雇佣关系中诸多因素的影响，而薪酬水平是其中非常重要的一个影响因素。企业期望与大多数员工建立起长期而稳定的雇佣关系，以充分利用组织的人力资源储备，并节约在招募、筛选、培训和解雇方面的费用；而员工通常会要求得到至少等于、最好超过其自身贡献的回报，否则就有可能终止与企业的雇佣关系。鉴于此，企业在进行薪酬预算的时候，必须考虑如何才能有效地控制劳动力成本，同时还能保持一个较合理的员工流动率。

小知识

员工流动率

调查显示，10%～20%的员工流动率对企业长远发展有好处，但骨干人员应是留用重点。

员工流动率是指在一定时期内，公司员工的流动性数量占固定员工数的比率。

1. 员工流动率＝本期离职人数/（本期新进人数＋上期末人数）

2. 员工流动率＝本期离职人数/期末人数

3. 员工流动率＝本期离职人数/期初人数

4. 员工流动率＝本期离职人数/本期平均人数。

薪酬待遇是影响员工流动的主要因素之一，健康的企业员工流动率应该保持在一个合理的范围。员工流动率过高，员工缺乏忠诚度，没有安全感；员工流动率过低，员工工作缺少压力，工作缺乏积极性，企业缺乏创新精神，因此过低的流动率对企业也是有害的。薪酬预算要考虑使员工流动率保持在合理范围之内。

3. 有效影响新员工的行为

通过薪酬结构以及薪酬构成的调整，体现公司对某系列岗位序列人员的重视，从而体现组织发展的战略变化；通过对组织期望行为的激励，鼓励员工向着组织期望的目标努力。如果企业在变动薪酬或绩效薪酬方面增加预算，而在基本薪酬方面控制预算的增长幅度，根据员工的绩效表现提供激励，那么员工就会重视自身职责的履行以及高绩效水平的达成，这样就达到了组织期望的目标。

员工的绩效对于企业而言也至关重要。为促使员工表现出优良的绩效，一种最简单的方法就是直接把绩效要求与特定岗位结合在一起，员工在与企业建立起雇佣关系的同时就已经明确了其需要达到的绩效标准。从薪酬预算的角度来说，如果企业在绩效薪酬或者浮动薪酬方面增加预算，而在基本薪酬的增长方面则注意控制预算的增长幅度，然后再根据员工的绩效表现提供奖励，那么，员工必将会重视自身职责的履行以及有效业绩的达成，而不是追求岗位的晋升或者是加薪方面的盲目攀比。

（三）新员工薪酬确定的原则

在设计新员工的薪酬预算时，企业要确保以下几个基本原则：

（1）外部公平性原则：同社会的工资水平和本行业的工资水平相适应；

（2）内部公平性原则：体现同工同酬，体现不同责任和不同水平的薪资差别；

（3）激励原则：体现不同职位的不同价值，不同职系员工的职业发展方向，激励员工奋发向上；

（4）体现人才价值原则：让员工看到发展前景，留得住真正的人才。

（四）新员工薪酬确定的标准

在进行薪酬管理时，应结合企业在册员工薪酬和各岗位特点平衡考虑，特别是新入职的员工。这关系到企业的长远发展和企业人员的稳定。

1. 新员工起薪的标准

如何制定与安排新进员工的工资标准，企业的人力资源部门应该重点考察以下几个因素：

（1）员工的生活费用。如果薪酬不能够让员工维持基本的正常生活，员工必定会另谋出路。

（2）同地区、同行业的市场行情。如果企业的起薪低于其他企业的同等水平，则会增大招聘的难度。

（3）新员工的实际工作能力。在满足前两个条件的基础上，应该尽量与公司同等能力的老员工持平，考虑到工作年限的差异，可以比老员工稍低一些。

2. 不同员工的起薪标准

（1）普通的职能部门员工，比如行政文员、人事助理等。

（2）企业非急需的专业技术人员，包括高级专业技术人员。

（3）应届大专或以上学历的毕业生。

以上三种员工的起薪根据企业的薪酬政策就可以确定。对于能力较强的员工，可以参照当前与其能力相当的员工的薪酬确定。许多企业会考虑以岗位技能工资作为必要的补充，同时对大专或以上学历的毕业生入职，也提供一个相应的“学历等级”工资补贴方式。

3. 急需岗位的起薪标准

处理急需岗位的薪酬确定之类的问题，可考虑采用工资加奖金的办法，既可以满足急需岗位人员的薪酬要求，也不会因为起薪问题对其他员工造成波动。但对于这类问题应从财务角度做好相应核算工作。

小思考

问题：某企业由于要实施一个项目，亟须招聘两名技术人员。按照正常的起薪标准，该企业已经找到了一名合适的，而另一名迟迟未能招到。如果这时有一位应聘者与前面那名技术人员的各方面能力相近，但起薪要求却高出50%，该企业是否应同意应聘者的起薪要求呢？

解析：如果答应了应聘者的起薪要求，势必会让其他员工产生不满。虽然很多企业实行了薪酬保密制度，但纸永远包不住火。如果这种作风形成一股势力，最终只能以提高相应员工的薪酬标准作为妥协办法。

如果不答应应聘者的起薪要求，则会失去这名技术人员，给企业造成的损失可能会比这位员工的薪酬数额多得多。

首先，处理这类问题可考虑采用工资加奖金的办法。企业可以许诺的方式为：如果按要求完成了项目，可以给这两名技术人员发放相应的奖金。

不同的是，第二位技术人员的奖金可以提前支取，每月支取的奖金额度是他的起薪要求数额与第一位的起薪数额之差。

如此，既可以满足第二位技术人员的薪酬要求，也不会因为起薪问题引起其他员工的情绪波动。

三、员工录用

在录用阶段，招聘者和求职者都要做出自己的决策，以便达成个人和岗位的最终匹配。一旦求职者接受了企业的聘用条件，录用关系就算正式建立起来了。

（一）员工录用的含义

人员录用也叫人员甄选，是指通过运用一定的工具和手段对已经招募到的求职者进行鉴别和考察，区分他们的人格特点与知识技能水平、预测他们未来的工作绩效，从而挑选出企业所需要的、恰当的职位空缺填补者。

准确理解人员录用的含义要把握以下几个要点：

（1）人员录用应包含两个方面的工作：一是评价应聘者的知识、能力和个性；二是预测应聘者未来在企业中的绩效。

（2）人员录用要以空缺职位所需要的任职资格条件为依据来进行。

（3）人员录用是由人力资源部门和直线部门共同完成的，最终的录用决策应当由直线部门做出。

小知识

员工录用的方式

员工录用有招工录用和招聘录用两种方式。

招工录用是指企业吸收新成长的劳动力。它对企业来说是补员，增加新鲜血液，而对国家来说是劳动就业问题。根据我国现行的劳动政策，全民所有制企业的招工录用范围是：从国家统一分配的高等院校，中等专业学校和技工学校的毕业生，军队转业干部、城镇退伍军人，各类职业学校毕业生中招收，从城镇新成长的劳动力和其他待业人员中招收，由国家特许的行业可以从农村剩余劳动力中招收。

招聘录用是近年来在我国劳动人事制度改革中出现的劳动力流动的一种新形式。它以在职人员为主要对象，按照国家指定的招聘范围，采取登报或内部推荐的方式，从其他单位择优调入或聘用急需的经营管理人员。

（二）员工录用的意义

员工的录用决策是企业人力资源形成和配置过程的一个重要组成部分。招募所要完成的是建立一个招募蓄水池，将求职者集中起来。筛选是从建立起来的招募蓄水池中挑选合格的求职者，而录用就是最终决定雇用应聘者并分配给他们职位的过程。因此，录用是招募过程的一个总结。

总的来说，企业的员工录用主要有以下几方面意义：

（1）员工录用是企业增加新员工，保证企业兴旺发达的重要途径。

（2）员工择优录用能促进员工队伍素质的提高，从而达到不断提高劳动生产率的目的。

（3）员工录用能满足企业对急需人才的需要，同时有效地促进人才合理流动，充分调动人才的积极性。

（三）员工录用的原则

为了改革企业的人员录用制度，保证人员录用的质量，提高职工队伍的素质，企业在录用员工的时候，应遵循以下几个原则：

1. 执行计划的原则

员工招聘计划是企业招聘的依据。因此，员工录用一定要根据企业期初的招聘计划执行。根据招聘计划规定的招聘人数、岗位职责要求、任职资格等进行录用决策。当然，有时候企业经营环境也可能发生较大变化，员工录用时也要考虑环境变化的影响进行对应的调整。

2. 实行“公开招工，自愿报名，全面考核，择优录用”的原则

（1）公开招工。公开招工是指企业在劳动部门指定的招工区域内，以登报或其他方式公布招工简章，形成社会舆论，造成竞争局面，达到广招合格人才的目的。同时，公开招工可以吸引大批的求职者，使企业有充分的选择余地。另外，公开招工也为待业者提供了就业信息，便于他们选择满意的企业和自己喜欢的工种，有利于人尽其才、才尽其用。

（2）自愿报名。自愿报名是指应招者根据招聘简章规定的招聘范围，自由地报考各自

喜欢的工种。企业应给求业者选择满意的职位创造条件，如热情介绍不同工种的劳动特点、工艺流程、生产技术组织条件以及不同工种所要求具备的心理、生理特质、教育程度和年龄等，使他们便于根据自己的情况选择合适的工种。

（3）全面考核。全面考核是指对求职者的德、智、体的综合考察和测验。

（4）择优录用。择优录用是指根据统一的录用标准，从众多的求业者中挑选优胜者。衡量优胜的依据不仅要看求业者的全面考核结果，而且还要以职位的资格条件为基础，使二者统一起来。这样才能为企业的发展录用合格的劳动者，增强企业的活力和生机。

3. 统筹兼顾原则

在招聘录用中，除了贯彻以上有计划、有组织的录用原则外，还要尽可能兼顾应聘者个人及所在单位的要求和利益。

4. 实行劳动合同制原则

根据劳动法的精神，对企业新招用的工人实行劳动合同制。企业招用一年以内的临时工、季节工，也应当签订劳动合同。

（四）员工录用的策略

人员录用是依据选拔的结果做出录用决策并进行安置的活动，其中最关键的内容是做好录用决策。录用决策是依照人员录用的原则，避免主观武断和不正之风的干扰，把选拔阶段多种考核和测验结果组合起来，进行综合评价，从中择优确定录用名单。值得强调的是，人员选拔环节中的所有方法都可用来选择潜在的雇员，但决定使用哪些选拔方法，一般要综合考虑时间限制、信息与工作的相关性，以及费用等因素，对相对简单或无需特殊技能的工作采用一种方法就行。例如：招聘打字员，根据应聘者打字测试的成绩就足以做出决定了。但是，对大部分岗位来说，通常需要采用多种方法，相互结合，扬长避短，提高录用决策的科学性和正确性。一般来说，人员录用的主要策略有：

1. 层层淘汰式录用策略

这种方法给应聘者安排多轮考试，每轮都淘汰一批低分者，进入到最后一轮考试的高分者入选。这种方法应用最广，也最简单直接。

2. 总分式录用策略

这种方法同样给应聘者安排多轮考试，但不是每轮淘汰，而是依据应聘者每轮考试的得分和不同考试所占权重计算最后总分，然后依据总分高低录取。

具体的部分计算方法可举例说明：某公司的某职位需要录取一名员工，假如王某和周某参加了五轮考试，每轮分别得分及每轮考试项目的权重系统如表 8－1 所示：

表 8－1　每轮分别得分及每轮考试项目的权重系统

	第一轮考试 思想政治	第二轮考试 专业技能	第三轮考试 外语	第四轮考试 计算机操作	第五轮考试 心理素质
王某得分	90	80	60	90	70

续前表

	第一轮考试 思想政治	第二轮考试 专业技能	第三轮考试 外语	第四轮考试 计算机操作	第五轮考试 心理素质
周某得分	70	90	80	70	80
权重系数 1	0.6	1	0.5	1	0.8
权重系数 2	0.5	0.6	1	1	0.7

如果各轮考试的权重均相同，则王某得分为：90＋80＋60＋90＋70＝390（分）；周某总得分为：70＋90＋80＋70＋80＝390（分）。因为只录用一人，这种权重系统下无法决定录用谁。如果要招聘的职位比较注重第二轮、第四轮考试项目（即权重较高），则王某的总分为：90×0.6＋80×1＋60×0.5＋90×1＋70×0.8＝310（分）；周某的总分为：70×0.6＋90×1＋80×0.5＋70×1＋80×0.8＝306（分），显然应录取王某。如果要招聘的职位比较注重第三轮、第四轮考试，则王某的总分为：90×0.5＋80×0.6＋60×1＋90×1＋70×0.7＝292（分）；周某的总分为：70×0.5＋90×0.6＋80×1＋70×1＋80×0.7＝295（分），显然应录取周某。

3. 多岗位式录用策略

前面总分式录用法比较适合众多应聘者应聘同一职位的情况，如果是多人同时应聘多个岗位，企业为了让每一岗位都录用到适当人选，可采取以下多岗位录用策略。这种方法可通过举例加以说明：某公司欲在六位应聘者中录用三个适合者。这六位应聘者在三个职位上的综合得分如表 8－2 所示：

表 8－2　某公司六位应聘者得分

	应聘者 1	应聘者 2	应聘者 3	应聘者 4	应聘者 5	应聘者 6	最低要求分
职位 A	390	370	320	325	300	380	360
职位 B	385	360	355	330	325	360	350
职位 C	386	345	370	360	160	350	340

要从上述六位应聘者中挑选三人来担当三个不同职位有多种方法，但以下方法较为现实：以每一职位上得分最高者（各应聘者之间进行比较——横向比较），以及在各职位考试上得分最高者（应聘者个人在不同职位考试上的得分比较——纵向比较）综合考虑录用人员。六位应聘者中在职位 A 上的综合得分以应聘者 1 得分最高（390 分），而且应聘者 1 在三个职位考试中也是职位 A 的考试得分最高，所以职位 A 选应聘者 1 最合适；职位 B 上综合得分最高的仍然是应聘者 1，但他已经安排在职位 A 上，所以以应聘者 2 或应聘者 6 为合适人选。职位 C 上综合得分最高者除去应聘者 1 是应聘者 3，因此职位 C 应录用应聘者 3。

视频：员工录用决策

4. 结合式录用策略

结合式中，有些测试是淘汰性的，有些是可以互为补偿的，应聘者通过淘汰性的测试后，才能参加其他测试。

（五）员工录用的流程

1. 初步录用决策

企业通过各种渠道和企业招聘方式对候选人的任职资格和对工作的胜任力进行测量和评价后，应根据岗位要求挑选最能与岗位匹配的候选人，并做出录用决策。在进行初步录用决策时，要注意以下事项：

（1）招聘标准要适当。企业招聘并不是挑选各方面均优秀的“完人”，而是要挑选与岗位匹配的合适的人。在做出录用决定时，不应降低标准录用人员，要将候选人与评价标准进行比较，而不是在候选人之间进行比较排序。

（2）要系统化地对胜任能力进行评估和比较。一般来说，做出雇用决定的方法包括定性和定量的方法。定性的方法就是对候选人的各方面胜任特征进行描述性的评价，列举出该候选人的主要优点与不足，然后再将其与岗位要求进行比较做出决定。定量的方法就是对候选人的各项胜任特征进行量化评价的方法。在实际运用中，定性的方法和定量的方法可以结合在一起使用。

（3）要尽快做出决定。一个应聘者在找工作或者换工作的时候往往不是只对你一家单位感兴趣，他们很可能面临很多选择，越是优秀的人才面临的选择余地越大。如果我们迟迟不能做出录用的决策，那么优秀的人才很可能就选择其他单位了。当然，尽快做出决策并不意味着草率决策，而是要有一定的根据系统地做出决策。

（4）要留有备选人名单。对于一个职位，初步录用的人选名单可能要多于实际录用的人数。这样做的原因是我们还要对不录用的人选进行背景调查，与这些人讨论薪酬待遇，但是可能会有一些原因导致我们无法录用某人，那么我们不得不舍弃他而去考虑其他人。在被选人的名单中，一定要注明录用这些人的优先次序。

2. 决定薪酬福利

在初步决定了录用某个候选人之后，招聘人员应该与该候选人讨论薪酬福利的有关问题，在此方面达成共识。

招聘单位应该提供给决定录用的候选人详细的薪酬福利信息。薪酬福利由两部分组成：薪酬和福利。其中，薪酬包括工资、奖金、津贴等。对于一个职位来说，薪酬往往是一个范围，根据候选人的胜任水平决定其具体的薪酬。因此，在决定一个被录用的候选人的薪酬水平时就可以将其胜任力水平与薪酬水平对应起来。

员工得到的福利可能是多种多样的，不同公司提供的福利也是有差别的。一般来说，福利中应包括国家或地方政策规定中要求必须包含的部分，另外还有公司独特的部分。通常必须包括养老、失业、医疗等各项保险和住房公积金，还有各种法定节假日和年休假等；各公司不同的是，有的公司提供专门的班车或交通补贴、餐费补贴、商业医疗保险或者一些其他的福利。

在决定被录用的候选人的薪酬水平时除了考虑其胜任力水平外还要考虑其他因素，如候选人原有薪酬、市场水平等。

小思考

问题：企业录用员工前，一定要发放 offer 吗？

不一定要发放 offer。这样做没有法律风险，原因如下：涉及录用通知的环节，相关规定只有“告知义务”。至于以什么形式告知，口头、电话或是书面、电子邮件、纸版，内容包含哪些要素没有硬性的规定，只要体现告知就行。

3. 录用前准备工作

（1）入职体检。入职体检是通过委托医院进行的。其主要目的是：一方面检查应聘者是否具有严重疾病；另一方面判断应聘者的身体状况是否能够适应工作的要求。

（2）背景调查。背景调查就是企业通过打电话、访谈等形式向应聘者原来的雇主、同事以及其他了解应聘者的人员了解和验证应聘者的学位、工作经历等与工作有关的信息。

（3）员工入职。一切录用的准备工作都完成后，符合要求的应聘者就会与公司签订劳动合同，并办理人事档案的转移，完成员工的正式入职。其中包括以下几个步骤：

第一，入职培训。入职培训是向员工介绍其工作、工作环境及工作同事，全面地向新员工介绍情况、提供信息，尽快消除其对新工作、新环境及新同事的陌生感，使其能迅速熟悉业务流程。

培训内容包括：熟悉工作内容、性质、责任、权限、利益、规范等；了解企业文化、政策及规章制度；熟悉企业环境、岗位环境、人事环境等；熟悉、掌握工作流程、技能。在给新进员工培训时，应注意以下事项：

1）培训时间一般为三天至一个星期，特殊岗位的培训可以适当延长。

2）培训合格者方可上岗工作，培训不合格者给予机会再进行培训，如仍不合格者，应予以辞退。

第二，试用。试用是为了通过工作实践考察试用人员对工作的适宜性，同时，也为试用员工提供了进一步了解组织及工作的机会。这个阶段是组织与员工的双向选择，彼此不受任何契约的影响。注意事项有以下几点：

1）培训合格者上岗试用，试用期一般为三个月；特殊岗位的试用期可为六个月；试用期工作优异者，经部门推荐、考核通过，可以提前结束试用期、正式录用。

2）对不合格者的规定。试用期违反公司规章、工作程序、规范者，因其对新环境不熟悉，应本着教育的原则予以纠正和帮助。

第三，考核。绩效考核有助于对工作申请者的预测和判断，并进而决定试用员工的去留。

4. 正式任用

考核通过的员工，公司进行正式录用，签订正式聘用合同。聘用合同内容一般包括被聘任者的职责、权限、任务；被聘任者的经济收入、保险、福利待遇等；聘用期限；聘用合同变更的条件及违反合同时双方应承担的责任；双方认为需要规定的其他事项；签订遵守规章和保守公司秘密、知识产权承诺和两道责任保证书。

员工录用的流程图如图 8－2 所示。

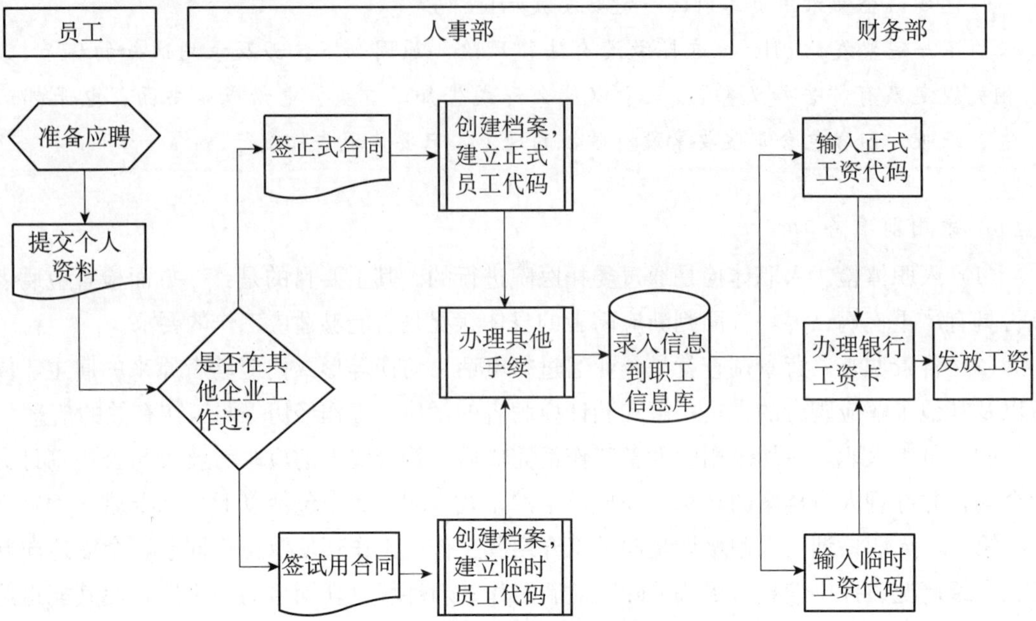

图 8－2　员工录用流程图

四、录用面谈

（一）录用面谈的含义

录用面谈是指新员工在正式开始工作之前，经理与之进行的任何有计划的和受控制的、在两个人（或更多人）之间进行的、参与者中至少有一人是有目的的并且在进行过程中互有听和说的谈话。录用面谈是指面对面的正式会晤，是员工录用的必经流程。

（二）录用面谈的重要性

录用面谈可以帮助新员工快速地了解企业，同时也可以让管理者迅速地认识新员工，是一项十分重要的人力活动。其重要性主要体现在以下四个方面：

（1）增进企业对新员工的进一步了解。

（2）增进新员工对企业的了解。

（3）使新员工愉快地上岗、快速地入岗和适岗。

（4）为新升迁的老员工排除由于岗位变动带来的新矛盾。

（三）录用面谈的内容

1. 介绍同事及环境

新进人员对环境感到陌生，但如把他介绍给同事认识，这种陌生感很快就会消失。友善地将公司环境介绍给新同事，使他消除对环境的陌生感，可协助其更快地进入状态。

2. 详细说明公司规章制度

新进人员常常因对公司的政策与法规不明了，而造成一些不必要的烦恼及错误，因此要明白说明与他有关的公司的各种政策及规章制度。这样他才能知道公司对他的期望是什么，以及他可以对公司贡献些什么。

3. 解释公司政策

对新进人员解释有关公司政策及规章制度时，必须使他认为对他们是一种公平的态度。假如领导人员对新进人员解释规章制度时，使他认为规章处处在威胁他，那他对他的新工作必定不会有好印象。所有公司的政策及规章制度都有其制定的理由，主管人员应将这些理由清楚地告诉他们。新进人员有权利知道公司的每一项政策及规章制度制定的理由，因为当一个新进人员在参加一项新工作时，他就与公司建立了合作的关系，因此越是明白那些理由，则彼此间的合作越是密切。

（四）录用面谈的技巧

录用面谈的氛围必须是温馨的，应给新员工家的感觉；录用面谈应让新员工多问、多谈，使新员工有主人翁的感觉；录用面谈应让新员工对新岗位有切实的了解。

1. 使新进人员有宾至如归的感受

当新进人员开始从事新工作时，成功与否往往取决于其工作最初的数小时或数天中。而在这段时期，也是印象的形成期。新上司也和新进员工一样受到考验，因此主管人员给予新进人员一个好的印象，也如新进人员要给予主管人员好印象一样重要。

2. 友善的欢迎

主管人员接待新进人员时，要诚挚友善，使新进人员感到你很欢迎他加入你的团队，与他握手，对他的姓名表示感兴趣并记在脑海中。给新进人员以友善的欢迎是很简单的事情，但却常常为主管人员所疏忽。

3. 与新进人员做朋友

以诚挚及协助的方式对待新员工，可使其克服许多工作之初的不适与困难，如此可降低因不适应工作环境而造成的离职率。

（五）录用面谈的误区

1. 持有居高临下的态度

尊重你的谈话对象，当然也要尊重你自己。如果你的谈话对象公开挑衅你，你要确保你回应的方式不会让你失态。

2. 滔滔不绝地演说或抨击对方

如果我们认为一场谈话注定是艰难的，那么就应该主动练习我们要说的内容。你应该准备几个问题：

（1）问题出在哪？

（2）谈话对象对这个问题会说些什么？

（3）我希望得到的谈话结果是什么？

（4）我希望和谈话对象保持一种怎样的工作关系？

同时，你也可以在开会前要求其他人这么做。

3. 目标定位不明确

突破任何一场艰难谈话的关键是明确谈话的目标。目标有助于双方达成一个清晰、现实、乐于接受的谈话结果。你希望自己与谈话对象保持怎样的工作关系，仔细思考一下可能对双方造成沟通障碍的问题。

五、签订劳动合同

（一）劳动合同的概念

劳动合同是指劳动者与用人单位之间确立劳动关系，明确双方权利和义务的协议。订立和变更劳动合同，应当遵循平等自愿、协商一致的原则，不得违反法律、行政法规的规定。劳动合同依法订立即具有法律约束力，当事人必须履行劳动合同规定的义务。

根据《中华人民共和国劳动法》（以下简称《劳动法》）第十六条第一款规定，劳动合同是劳动者与用工单位之间确立劳动关系，明确双方权利和义务的协议。根据这个协议，劳动者加入企业、个体经济组织、事业组织、国家机关、社会团体等用人单位，成为该单位的一员，承担一定的工种、岗位或职务工作，并遵守所在单位的内部劳动规则和其他规章制度；用人单位应及时安排被录用的劳动者工作，按照劳动者提供劳动的数量和质量支付劳动报酬，并且根据劳动法律、法规规定和劳动合同的约定提供必要的劳动条件，保证劳动者享有劳动保护及社会保险、福利等权利和待遇。

（二）劳动合同的内容

劳动关系是指受劳动法调整的，在劳动者运用劳动能力、实现劳动过程中，劳动者与用人单位（劳动使用者）之间的社会劳动关系。由于我国就业竞争激烈的国情以及《劳动合同法》的发展历史，劳动关系中用人单位与劳动者双方地位的不平等性造成了事实劳动关系的存在。劳动合同是劳动关系建立、变更和终止的一种法律形式。根据《劳动合同法》第十条规定，建立劳动关系的，应当及时订立书面劳动合同。已经建立劳动关系，但未同时订立书面劳动合同的，应当自用工之日起一个月内订立书面劳动合同。用人单位与劳动者在用工前订立劳动合同的，劳动关系自用工之日起建立。因此，劳动关系包括劳动合同关系和事实劳动关系两种形态。

劳动合同的内容分为以下两种。

1. 必备条款

《劳动法》第十九条规定了劳动合同的法定形式是书面形式，其必备条款有 7 项：

（1）劳动合同期限。法律规定合同期限分为三种：有固定期限，如 1 年期限、3 年期限等均属这一种；无固定期限，合同期限没有具体时间约定，只约定终止合同的条件，无特殊情况，这种期限的合同应存续到劳动者达到退休年龄；以完成一定的工作为期限，如劳务公司外派一员工去另外一公司工作，两个公司签订了劳务合同，劳务公司与外派员工签订的劳动合同期限是以劳务合同的解除或终止日期为终止，这种合同期限就属于以完成一定工作为期限的种类。用人单位与劳动者在协商选择合同期限时，应根据双方的实际情况和需要来约定。

（2）工作内容。在这一项条款中，双方可以约定工作数量、质量，劳动者的工作岗位等内容。在约定工作岗位时可以约定较宽泛的岗位概念，也可以另外签一个短期的岗位协议作为劳动合同的附件，还可以约定在何种条件下可以变更岗位条款等。掌握这种订立劳动合同的技巧，可以避免工作岗位约定过死，因变更岗位条款协商不一致而发生的争议。

（3）劳动保护和劳动条件。在这项条款中可以约定工作时间和休息休假时间，各项劳动安全与卫生的措施，对女工和未成年工的劳动保护措施与制度，以及用人单位为不同岗位劳动者提供的劳动、工作的必要条件等。

（4）劳动报酬。在这项条款中可以约定劳动者的标准工资、加班加点工资、奖金、津贴、补贴的数额及支付时间、支付方式等。

（5）劳动纪律。此条款应当将用人单位制定的规章制度涵盖进来，可将内部规章制度印制成册，作为合同附件的形式加以简要约定。

（6）劳动合同终止的条件。这一必备条款一般是在无固定期限的劳动合同中约定，因这类合同没有终止的时限，但其他期限种类的合同也可以约定。须注意的是，双方当事人不得将法律规定的可以解除合同的条件约定为终止合同的条件，以避免出现用人单位应当在解除合同时支付经济补偿金而改为终止合同不予支付经济补偿金的情况。

（7）违反劳动合同的责任。一般约定两种违约责任形式，第一种是一方违约赔偿给对方造成经济损失，即赔偿损失的方式；第二种是约定违约金的计算方法，采用违约金方式应当根据员工一方的承受能力来约定具体金额，避免出现显失公平的情形。违约不是指一般性的违约，而是指严重违约，致使劳动合同无法继续履行，如员工违约离职，单位违法解除劳动者合同等。

2. 约定条款

按照法律规定，用人单位与劳动者订立的劳动合同除上述 7 项必须具备的条款内容外，还可以协商约定其他内容，一般简称为协商条款或约定条款，其实称为随机条款似乎更准确，因为必备条款的内容也是需要双方当事人协商、约定的。

这类约定条款是当国家法律规定不明确，或者国家尚无法律规定的情况下，用人单位与劳动者根据双方的实际情况协商约定的一些随机性的条款。劳动行政部门印制的劳动合同样本，一般都将必备条款写得很具体，同时留出一定的空白地由双方随机约定一些内容。例如：可以约定试用期、保守用人单位商业秘密的事项、用人单位内部的一些福利待遇、房屋分配或购置等内容。

随着劳动合同制的实施，人们的法律意识、合同观念越来越强，劳动合同中的约定条款的内容越来越多。这是改变劳动合同千篇一律，提高合同质量的一个重要体现。

（三）劳动合同的特征

劳动合同除了具有合同的共同特征外，还有自己独有的特征：

（1）劳动合同主体具有特定性。一方是劳动者，即具有劳动权利能力和劳动行为能力的中国人、外国人、无国籍人；另一方是用人单位，即具有使用劳动能力的权利能力和行为能力的企业个体经济组织、事业组织、国家机关、社会团体等用人单位。双方在实现劳动过程中具有支配与被支配、领导与服从的从属关系。

（2）劳动合同内容具有劳动权利和义务的统一性和对应性。没有只享受劳动权利而不履行劳动义务的，也没有只履行劳动义务而不享受劳动权利的。一方的劳动权利是另一方的劳动义务，反之亦然。

（3）劳动合同客体具有单一性，即劳动行为。

（4）劳动合同具有诺成、有偿、双务合同的特征。劳动者与用人单位就劳动合同条款内容达成一致意见，劳动合同即成立。用人单位根据劳动者劳动的数量和质量给付劳动报酬，不能无偿使用劳动力。劳动者与用人单位均享有一定的权利并履行相应的义务。

（5）劳动合同往往涉及第三人的物质利益关系。劳动合同必须具备社会保险条款，同时劳动合同双方当事人也可以在劳动合同中明确规定有关福利待遇条款，而这些条款往往涉及第三人物质利益待遇。

（四）签订劳动合同的原则

《劳动合同法》第三条规定，订立劳动合同应当遵守如下原则：

1. 合法原则

劳动合同必须依法以书面形式订立。做到主体合法、内容合法、形式合法、程序合法。只有合法的劳动合同才能产生相应的法律效力。任何一方面不合法的劳动合同，都是无效合同，不受法律承认和保护。

2. 协商一致原则

在合法的前提下，劳动合同的订立必须是劳动者与用人单位双方协商一致的结果，是双方“合意”的表现，不能是单方意思表示的结果。

3. 合同主体地位平等原则

在劳动合同的订立过程中，当事人双方的法律地位是平等的。劳动者与用人单位不因各自性质的不同而处于不平等地位，任何一方不得对他方进行胁迫或强制命令，严禁用人单位对劳动者横加限制或强迫命令的情况。只有真正做到地位平等，才能使所订立的劳动合同具有公正性。

4. 等价有偿原则

劳动合同明确双方在劳动关系中的地位作用，劳动合同是一种双务有偿合同，劳动者承担和完成用人单位分配的劳动任务，用人单位付给劳动者一定的报酬，并负责劳动者的保险金额。

（五）试用期与合同期限

劳动合同就是用人单位与劳动者的一种协议书，可以在其中约定商业秘密。按照规定，可以约定在劳动合同终止前或该员工提出解除劳动合同后的一定时间内（不超过 6 个月），调整其工作岗位，变更劳动合同的相关内容；也可以约定用人单位对掌握商业秘密的员工规定在终止或解除劳动合同后的一定期限内（不超过 3 年），不得到生产同类产品或经营同类业务且有竞争关系的其他用人单位任职，也不得自己生产与原单位有竞争关系的同类产品或经营同类业务，但用人单位应当给予该员工一定数额的经济补偿。

签订劳动合同既可不约定试用期，也可约定试用期。但约定的试用期最长不得超过 6 个月。劳动合同期限在 3 个月以上不满 1 年的，试用期不得超过 1 个月；劳动合同期限在 1 年以上不满 3 年的，试用期不得超过 2 个月；3 年以上的固定期限和无固定期限的劳动合同，试用期不得超过 6 个月。试用期包括在劳动合同期限中。非全日制劳动合同，不得约定试用期；以完成一定工作任务为期限的劳动合同或者合同期限不满 3 个月的，不得约定试用期限。

试用期是用人单位与劳动者建立劳动关系后为相互了解、选择而约定的考察期，一般情况下适用于初次就业或再次就业时改变劳动岗位或工种的劳动者。因此，在试用期内劳动者若被证明不符合录用条件，用人单位可随时解除合同，而劳动者在试用期内认为用人单位的工作不适合自己，也可随时解除合同。学徒期是对进入某些工作岗位的新招人员熟悉业务、提高工作技能的一种培训方式。这一培训方式仍在继续采用，并按照技术等级标准规定的期限执行。见习期是大中专、技校毕业生新分配到用人单位工作的一种见习制度，期限为一年。综上所述，试用期、学徒期或见习期可以在劳动合同中同时约定，执行时应注意相互衔接好。这方面的具体规定请见《劳动部办公厅对〈关于劳动用工管理有关问题的请示〉的复函》（劳办发〔1996〕5 号）。

延伸阅读

试用期的工资和解除劳动合同的规定

《中华人民共和国劳动合同法》

第二十条　劳动者在试用期的工资不得低于本单位相同岗位最低档工资或者劳动合同约定工资的百分之八十，并不得低于用人单位所在地的最低工资标准。

第二十一条　在试用期中，除劳动者有本法第三十九条和第四十条第一项、第二项规定的情形外，用人单位不得解除劳动合同。用人单位在试用期解除劳动合同的，应当向劳动者说明理由。

《中华人民共和国劳动合同法实施条例》

第十五条　劳动者在试用期的工资不得低于本单位相同岗位最低档工资的 80%或者不得低于劳动合同约定工资的 80%，并不得低于用人单位所在地的最低工资标准。

（六）签订劳动合同时的注意事项

1. 劳动合同签订的时间

自用工之日起一个月内订立书面劳动合同即可，否则用人单位须向劳动者支付双倍工资。自用工之日起超过一年未与劳动者签订书面劳动合同的，视为双方已经形成无固定期限劳动合同。

2. 劳动合同的期限

视频：签订劳动合同

劳动合同的期限有三种：有固定期限的劳动合同、无固定期限的劳动合同和以完成一定的工作为期限的劳动合同。因此用人单位与劳动者在签订劳动合同时要根据双方的需求来协商确定劳动合同的期限。同时，如果有约定试用期，试用期是包含在劳动合同期限内的，若劳动合同仅约定试用期的，试用期不成立，该期限为劳动合同期限。以完成一定的工作为期限的劳动合同或者劳动合同期限不满 3 个月的，依照《劳动合同法》规定，该情形不得约定试用期。

3. 对非全日制用工的特别注意事项

（1）非全日制劳动者在同一用人单位一般平均每日工作时间应不超过 4 小时。每周工作时间累计应不超过 24 小时。

（2）非全日制用工不得约定试用期。

（3）非全日制用工小时计酬标准不得低于最低小时工资标准。

（4）非全日制用工劳动报酬结算支付周期最长不得超过 15 日。

（5）用人单位必须为劳动者缴纳工伤保险，否则发生工伤事故要承担相关责任。

（七）劳动合同的履行

1. 亲自履行原则

合同是当事人之间设立、变更、终止民事权利义务的协议。一般情况下必须坚持当事人亲自履行原则。

2. 全面履行原则

当事人应当按照约定全面履行自己的义务。这就是通常所称的合同全面履行原则，具体包括如下内容：

（1）在能够履行的前提下应当实际履行而不能以支付违约金或者赔偿金的方式代替履行。

（2）必须履行合同约定的全部义务而不能只履行部分义务。

（3）必须按合同约定的时间履行义务而不能随意改变。

（4）必须按合同约定的地点、方式等履行义务而不能加以改变或者增加对方的成本。

3. 实际履行原则

实际履行是指合同生效后，一方当事人违反合同义务时，另一方当事人有权请求法院或仲裁机关强制违约方继续履行合同义务。

4. 诚实信用原则

当事人应当遵循诚实信用原则，根据合同的性质、目的和交易习惯履行通知、协助、保密等义务。用人单位变更名称、法定代表人、主要负责人或者投资人等事项，不影响劳动合同的履行。

（八）劳动合同的终止

《劳动法》第二十三条规定，劳动合同期满或者当事人约定的劳动合同终止条件出现，劳动合同即行终止。

《劳动合同法》第四十四条规定，有下列情形之一的，劳动合同终止：

（1）劳动合同期满的；

（2）劳动者开始依法享受基本养老保险待遇的；

（3）劳动者死亡，或者被人民法院宣告死亡或者宣告失踪的；

（4）用人单位被依法宣告破产的；

（5）用人单位被吊销营业执照、责令关闭、撤销或者用人单位决定提前解散的；

（6）法律、行政法规规定的其他情形。

《中华人民共和国劳动合同法实施条例》第二十一条规定，劳动者达到法定退休年龄的，劳动合同终止。

六、入职培训

（一）入职培训的含义

新员工培训又称入职培训、岗前培训等，是公司为每一个初入公司的员工介绍公司历史、基本工作流程、行为规范，组织结构、人员结构等活动的总称，是专门为新员工设计并实施的培训形式，目的是使员工融入这个团队。入职培训是一个在塑造企业的合格员工、传承企业文化、建设高效团队、赢得企业的持续竞争优势等方面有着独特作用的过程。

新员工培训的形式多种多样，按照培训计划的完整性区分为严密计划的正式培训和同事之间的非正式个体引导活动；按照层级可以分为企业和部门两个层次的培训；按照脱产情况可以分为脱产培训和在岗培训；按照培训目的可以分为文化培训和基本岗位技能培训等。

（二）入职培训的重要性

作为企业新鲜血液的新员工进入企业后，人力资源要做的第一件事就是要进行新员工的入职教育培训。新员工通过入职培训可以进一步了解企业，对企业的建制沿革、发展现状、企业文化、组织架构、工作流程、规章制度等进行全面的了解，以使新员工更快、更好地融入企业团队，发挥其工作主动性、积极性。

新入职的员工可能会对自己是否能够适应新的工作环境和岗位要求，个人发展空间如何、能否融入新的企业文化等问题都会产生疑虑。针对这种情况，就要对新入职员工进行必要的岗前培训，让新员工全面了解单位情况，了解岗位工作的要求与流程，以及工作制度与行为规范，帮助员工明确自己的工作职责，了解企业文化体系，使新员工能尽快融入团队；同时也可以帮助他们减少心理上的不适感，尽快进入工作角色。因此，新员工的入职培训对企业来说显得特别重要。

对企业来讲，新员工未来选择如何在企业中表现、决定自己是否在企业中长期发展，很大程度上取决于在最初进入企业的一段时间内的经历和感受，在此期间，新员工感受到的企业价值理念、管理方式将会直接影响他们在工作中的态度、绩效和行为，而这些因素和新员工入职培训的效果关系密切。

成功的新员工培训可以起到传递企业价值观和核心理念，并塑造员工行为的作用，它在新员工和企业以及企业内部其他员工之间架起了沟通和理解的桥梁，并为新员工迅速适应企业环境并与其他团队成员展开良性互动打下了坚实的基础。

（三）入职培训的目的

1. 降低员工流失率

企业的培训工作做得越好，新员工越愿意留下来为企业工作，从而使企业在获得自己所需要的人才的同时，也节约了多次培训的成本和二次招聘的费用。

2. 减少新员工适应岗位的时间

为使新员工尽快适应工作，以便节省时间，降低工作中的失误率，可以通过安排培训活动把新员工需要的工作以及公司的规章制度等都告诉新员工，从而使公司效率能相应地提高。

3. 展现清晰的职位特征及组织对个人的期望

企业要告知新员工自己所在岗位的工作内容，以及企业对他的期望，起到激发其工作热情的作用。

4. 增强企业的稳定程度

积极有效的新员工入职培训可以降低企业的人员流失率，使新员工对企业产生信赖感，愿意为企业的发展贡献出自己的力量。

5. 减少新员工对企业的抱怨

如果新员工在刚进入企业时没有受到良好的关照，就会产生抱怨。而一次好的入职培训会减少新员工的焦虑和抱怨，使其专心为企业工作。

6. 最重要的目的是使新员工融入企业文化

企业文化本身包括理念文化、制度文化、行为文化和物质文化等方面的内容，它是公司员工长期积累并得到大家认可的价值观和行为体系。将公司的文化传授给新员工，可以使他们对公司的各个方面都有一个较全面的了解，从而树立“企业是员工与之共同生存和发展的平台，是制度共守、利益共享、风险共担的大家庭，当员工为之奉献的同时，自身素质也会得到提高”的理念，发自内心爱企业，快速融入公司。这才是新员工入职培训最重要的目的。

（四）入职培训的内容

1. 组织设置

在入职培训中，必不可少的是要介绍企业的历史、组织结构和企业的内外环境等，给新员工一个组织结构图，标出他在组织中的位置：上面是谁，下面是谁，使其一目了然，尽快进入工作角色。此外，还可以提供员工手册、企业规章制度及政策、要接触的产品的综述、生产线及服务介绍、试用期的规定等必要资料。

2. 员工福利

在入职培训期间，应该告诉新员工发薪水的日期、假期及法定节假日的具体安排，培训及教育的福利计划，保险的项目，还有企业提供的特殊服务，如买房、买车的贷款，给新员工提供免费的心理咨询服务等。值得注意的是：一定要告知新员工发薪水的日期。新员工初进企业，担心的事情非常多，最担心的就是有关工资的问题：这个月发多少天的工资？是打在存折里还是打在借记卡里？因此，还不如顺理成章地告诉他：公司会在每个月的几号发工资，如果碰到法定节假日则顺延到几号；可以在几号领工资；工资条在什么地方领，员工在听到企业的告知后心里一下子就踏实了，心中的疑虑也就消除了，自然会更关注工作。

3. 工作职责

工作职责包括工作的地点、任务、安全要求和其他部门的关系、以后会跟谁接触等，这些内容通常是由部门经理来介绍。由于新员工对企业的环境还不了解，所以，为了在以后的工作中避免出现混乱，应该在第一时间告知新员工：这个部门找谁，那个部门找谁，明明白白地告诉他，消除他的顾虑。

4. 介绍与参观

企业在进行培训时要把新员工介绍给部门主管、同部门的人、别的部门的人、财务部、人力资源部等。要带他们参观厂区、食堂、宿舍、医院、运动场等，然后是办公室的复印区、产品陈列室等。有些人会想：干吗这么麻烦，让新员工自己去找吧。但是新员工刚进入企业，对企业很陌生，没有安全感。因此，最好给新员工一张每个地方都标好了的“地图”，好让新员工能够快速、准确地定位。

（五）入职培训的流程

新员工培训流程是为了提升新员工培训质量，保证培训效果，提升上岗率，并使新员工迅速投入岗位工作而建立的管理流程，用于规范新员工各项培训工作，包括新员工岗位设置、课程设计和实施、培训班的组织、学员和讲师的考核等。

具体流程如图 8-3 所示。

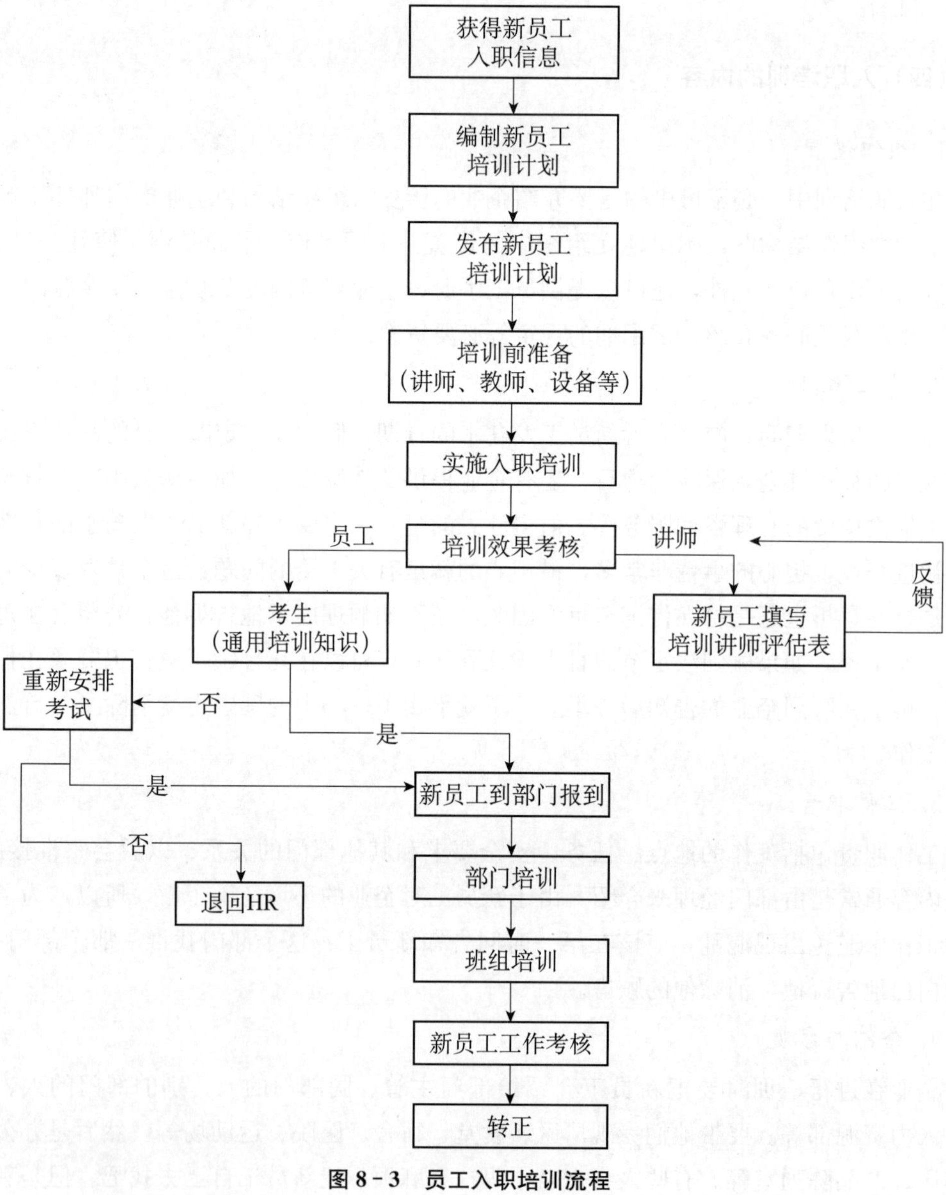

图 8-3 员工入职培训流程

（六）入职培训的注意事项

企业培训的模式多种多样，但基本的要素都少不了计划、执行和评估这三项，可以把培训系统分为方案制定、培训实施和效果评估三个阶段。

1. 方案制定

培训主管部门首先要了解企业的总体战略规划和在此基础上制定的人力资源规划，了解规划对企业不同层次人员培训的要求；其次培训管理人员应了解各部门的实际需要，结合规划的要求，共同确定培训的范围和内容；最后由培训主管部门制定出合理的培训计划，针对不同岗位和层次的员工提出不同的培训方案。

2. 培训实施

在培训实施过程中，培训师的选择非常重要，理论全面系统、实践经验丰富的培训师是最理想的情况。培训的内容应当根据不同层次人员和不同的阶段，根据需求量身定制。培训形式上应根据成人教育的特点，更多地采用“案例式”和“体验式”的培训方法，加大受训者的参与程度。

3. 效果评估

培训之后应对培训和实际效果从多个维度进行科学评价。及时的评估、总结和反馈是做好培训工作必不可少的一环。

小　结

本模块从背景调查、录用、签订劳动合同、入职培训等几个方面阐述了新员工到企业的初期经历的一系列过程，不管对于企业的人力资源部门，还是新应聘的员工都有指导和借鉴意义。通过这一模块的学习，同学们应该明确，作为一名企业录用的员工，需要准备的材料和经历的过程，同时也具备作为招聘方应有的背景调查和面谈能力，并能根据实际情况做灵活的应变。

模块九 员工转正

知识目标/教学重点

1. 掌握录用员工的必要理论知识
2. 掌握员工入职和员工离职手续的办理方法

能力目标/教学难点

1. 能根据招聘岗位评估录用的人员
2. 能够办理员工的入职和离职手续

素养目标/课程思政

1. 培养活动组织能力、资源协调能力
2. 培养逻辑能力、分析能力、判断能力
3. 培养诚信意识，提高学生道德情操

学习指导

本模块教学重点围绕如何进行录用人员的评估、怎样为员工办理入职手续，如果出现需要离职的现象，应该如何进行离职人员的面谈；同学们在学习过程中应注意“举一反三”，不仅要学习员工录用的相关知识和技能，也要提高个人应聘面试的综合能力，为将来的求职面试奠定基础。同时能将本模块所讲授的知识与之前所学习的知识进行融会贯通，提高个人的综合能力。

建议学时

6 课时

导入案例

砖场的人才错位

某高温砖工厂，由于工作有一定的危险性，所以安全工作制度十分严厉。哈利·莫斯毕业于美国一所大学，精通会计理论和实践。由于毕业后未找到合适工作，就到该工厂当了一名普通工人，负责搬运工作。哈利由于工作不如意，曾在工作中出了一些差错，也因此受到过几次警告，但这些没引起哈利注意。

有一次，哈利因伤住进医院，让妻子替其续假。在主管没同意的情况下，哈利未准时上班，上司决定开除他。哈利知道他将被开除的决定后，向工会请求帮助。经过工会与公司交涉，公司妥协了，恢复了哈利的工作。但由于身体原因哈利无法工作，他被调任混合机的操作工。但哈利的业绩仍然不好，他想调换更适合自己的工作。正好国家招聘公务员，哈利以其他理由向主管请假半天参加公务员面试，主管也同意了。

第二天，上级检查工作，正好发现哈利的机器无人操作，于是公司再次决定开除哈利。哈利再次向工会请求帮助，工会认为哈利敢于与老板做斗争，因此全面支持哈利，工会的斗争使老板第二次让步。

公司向人力资源专家进行咨询，人力资源专家认为，哈利目前的工作不适合他，建议公司给哈利一个更适合的岗位。公司接受了人力资源专家的意见，调换哈利的工作并进行岗位培训。哈利担任相关财务工作后，业绩十分突出，此时他偷偷去参加的公务员考试也已通过，并接到录用通知。哈利面临两个选择，最终选择了留在原公司，继续做财务工作。哈利后来的工作一直受到肯定，最终成为公司高级管理人员。

思考：

(1) 招聘中企业主和员工的选择错在哪里？

(2) 为什么公司未能及时解决哈利的问题，以致两次引起与工会的矛盾？

(3) 人力资源专家在招聘和使用中的作用是什么？

(4) 请评估该公司的人事政策及执行程序。

(5) 请分析能力和岗位“匹配”在识人、用人中的重要作用。

人力资源管理是公司管理的核心，而员工的录用和转正管理决定着公司人力资源的数量、质量和结构，是人力资源管理的前提和基础，是组织绩效和目标的重要保证。随着公司招聘工作的展开，招聘录用的人员很多，人力资源管理的目标是如何在员工的实习期结束后能够帮助企业在科学合理、实现资源效益最大化的前提下，从众多员工中选择合适的员工进行转正。员工的转正以及不合格员工的离职，有助于企业更好的优化资源配置，以达到改善人力资源结构，保证年龄结构、知识结构、能力结构等符合组织发展的整体目标，这是摆在人力资源从业者面前的一个难题。因此，在完成实习期后，如何正确评估员工、选择合适的员工，成为人力资源部门日益关注的焦点。

一、员工转正的基本知识

（一）员工转正的内涵

转正主要有三个方面的含义：

一是指由副职转为正职，如为考察某人的能力，先任命其担任某岗位的副职，经考察认为合格后，转为正职。

二是指组织的非正式成员变成正式成员，如员工结束试用期，转为公司的正式员工；预备党员经考察合格，转为正式党员。

三是指负面的个人状况得到平反回归正面。

我们在企业中主要考虑的转正是第二种情况。录用人员转正是招聘过程中必不可少的一项工作，通过转正可以对本次录用工作进行总结和评价，找出各环节的不足之处，为以后开展招聘录用工作提供改进依据，从而不断提升组织招聘录用的工作质量。

小知识

员工转正申请书

员工转正申请书一般是指在单位内部进行试用的一部分员工，申请转为正式员工的书面资料。

员工转正申请根据各单位规定的不同，时间也有差异。有的单位员工实习时间为一年，有的单位是三个月、五个月等。申请转正的员工可以根据单位的规定，在实习期将满的时候向单位提交员工转正申请书。

员工转正申请书一般按照标题、称呼、正文、结尾的格式来写。

（二）员工转正的重要性

员工转正并不是什么新鲜的概念。20世纪七八十年代，人员评估风靡欧美，成为内部人力资源管理的基础工具。调研结果表明，当时美国有70%以上的企业使用员工转正来帮助其搭建职位系统以及作为薪酬给付的依据。员工转正的流程与考核评价体系经过不断完善和开发，其操作性和科学性大大增加。

1. 通过员工转正提高员工培训、职业发展规划

对于个人而言，可以作为员工培训发展、职业规划的基础。持续的建立绩效档案，可以了解员工长期的绩效表现，因而可以有针对性地开发培训计划，提高员工绩效能力，并且作为员工职业发展过程中选拔、轮岗、晋升的参考依据。当然，在绩效管理中，一定要保证对员工绩效过程的跟踪，而不仅仅关注结果，只有全面了解员工绩效过程的表现情况，才能准确评估员工的职业发展趋势。

2. 员工转正可以为公司创造出更多的无形价值

评估的目的不仅是为了薪酬体系的规划设计，不仅是得到一个奖惩的依据，因为奖惩

只是强化考核功能的手段；评估的目的也不仅是调整员工的待遇，调整待遇是对员工价值的不断开发的再确认；评估是为了不断提高员工的职业能力和改进工作绩效，提高员工在工作执行中的主动性和有效性，进而作为员工培训、职业发展规划的有效依据，为公司不断创造价值。

3. 通过开展人员转正实现共赢

录用人员评估必须建立在共赢的基础之上，也就是说由企业与员工各取所需共同赢得这场“游戏”。其一，企业赢得管理与效益。其二，员工赢得自我认识、改进与发展。

（三）员工转正的原则

员工转正作为企业人力资源管理的重要组成部分，不仅要满足企业对种类人员的需求，同时还具有多重社会性功能，是一项政策性很强的工作。因此，企业的人员转正必须遵循以下原则：

1. 双向选择原则

双向选择原则是目前劳动力市场上人员招聘的通行原则。用人单位根据自身发展和岗位的要求自主地挑选员工并对合适员工进行转正，劳动者根据自身能力和意愿，结合劳动力市场供求状况自主选择职业，即企业自主选人，劳动者自主择业。

转正中的双向选择原则，一方面能使企业不断提高效益，改善自身形象，增强自身吸引力；另一方面能使劳动者为了获得理想的职业，努力提高自身的知识水平和专业素质，在招聘竞争中取胜。

小思考

问题：为什么要采用双向选择原则？

（1）引入竞争机制，调动毕业生与用人单位双方的积极性，真正做到优生优派、择优选人。

（2）提高人才的使用效率，促使用人单位自觉形成尊重知识、珍惜人才的良好风气。

（3）推动教育、教学体制的改革，促使学校的教育培养与社会的客观实际相结合，最终让学校培养出来的毕业生，成为在社会上有用的人才。

2. 效率优先原则

效率优先是市场经济条件下一切经济活动的内在准则。效率高的一方能在激烈的市场竞争中赢得主动权，员工转正工作也不例外。效率优先在招聘中的体现就是根据不同岗位的具体要求，在保证人员质量的基础上，尽可能将合适的员工进行转正。

3. 公平公正原则

人员转正必须遵循国家的法律、法规和政策；必须对试用期内的员工进行全面考核，应该根据考核结果择优转正。这种公平公正的原则是保证企业成功聘请到高素质人员和实现招聘活动高效率的基础，是录用的一项基本原则。

在转正过程中，不公正的情况很容易出现。比如，不能对实习员工一视同仁，甚至对不合格人员给予照顾、歧视某类人员等。这种违反公平公正的做法，有的是公开表现出来的，如“男性 35 岁以下人员可以应聘”；有的则以隐蔽的形式加以表现。如不公开拒聘女性，但实际上使女性成为男性的“陪考”。

总之，在员工转正过程中，要努力做到公正，不仅要清除偏见，掌握所需的完整、真实的信息，还必须知法守法，避免一切与国家有关法规相抵触的活动。比如我国《劳动法》明确规定，劳动者就业不因民族、种族、性别、宗教信仰不同而受到歧视，如果企业对此法规熟视无睹，不仅会影响招聘人员的素质和工作绩效，而且还会严重损害企业的形象，最终给企业带来不可避免的损失。

4. 确保质量原则

一般来说，转正人员时应尽量选择素质高、质量好的人才，但也不能一味强调高水平，而应当是人尽其才、用其所长，并保证整个企业人力资源结构的合理化。企业最终的目的是让每个岗位上的人员与岗位要求相匹配，达到企业整体效益的最优化。

在进行人员转正时，要做到确保用人的质量，必须根据企业人力资源规划的用人需求以及工作分析得出的任职资格要求，运用科学的招聘方法和程序开展转正工作，并坚持能位相配和群体相容的原则。简单地说，就是要根据企业中各个岗位职务的性质从实习员工中有选择性地转正，而且要求员工队伍内部保持最高的相容度，使群体成员之间心理素质差异得以互补，形成群体优势。

（四）员工转正评估

（1）转正是对员工的一次工作评估的机会，也是公司优化人员的一个重要组成部分。

（2）转正对员工来说是一种肯定与认可，转正考核流程的良好实施，可以为员工提供一次重新认识自己及工作的机会，帮助员工提高自我。

（3）一般员工的转正由用人部门和人事部进行审批并办理有关手续。

（4）新员工工作满实习期时，由人事部安排进行转正评估。员工对自己在试用期内的工作进行自评，由直管经理对其进行评估。直管经理的评估结果将对该员工的转正起到决定性的作用。

员工在进行转正之前，一般会填写转正评估表。评估表的具体内容如表 9-1 所示。

二、入职手续办理

新员工入职流程主要共分为六大步骤：入职准备，入职报到，入职手续，入职培训，转正评估，入职结束。

（一）入职准备

（1）人力资源部向合格者发送录用通知书。

表 9-1　转正评估表

<table>
<tr><td colspan="4">一、培训基本情况</td></tr>
<tr><td>培训对象姓名</td><td></td><td>培训指导老师</td><td></td></tr>
<tr><td>培训地点</td><td></td><td>培训时间</td><td></td></tr>
<tr><td colspan="4">二、培训评估实施结果评估</td></tr>
<tr><td rowspan="3">1. 课程内容的评估</td><td>企业概况、行业前景认识</td><td colspan="2"></td></tr>
<tr><td>企业规章制度</td><td colspan="2"></td></tr>
<tr><td>专业知识、产品价格了解情况、业务流程了解情况</td><td colspan="2"></td></tr>
<tr><td rowspan="5">2. 实际操作的评估</td><td>工作态度</td><td colspan="2"></td></tr>
<tr><td>学习接受能力</td><td colspan="2"></td></tr>
<tr><td>创新思维能力</td><td colspan="2"></td></tr>
<tr><td>商务礼仪</td><td colspan="2"></td></tr>
<tr><td>团队协作能力</td><td colspan="2"></td></tr>
<tr><td>3. 总体能力评估</td><td colspan="3"></td></tr>
<tr><td>三、考核结果</td><td colspan="3">[　　] 试用　在________　任________
[　　] 辞退
经理签字：__________　　日期：________</td></tr>
<tr><td>四、总经理核准</td><td colspan="3">
总经理签字：________　　日期：________</td></tr>
</table>

（2）确认新员工报到日期，通知新员工在报到之前来公司明确报到需注意事项：所需资料、体检以及其他须知。

（3）通知人事助理新员工报到日期，人事助理准备好新员工入职手续办理所需表单并负责依据新员工入职通知单落实各项工作：

1）用人部门负责安排办公位，申领电脑、电话；

2）行政办公室负责发放办公用品；

3）信息组负责开通邮箱、账号、调试电脑设备等；

4）办理员工工号及出入登记打卡。

（二）入职报到

1. 人力资源部向新员工发放新员工报到工作单，并按要求办理入职手续

（1）员工填写应聘登记表，并交验各种证件：一寸免冠照片 3 张；身份证原件或户口复印件；学历、学位证书原件（学生提供学生证原件）；资历或资格证件原件；与原单位解除或终止劳动合同的证明；体检合格证明。

（2）与员工签订劳动合同、保密协议、职位说明书。

（3）建立员工档案、考勤卡。

（4）介绍公司情况，引领新员工参观公司、介绍同事。

（5）将新员工移交给用人部门。

（6）OA 网上发布加盟信息更新员工通讯录。

2. 用人部门负责的工作

（1）负责安置座位，介绍并帮助其熟悉工作环境。

（2）指定专人作为新员工辅导员，介绍岗位职责和工作流程。

（三）入职手续

（1）填写员工履历表。

（2）发放向新员工介绍公司情况及管理制度的制度汇编，使其具备基本公司工作知识，要求其通过公司内部网络进一步了解情况。

（3）按照新员工入职手续清单，逐项办理入职手续。

（4）确认该员工调入人事档案的时间。

（5）向新员工介绍管理层。

（6）带新员工到部门，介绍给部门经理。

（7）将新员工的情况通过 E-mail 和公司内部刊物向全公司公告。

（8）更新员工通讯录。

（9）签订劳动合同。

（四）入职培训

（1）组织新员工培训。

（2）组织相应职能技术培训。

（3）不定期举行由公司管理层进行的企业发展历程、企业文化、各部门职能与关系等方面的培训。

（五）转正评估

（1）转正是对员工的一次工作评估的机会，也是公司优化人员的一个重要组成部分。

（2）转正对员工来说是一种肯定与认可，转正考核流程的良好实施，可以为员工提供一次重新认识自己及工作的机会，帮助员工自我提高。

（3）一般员工的转正由用人部门和人事部进行审批并办理有关手续。

（4）新员工工作满实习期时，由人事部安排进行转正评估。员工对自己在试用期内的工作进行自评，由直接经理对其进行评估。直接经理的评估结果将对该员工的转正起到决定性的作用。

延伸阅读

大学毕业生的转正评估

根据国家和省有关政策规定，大中专毕业生见习期满一年需办理转正定级、职称初定手续，填写大中专毕业生转正定级表。在很长一段时间里，为了更好地促进毕业生就业，凡毕业生将自己档案存放在党委组织部门和政府人事部门所属的人才服务机构（人才中心）的，人才中心将根据党委组织部门和政府人事部门的授权，为存放满一年的毕业生办理转正定级手续，并得到全国各地人事人才机构的互认，它将是毕业生考入公务员队伍或进入事业单位核定工资标准的主要依据；也是毕业生办理异地调动手续的必备条件。

（六）入职结束

新员工根据新员工报到工作单的要求，待各项工作落实后，于试用期结束时，将此表签字后，归档人力资源部。

《劳动合同法》第八条规定："用人单位招用劳动者时，应当如实告知劳动者工作内容、工作条件、工作地点、职业危害、安全生产状况、劳动报酬，以及劳动者要求了解的其他情况；用人单位有权了解劳动者与劳动合同直接相关的基本情况，劳动者应当如实说明。"

具体的入职流程如图 9－1 所示。

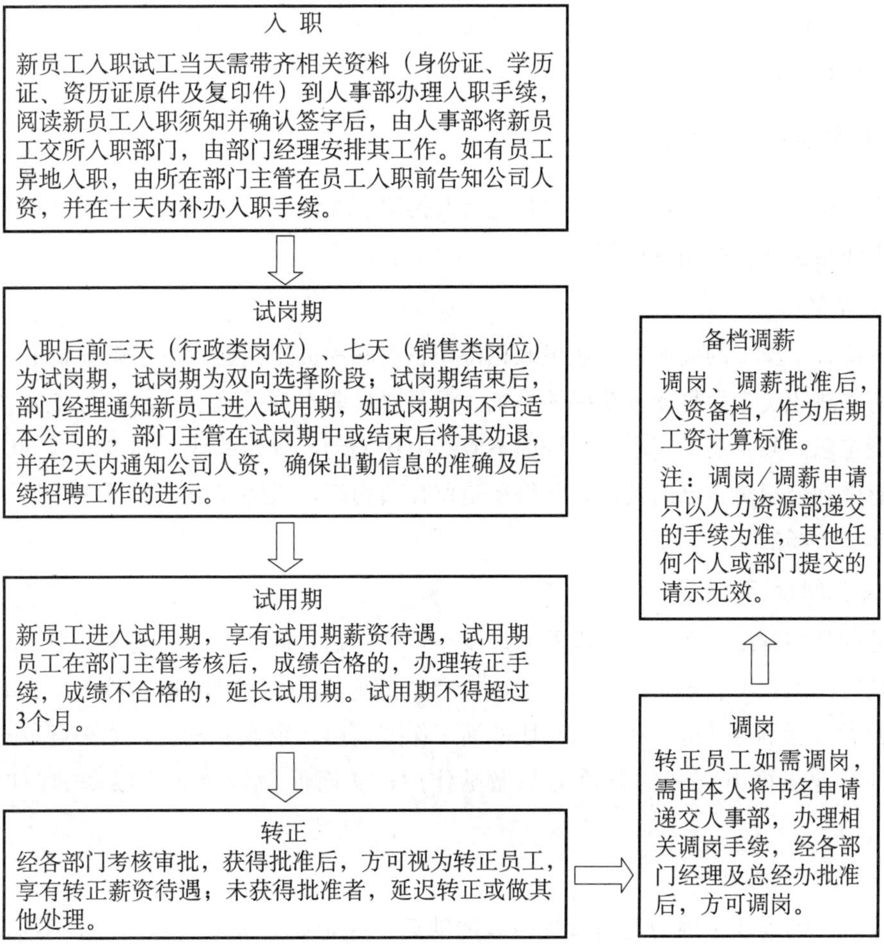

图 9－1　入职流程

三、离职面谈

离职面谈是指在员工离开公司前与其进行的面谈。从雇主的角度来说，离职面谈最主要的目的是了解员工离职的具体原因，以促进公司不断改进。

（一）离职面谈概述

离职面谈指企业为了解进入离职程序的雇员对于企业各种内部状况的最终意见和看法而与雇员进行的谈话。其目的在于：从中发现与企业工作有关的信息或事情，以便雇主改进他们的工作。离职面谈通常由企业人力资源管理部门负责实施。面谈结束后，应将面谈纪录进行整理和分析，并回顾面谈过程，从中发现员工离职的真正原因。针对发现的问题提出改善建议，以防类似事情再度发生。离职面谈也是企业将离职人员的知识和经验转移给其接任者的一次机会。企业甚至可以通过离职面谈来邀请离职人员为现有团队就如何完成当前项目、解决现有问题，以及如何进行相互合作提供建议。离职面谈应选择气氛轻松的地点。面谈前应准备与员工相关的资料，如员工个人的基本资料、绩效回顾、参加的培训、经历的关键事件等。员工会觉得自己受到了重视，对公司不满者或许可以由此改变对公司的消极看法。

（二）离职面谈的目的

对于即将离职的员工，绝大多数企业会安排离职面谈。研究认为，离职面谈无论对于员工个人还是企业，都很有价值。

1. 谈话留人

对一些骨干员工的离职，企业坦诚相待，花时间和员工沟通，可了解他们心里的真实想法。有些离职决定做得比较草率的员工，或是对离职本身就犹疑不决的员工，谈话可以让其改变主意。某企业员工小刘，因为不服从公司调动，提出辞职，在离职谈话时，谈着谈着，感受到公司对自己的关注，觉得还是留在公司好，最终又决定留下来，后来成为公司开拓海外市场的功臣。

2. 发现制度问题

企业的某些制度，在公司内部看或许没有什么问题，但如果放在竞争环境下，可能已经为市场所淘汰，不利于企业发展。某通信产品企业，在一段时间里，员工流失率居高不下，经营者百思不得其解。在引入离职谈话工作方式后，企业才发现，原来竞争对手的薪酬制度在行业里面有很强的竞争力与激励作用，从而促使该企业修改薪酬制度，留住员工。

3. 改善企业管理

如果员工的离职是因为上司管理技能的缺乏，或企业管理的盲点所致，不加以改善，员工流失将得不到控制，企业本身的问题也得不到解决。某公司客户服务部门在员工离职谈话时表示，自己部门气氛沉闷，工作不开心。后来访谈该部门员工，发现部门主管管理刻板，对下属过于严厉。沉闷的组织氛围不利于企业的客户服务工作。经过调整，该公司客户服务部门的工作业绩也有了很大起色。

4. 调整招聘行为

通过与离职员工谈话，企业可以仔细分析离职群体，尤其是分析企业主动辞退人员以及以不适应理由辞职的员工，比如：这些人员的特点是什么，群体特征是什么等。这样，企业就会发现这个群体的问题所在，发现他们与企业不相融的原因，在以后的招聘过程中就能较快剔除不适合公司工作的求职者。

5. 消除敌意和误会

有些员工是带着一肚子怨气做出离职决定的。这个时候，公正和不带偏见的离职谈话可以让员工将不满情绪发泄出来，同时对员工做一些适当的抚慰工作，必会取得其理解。

6. 给公司带来长远利益

离职面谈可以向员工表明，他或许不适合公司，公司或许不适合他，但有缘一起经历了人生中的一段时光，彼此就是朋友。这种友善的信息是积极和必要的，能为公司带来长远的利益，在公司患难时，离职人员也会伸出友谊之手。华为和思科打过一场官司，当时就有很多华为的离职员工在网上维护华为的利益，特别令人感动。

（三）离职面谈的意义

从个人职业生涯的角度来看，离职意味着职业生涯阶段性的结束，面对新的开始，用积极的、带有建设性的态度离开，比消极被动地离开更利于发展。充分利用好离职，可以获得以下三方面的收获：

1. 得到重要的利己反馈

用正确的心态去面对离开，即使之前有不愉快的事，在离开时也不要再去计较。用发展的眼光来看待眼前的事，从老板那里得到关于自己工作能力、为人处事、职业规划方面的真实反馈是不是很有价值？要知道，这些问题平常很难有机会开诚布公地沟通，而这些信息对你做好新工作会有很大帮助，甚至你还有可能在此次谈话中得到一些新的发展思路和机会。

2. 留下你美丽的“背影”

从心理学角度看，近因效应能很好地解释妥善处理离职面谈的重要性。近因效应是指某人在某事件尾声处留下的印象，会影响外界对此人的整体评价。因此，即使你在之前的工作中有不愉快，最后你的表现可在很大程度上扭转成见，消除隔阂。也许你认为离都离开了，并不需要化解什么，但从职业生涯的长远发展来看，一个正面的评价和结果，对你进入下一份工作也有积极作用，可以减少你的负面情绪。

3. 有利于做好往后的职业规划

在与 HR 或老板的聊天中，如果你主动去面对过去工作中的问题，HR 或老板也会认真和你交流，指出你的问题所在，从中你可以分析出哪些方面是你所欠缺的，哪些方面是你与该职位不匹配的。有了这些判断你才能做好之后的职业规划发展方案。如果你本身就与该职业匹配度低，HR也许会建议你做职业规划咨询，寻求专家的帮助，确定好适合你的职业定位，才能避免频繁、盲目地跳槽。

值得一提的是，对于即将离职的员工，HR一般都带着中肯且祝愿的态度与之交流。在沟通良好的状况下，HR或老板会愿意为员工提供一些帮助，比如就业信息或一些推荐机会。但这取决于最后谈话的沟通状态，并不是所有人都能获得推荐机会。

4. 企业也可以从中发现管理漏洞

在员工离职时做好沟通，从企业人力资源管理的角度也是有重要价值的。对企业来说，离职面谈首先要和离职员工梳理和总结过去所有的工作，要对员工曾经所做的贡献表示肯定。员工在工作期间多多少少会发生一些不愉快的事，这番“最后的谈话”也是给离职员工一个“发泄”和倾诉的平台，把前段时间工作中积累的负面情绪在这时候都释放出来。更重要的是，在离职面谈中，可以鼓励员工开诚布公地提出对公司管理、制度、薪酬待遇等各方面的意见和建议，这是发现公司管理中的漏洞和不完善之处的好机会。平常员工忙于工作，并因为雇佣关系而不敢说真话，此时就正是HR收集真实信息的时候。

离职并非负面、消极的事情，只要做好沟通，用正面、积极的心态面对，离开“老东家”时也能潇洒、轻松。提醒职场人，离职面谈是在老公司里最后也是宝贵的职业收获，请抓住机会，审视自己的职业生涯发展方案是否需要调整，为以后的长远发展扫除障碍，铺平道路。

（四）离职面谈的障碍

尽管越来越多的企业都在尝试离职面谈，但要做好这项工作也不容易，在实施过程中会遇到一些问题和障碍：

（1）离职员工有所顾虑，不愿多谈。某企业的年终奖金，一般都在第二年的6月左右发，员工离职时，顾虑自己的谈话或许会影响奖金的发放，于是闪烁其词，不愿多说。

（2）离职员工事不关己，高高挂起。反正人走都走了，还说那么多干什么？中国人典型的“多一事不如少一事”心态影响着员工离职面谈的深度交流。

（3）离职员工去向已定，声东击西。一些离职员工，因跳槽到竞争对手那里，离职谈话时，找些离职借口进行掩饰，对有关问题避重就轻、蜻蜓点水，谈不出所以然。

（4）离职员工宁为玉碎，不为瓦全。某员工因对其主管管理方式不满，存在误解和偏见，在离职面谈时，添油加醋地编些故事，让企业花了很多功夫才弄清其中的是非曲直。

（5）离职面谈缺乏技巧，敷衍了事。与国际大公司聘用顾问公司进行离职面谈或聘请有关专业人员进行离职面谈不同，国内企业大多由人力资源部门的有关人员“兼任”面谈员，谈话缺乏技巧，内容敷衍了事。

对于离职谈话中常见的这些障碍和问题，企业需要真正重视并通过离职谈话的专业化来解决。

（五）离职面谈的开展

1. 形式

离职面谈最好以面对面的形式进行，这有利于双方的沟通和理解，也有利于更好地发现和从根本上消除敏感及抵触的情绪。然而，如果无法进行面对面的离职面谈，也可以通过邮寄离职调查问卷纸件或者电子件进行。在离职面谈的过程中，代表企业与离职者进行面谈的人员应多听少说，应给予离职人员合适的空间和足够的时间。适当的时候应对离职人员进行善意引导或打消他的疑虑，而不是施加压力。对有些事情，你应进行必要的解释，并思考和理解离职人员说的话（可以只是理解他的观点，但不一定要同意）。保持冷静，要抵制自卫或反驳的情绪。要记住，你的目的是探出离职人员的想法、意见和对一些问题的答案，而不是进行说教或训诫。多问一些类似“什么”“如何”和“为什么”等开放式的问题，而不是用“是”或“否”就可以回答的封闭式的问题，除非你需要对某个观点加以确认。当你用“何时”和“何地”来询问大背景下的一些事件，而不是仅询问具体的时间或地理位置时，它们也可以是较为具体的问题。“谁”这类问题应该谨慎使用，以免有破坏名誉之嫌。许多离职人员在被要求指名道姓或指责某人时，都会觉得不舒服。离职面谈不是为谴责某个人而设的，除非是针对一些非常严重的抱怨或指控。指名道姓地进行攻击是毫无建设性的，应尽量避免。准备好面谈的问题和主题，尤其是你认为离职人员拥有良好的工作经验、鉴赏能力和理解能力时。记录面谈的内容，且根据离职面谈问卷发问。

2. 气氛

很显然，离职面谈的风格取决于员工离职的原因（公司要求、退休、人员过剩、公司解雇）和气氛（猜疑、公司是否加以挽留）。有时，离职面谈也是改变离职人员想法的最后机会，虽然这不是离职面谈的主要目的。面谈结束后，要对离职人员表示感谢，并表达良好祝愿。如果需要完成一些特别的检查事项或后续工作，确保完成它，并进行报告。离职面谈结束后，客观地思考离职人员给出的答案，找出其中明确和隐含的意思。根据你对离职面谈结果的分析，采取必要的行动。如果问题迫切，或者离职人员想继续留在公司且公司也非常想留住他们，立即采取行动，否则机会就会丧失。

3. 决定权

离职人员有权自行决定是否参加离职面谈，公司不要强迫他们参加。如果有人拒绝参加离职面谈，可以提供离职调查问卷，但对方同样有权自行决定是否接受。除了雇主可以正当要求离职人员归还的文件和材料之外，其他人不能强迫其转移自己掌握的知识。不管在何种情况下，一个积极、富有建设性且成熟的方法是确保最佳效果的“定海神针”，它可以使离职人员高高兴兴地转移出对公司有用的知识和客户联络名单。如果你听到公司里的管理者唠叨“没有人是不可替代的”，以此作为不向离职人员讨教重要知识的借口，这表明企业还要去发掘一切可以实现工作顺利交接的机会。因此，应鼓励组织成员去发掘这些机会，或亲自去发掘这些机会。理想状况下，企业应有成文的政策来阐述离职面谈的方式、时机和组织者。一些企业将这个责任交给人力资源部经验丰富的人员。其实，也可由直线经理甚至主管组织离职面谈。代表企业与离职者面谈的人员应接受过一般的工作面谈培训。任何面谈都具有其敏感和情绪性的一面，这就要求代表公司的一方能够成熟地管理面谈，尤其是当被约谈者容易焦虑或激动时。

4. 数据收集

在大型企业，人力资源部应该负责设计面谈流程、提供面谈指南和文档、收集面谈结果数据，并且分析和报告发现的问题、趋势、机会和建议，尤其是当这些发现涉及健康、安全或雇佣法和责任有关的问题时。如果你设计了离职调查问卷或离职面谈表格作为用于分析的文档时，尽量将问题转化成“可计分的”或多项选择的格式。比起一大堆的书面观点，将大大简化针对面谈结果的分析。

5. 分析反馈

根据离职面谈反馈分析的结果采取行动是至关重要的。将离职面谈反馈转化为行动，是验证和维护流程重要性及实施效果的重要因素。通常，人力资源主管有责任将这些问题提交给公司董事会或 CEO。无论是大公司还是小公司，都可以采取两种行动：一是补救和预防行动（比如改善员工健康和工作环境的安全系数等），二是战略性改进（比如更加以员工为导向、进行管理培训、给员工授权或开展团队建设活动、改进流程、改善客户服务等）。

（六）离职面谈的技巧

要想离职面谈真正起到消除误会、留住人才、暴露问题等作用，必须讲究技巧性，做到专业化。

1. 明确谈话目的

离职谈话和一般的谈话不同，具有明确的谈话目的。针对不同离职人员，谈话的目的和重点会有所不同：对骨干员工离职，谈话目的可能在怎样留住他；如果留不住，要弄清原因何在；了解他下一步的打算和如何与他保持联系。对辞退员工的谈话，谈话的目的可能在于解释和安抚工作，回应他的抱怨，结合他的特点给出建议。对经济不景气时的裁员谈话，目的侧重于让员工理解政策，并在公司政策框架下解释公司提供的帮助和补偿工作。如果与被裁员工谈话时，用留人的那一套思路来谈，员工只能是越谈越生气，因此，离职谈话需要注意对象的不同，确立自己的谈话目的。

2. 了解离职人员的背景信息

离职谈话需要知己知彼。要达到好的效果，一定要对离职人员的基本信息有事先的了解。可以通过人事档案，对其年龄、工龄、工作经历、家庭情况以及工作表现等有一个基本的了解；也可以向上司或有关人员了解他的工作表现、个人兴趣、有关的评价资料等。这个工作做扎实了，在离职谈话时就能把握谈话的主动权。

3. 熟悉有关法律法规和公司有关制度

法律法规是国家和社会界定员工与企业之间利益关系的文本文件，越来越多的员工法律意识和维权意识提高，在离职的时候可能会提到譬如《劳动法》上有关的条款要求，对此要能从容应对。公司政策和制度与员工的切身利益相关，如果离职谈话人对公司的政策和制度不了解，员工在提及有关问题时，谈话人不能作为公司的代言人，那谈话是没有任何意义和价值的。譬如，与公司裁员的离职人员谈话，需要了解公司的裁员政策、补偿方案甚至业界形势、市场表现等信息。

4. 拟定谈话提纲

谈话提纲不一定要写在纸上，但一定要有一个谈话的要点和先后顺序。离职员工一般都是有工作经验的，要根据他们的顾虑、性格、反应来设计谈话问题。谈话者要将谈话提纲与上面的谈话目的、员工的背景信息结合起来，以确保谈话不偏离自己的目的。谈话提纲要考虑到谈话时间的控制，如何在有限的时间内达到自己的谈话目的，是需要认真准备的。

5. 谈话现场的控制

如果说，前面 4 项工作都认真准备了，谈话现场控制应该没有什么问题。清楚了自己要问什么，也准备了离职员工会提什么问题，交流就不会浮于表面。

但离职谈话的现场控制还有一些小技巧需要掌握：如谈话地点尽量选择有一定隐私性的地方，避免被打断和干扰，也较容易与员工深度交流。谈话的过程中，不要机械照搬事先准备的问题，要注意倾听，理解离职员工所说的意思和内容，必要时进一步询问。利用员工思考和沉默的时间，回顾自己的谈话提纲，调整自己的谈话思路。

因此，在离职谈话过程中，开放性的问题应多问，探讨和征询的语气应当多些，因为你必须让员工感受到你是真诚的，而且你必须记住，你是代表公司的。谈话结束时，对员工提出的问题，自己不能立即答复的，要明确告诉员工，过后给予相应的答复。

6. 离职谈话总结

谈话总结也是一个必要的环节。不要以为谈完了，就没有事情了，对每个离职员工的谈话，应当做好谈话记录，并整理好归档。企业可以定期对员工的离职谈话进行总结，对反馈的问题、离职的原因、提出的建议进行整理，提交给相应的决策人和责任人。

通常来讲，离职面谈会有两轮，第一轮是由离职员工所在的部门主管负责，对其离职原因进行了解，并做好书面记录存档。第二轮则由员工关系管理专员负责，时机选择在员工离职前最后一天，因为员工关系管理专员与其并无职务上的隶属关系，离职员工这时顾虑也会较少，其更容易站在第三者的立场上对所熟知的情况发表评论。

在面谈的内容上，员工关系管理专员不仅要深入了解员工离职的真实原因，还要和员工探讨企业管理模式、工作环境和职位评价之类的问题，以便公司改进管理。这轮面谈内容也同样要用规范化的文件表格保存下来，并与上一轮面谈记录相比较，找出其中差异化的地方。这些差异的内容，往往是员工离职的真实原因或者企业管理真正的问题所在。通过这两轮面谈，企业不仅可以更好地改进管理，也为重新招聘离职员工提供了非常有力的依据。

延伸阅读

离职面谈

在进行离职面谈时，双方是一种平等的关系。面谈者要站在对方的立场上来考虑问题。在面谈中，倾听是非常重要的。在面谈中提出关键的问题，然后倾听对方的回答，观察对方的表情。员工产生防卫情形时，要及时关心他的感受，不要唐突地介入问题。最重要的是要将面谈重点记录下来，便于之后的分析整理。

离职面谈能使公司集中精力研究人才流动市场趋势、技术发展趋势及竞争对手优势，从而制定相应的人力资源战略。离职面谈是验证留人措施有效与否的途径。离职面谈是企业人力资源管理的继续，它体现了企业人性化的一面，能为企业赢得更高的职业声誉。离职面谈给了离职员工一次机会，以确定自己是否做了一个仓促的决定。离职面谈既是对离职员工既往职业生涯的总结评价，也是对其顺利适应新生活进行的必要的职业指导。离职面谈既是对离职员工的抚慰或挽留，也是对在职员工的心理安慰。

（七）离职面谈的程序

离职面谈可以参照以下程序来进行：

1. 面谈的准备工作

（1）了解离职者的基本情况。包括姓名、年龄、部门、职称、到职时间等。

（2）根据离职者的情况，准备面谈的话题。

（3）安排面谈的时间、地点、布置环境，力求让接受面谈者在一种轻松的状态下把真实的想法表达清楚。

2. 面谈的过程安排

（1）请面谈者入座，以握手、点头、微笑等开场。

（2）自我介绍，表明身份，简要阐述本次面谈的话题和目的。例如：您好，我是人力资源部×××，今天约您过来主要是想与您谈一下关于您离职的情况，以便我们做好以后的工作，今天面谈的结果我会为您保密，不会对您造成任何不良影响。

（3）提出问题，范围尽量要广，给对方充分的空间表达。例如：您方不方便谈一下都是哪几个方面促使您做出这个决定呢？而不是说：您觉得这里的工资让您满意吗？

（4）深入了解情况，如果对方不拒绝的话。例如：如果对方说公司管理制度不完善，那么不妨问一下：您觉得哪些方面需要改进呢？

（5）面谈过程中要注意对方的情绪变化，站在对方的角度考虑，提问的过程中要体现出公司对员工的关怀。

（6）尊重对方，尽量避免提出涉及离职人员个人隐私的问题。

（7）面谈结束，感谢对方配合，以握手等方式客气地送对方离开，并祝对方有一个美好的前途。

3. 做好面谈记录

面谈前征求对方意见，如果对方同意做记录，应当于面谈过程中及时做好记录。如果对方觉得“白纸黑字”，担心不良后果，造成面谈时态度拘谨，不能倾谈，就应当向对方表示歉意，用心听对方谈话要点，于面谈后第一时间记录下与该离职人员的面谈情况。

4. 整理面谈记录、总结规律、提出建议

（1）面谈结束后，及时对面谈记录做出整理，总结出该离职者的原因及规律。提出分析报告，交经理审核并保存资料。

（2）总结自己在此次面谈中的得失，发扬优势，改正不足，以期下次面谈做得更好。

四、劳动关系管理

（一）劳动关系的含义

劳动关系又称作劳资关系，具体指劳动者在实际劳动过程中和用人单位发生的一种社会关系。劳动关系的主体是劳动者和用人单位，劳动关系的客体是劳动行为。“劳动关系管理工作”就是指传统的签合同、解决劳动纠纷等内容。劳动关系管理工作是对人的管理，对人的管理是一个思想交流的过程，在这一过程中的基础环节是信息传递与交流。通过规范化、制度化的管理，使劳动关系双方（企业与员工）的行为得到规范，权益得到保障，维护稳定和谐的劳动关系，促使企业经营稳定运行。

小知识

劳动关系、用人单位和劳动者

劳动关系是指劳动者与用人单位依法签订劳动合同而在劳动者与用人单位之间产生的法律关系。劳动者接受用人单位的管理，从事用人单位安排的工作，成为用人单位的成员，从用人单位领取劳动报酬并受劳动保护。

用人单位是指中华人民共和国境内的企业、个体经济组织、民办非企业单位等组织。同时，也包括与劳动者建立劳动关系的国家机关、事业单位、社会团体。

劳动者是指达到法定年龄，具有劳动能力，以从事某种社会劳动获得收入为主要生活来源，依据法律或合同的规定，在用人单位的管理下从事劳动并获取劳动报酬的自然人（中外自然人）。

劳动关系管理中服务理念的内涵是指不断认识与挖掘客户显性与隐性的需求，不断满足客户需要，创造客户价值的过程。

传统的人力资源管理模式中，管理者的目的就是更好地让员工努力工作，很少主动研究员工的实际需求，对员工的承诺也往往不能够及时兑现。而员工在这种管理模式下，则主要是关注自身的利益是否得到了满足，很难去思考自己工作成绩的提高。因此，需要通过引入劳动关系管理工作中服务的理念，确立共同的愿景、共同的价值观，建立和谐、双赢的劳动关系。

在实际工作中，员工努力按照组织的这种服务理念去为顾客服务，其实质上也就是为组织服务。只有满足顾客的需求，组织才能实现高利润，员工才可得到丰厚的工作回报，同时组织也可运用这种服务理念来为基层员工服务。只有员工满意，组织才能实现可持续发展，使员工得到更好、更多的发展机会。

（二）劳动关系管理的重要性

劳动关系是市场经济条件下最重要、最基本的社会关系。伴随市场经济体制的转变，我国的劳动关系也发生了较大的变化。企业与劳动者之间已经成为利益相互依存，但同时又相互独立的市场经济主体，企业与劳动者之间的利益关系不断变化，劳动关系也逐渐变得复杂化与多样化，同时也出现了一些突出的问题和矛盾，影响了社会的和谐稳定与企业的发展。因此，企业必须注重并处理好与员工的劳动关系，将劳动关系的和谐稳定当作企业人力资源管理的基本定位。

1. 可以避免矛盾激化的案件发生

劳动关系是否和谐稳定间接影响社会关系的稳定程度。劳动争议的存在不仅是劳动关系管理工作不和谐的体现，如果处理得不合理，还可能引发一系列的社会治安问题。劳动争议必须正确、公正、及时处理，这样才能避免矛盾激化，减少恶性事件的发生率。因此，应注重劳动争议的处理，尽可能合理处理劳动争议案件，避免矛盾极端化。

2. 保证劳资双方的合法权益

劳动争议的案件大部分都是因为劳动权利与义务产生的纠纷，大大降低了企业和劳动者之间的信任程度。劳资双方中不论任何一方侵犯对方权益、不全面履行相关义务与责任、违反国家规定都会使劳动关系的运行发生障碍，不但影响用人单位正常的生产经营秩序，损害企业的效益，也会影响劳动者及其直接抚养或赡养人的生活，从而影响社会的进步与稳定。合理及时地处理劳动争议，可以提高当事人的法制观念，保证劳资双方的合法权益。

3. 构建和谐社会的要求

增强劳动关系管理工作是构建和谐社会的要求。伴随市场化进程的不断发展，构建和谐社会就需要有稳定和谐的劳动关系。社会是文化、政治、经济诸多方面的统一体，是以物质生产为基础的人类生活共同体，是人与人在劳动过程中结成的各种关系的总和。在各种社会关系中，劳动关系是最重要、最基本的关系，是一切社会关系的核心，因此，增强劳动关系管理工作是构建和谐社会的必然要求。

（三）劳动关系管理的内容

1. 员工与组织互相了解

进行岗前培训可以增加员工与组织之间的相互了解，组织对员工进行岗前培训使员工可以掌握企业的基本情况，提高对组织文化的认同与理解，熟悉组织员工的行为规范，全面了解组织的管理制度，了解组织的工作考核标准与自己本职工作的岗位职责。通过进行岗前培训，可以帮助员工顺利地开展工作，尽早地融入组织生活，尽快地度过磨合适应期。

2. 员工与组织互相认识

员工与组织互相认识的关键就是入职前的沟通工作。在组织方面，主要是对岗位的工作性质与职责、组织的经营理念、组织目标、组织文化、组织的基本情况进行如实的介绍，实现以专业和职业化要求选拔人、以事业机会吸引人、以组织理念凝聚人的目的。在员工方面，主要是对加入组织后个人发展的想法、个人优缺点、个人价值观念、求职动机、曾经的学习与工作经历、本人基本条件等内容如实相告，达到以智慧打动人、以实力战胜人、以诚实取信于人的目的。组织与员工通过相互介绍、交流互动，从而实现相互认识，在沟通中创造融洽、轻松的氛围，从而为实现和谐的劳动关系打下基础。

3. 员工与组织互相帮助

组织人力资源部门、新员工所属直接与间接的上级在新员工试用第 1 个月需面谈 2 次，试用到 2～3 个月时至少面谈 1 次，电话沟通 1 次，从而帮助新员工尽快融入团队组织之中。员工可以主动与人力资源管理者、上司、同事进行面谈交流从而帮助组织真实、及时地评估自己的工作能力、自我学习能力与团队协作意识。定期组织员工座谈会，帮助员工解决生活与工作中的困难与困惑，帮助员工更好地处理生活与工作之间的关系。员工也可通过座谈会反映个人的情况，寻求帮助与引导。

4. 员工与组织互相成就

员工是组织的财富与资源，在多数情况下，员工对组织的贡献程度、员工对组织的归属感，不只是靠组织为员工提供的福利水平与丰厚报酬来维持，而员工比较关注的是组织可否为员工提供发展进步的平台，让员工在其职业生涯中为组织贡献知识、才华与青春的同时获得成就感与自我实现感，达成能够创造价值的劳动关系。

5. 员工与组织互相感动

员工关怀行动是获得感动的过程。人是感性的动物，劳动关系管理工作成功的组织会在员工关怀方面投入大量的资源。员工关怀行动是自上而下的工作总动员，是多种资源的整合过程，每个细节都应备受关注。员工关怀的成败是对部门管理者的一次考验，也是衡量部门工作好坏的标尺。员工关怀的作用十分巨大，可以有效地调动员工的工作积极性，从而提高企业的市场竞争力。

劳动关系管理工作中服务理念的最终目标就是实现和谐与双赢的劳动关系。劳动关系管理工作员工与组织确立共同的愿景、共同的价值观，实现员工与组织发展的和谐、组织与外部环境的和谐、员工与岗位的和谐，从而促进组织的稳定、健康与持续发展。

小　结

本模块主要讲述了员工转正的流程以及员工的劳动关系应该如何管理，不管对于企业的人力资源部门，还是新转正的员工都具有指导和借鉴意义。同时，本模块的知识也为同学们提供了新的指导思路。通过这一模块的学习，同学们应该明确作为一名企业录用的员工，如果想要顺利转正需要准备些什么材料，需要经历哪些过程，同时也明白作为人力资源部门人士应该有的开展转正工作与进行离职面谈应具备的能力，并能根据实际情况灵活应变。

模块十 招聘评估

知识目标/教学重点

1. 掌握招聘评估相关的理论知识
2. 掌握招聘评估的具体内容

能力目标/教学难点

1. 能根据招聘过程和实际情况撰写招聘小结
2. 能根据应聘者实际表现做出录取决策

素养目标/课程思政

1. 培养语言表达能力和总结概括的能力
2. 培养逻辑能力、分析能力、判断能力
3. 培养学生的责任心和团队意识

学习指导

本模块教学重点介绍了什么是招聘评估，包括招聘评估的作用和内容。探讨了怎样分析招聘开支与收益是否合理，对招聘中的成功得失进行总结研究，并能够为以后的招聘活动提供有效的经验和积极的借鉴。同学们在学习过程中一定要学会宏观地看待问题，充分理解信度和效度两个方面的分析结果，并能够运用在实际操作过程中。

建议学时

8 课时

导入案例

招聘“捕鼠科长”

有一个农场，因捕鼠科科长离职而造成场内鼠患成灾，农场总经理命令人力资源部经理五天之内招一位捕鼠科科长回来，否则立刻走人。人力资源部经理接到这个指示后，回去赶紧写了一张小红纸条，贴在了农场的大门口，上面这样写道：“本农场欲招捕鼠科科长一位，待遇优、福利好，有意者请来面试。”第二天，农场门口来了七位应聘者，分别是鸡、鸭、羊、狗、猪、猫、猫头鹰。

第一轮筛选是学历筛选，鸡、鸭都是重点大学的优秀毕业生，当然过关；羊和狗是大专毕业，也过关；猫和猫头鹰是高中毕业，人力资源部经理皱了皱眉头，也过关了。结果，第一关淘汰下来的只有一位，那就是只读到小学二年级的猪。

第二轮是笔试。这当然难不倒大学本科毕业的鸡和鸭；羊因为平时勤勉，也勉强过关了；狗呢，上学的时候不太认真，碰到这些题目有些为难，可是它在这么短的时间内已经给主考官鞠了六个躬，点了九次头，所以也过关了；猫头鹰本来是不会做的，可是它眼力好，偷看到了，所以也就抄过了关。只有猫因为坚持原则，不会做就是不会做，所以，这一轮被淘汰的只有猫一个人。

第三轮是答辩。总经理、农场场主和人力资源部经理三个人坐在那里，应聘者一个接一个地进来。第一个是鸡，它一进来就说：“我在学校时是学捕鼠专业的，曾经就如何掌握鼠的习性与行动方式写过一本专著。”三个人一碰头，这个好，留下了。

第二个进来的是鸭，它说：“我没有写过什么专著，但是在大学期间，我一共发表了 18 篇有关鼠的论文，对于鼠的各个种类，我都了如指掌。”三个人觉得这个也不错，也留下了。

第三个进来的是羊，羊说：“我没有那么高的学历，也没有发表过什么论文、著作，但是我有持之以恒的心和坚硬的蹄子，你们只要帮我找到老鼠洞口，我就站在那里，高举着我的前蹄，看到有老鼠出来我就踩下去，十次当中应该会有两三次可以踩死老鼠，只要我坚持下去，相信有一天我会消灭老鼠的！”三个主考官被羊的这种精神感动了，于是羊也被录取了。

第四个进来的是狗，狗一进来就点头哈腰地说：“您三位慈眉善目的，一定都是十分优秀的成功人士……”一顿马屁狂拍，三个人被拍得晕晕乎乎的，最终也录用了。

最后一个是猫头鹰，它没有高学历，没有什么论文著作，唯一的成绩就是从事捕鼠工作一年多来抓了五六百只老鼠，但是又不会拍马屁，又长得恶形恶脸的，一点都不讨人喜欢，所以就被淘汰了。

至此，整个招聘活动结束了，大家可以看到的是，真正会捕鼠的——猫、猫头鹰都被淘汰了。这个招聘是结束了，但是结果是失败的。为什么会导致这个失败的结果呢？原因每一个做 HR 的都应该很清楚，就是单纯地以学历、外在的东西来招聘，而忽略了招聘的本质。我们在选择一个人的时候，常常会不经意地陷入这样的误区——“学历这么低，他能胜任吗？”“这人怎么这么不讨人喜欢！”我相信如果让每一个人来说都不会说出这样的话，但是在做招聘的时候，却往往会受到这些因素的影响，因此，才会造成我们在招聘当中的成功率低。

在企业人力资源管理活动中，招聘是至关重要的一环。有效的招聘活动可以提高企业的竞争力，而招聘评估又是招聘过程中必不可少的一个环节。但是目前大多数企业对招聘结果的成本核算与效果评估做得不够，有的甚至根本没意识到对招聘结果的评估与总结，常常认为只要人员到位就“万事大吉”了，很少对招聘工作进行总结和评估。没有对招聘开支与收益是否合理进行分析，没有对招聘中的成功得失进行总结研究，就无法为下一次或以后的招聘活动提供有效的经验和积极的借鉴工作。

思考：

1. 在招聘之前应该明白我们需要什么样的人，他们应该具备什么样的能力、素质。那么，如何在面试过程中去辨别这些能力？

2. 招聘过后，如何对招聘工作进行有效评估，以达到提高招聘成功的目的？

一、招聘评估理论概述

视频：招聘评估的含义

（一）招聘评估的概念

招聘评估是招聘中最重要的组成部分，是通过对流程的效益和成本进行核算进而了解在招聘过程中相应的费用支出，并且可以有针对性地确定应支出项目和不应支出项目。招聘评估主要指对招聘的结果、招聘的成本和招聘的方法等方面进行评估。一般来说，在一次招聘工作结束之后，要对整个评估工作做一个总结和评价，目的是进一步提高下次招聘工作的效率。

招聘评估是需要进行录用员工的绩效审核，分析其能力以及工作潜力，并在此基础上分析招聘工作和方法的时效性，进而可以改变招聘的策略和方法，或者对其招聘资源进行优势重组。

（二）招聘评估的作用

招聘评估的作用，具体体现在以下几方面：

1. 有利于组织节省开支

招聘评估包括招聘结果的成效评估（具体又包括招聘成本与效益评估、录用员工数量与质量评估）和招聘方法的成效评估（具体又包括招聘的信度与效度评估），因而通过招聘评估中的成本与效益核算，就能够使招聘人员清楚费用支出情况，对于其中非应支项目，在今后招聘中加以去除，因而有利于节约招聘支出。

2. 检验招聘工作的有效性

通过招聘评估中录用员工的数量评估，可以分析招聘数量是否满足原定的招聘要求，及时总结经验（当能满足时）和找出原因（当不能满足时），从而有利于改进招聘工作和为人力资源规划修订提供依据。

3. 检验招聘工作成果与方法的有效性程度

通过对录用员工质量评估，可以了解员工的工作绩效、行为、实际能力、工作潜力与招聘岗位要求之符合程度，从而为改进招聘方法、实施员工培训、评估绩效提供必要的、有用的信息。

4. 有利于提高招聘工作质量

通过招聘评估中招聘信度和效度的评估，可以了解招聘过程中所使用的方法的正确性与有效性，从而不断积累招聘工作的经验与修正不足，提高招聘工作质量。

二、招聘评估的内容

（一）录用人员评估

录用人员评估是指根据招聘计划对录用人员的质量和数量进行评估的过程。录用人员的数量可用以下几个数据来表示。

1. 录用比公式

录用比＝(录用人数/应聘人数)×100％

录用比越小，录用者的素质越高，反之，则可能录用者的素质越低。

2. 招聘完成比公式

招聘完成比＝(录用人数/计划招聘人数)×100％

如果招聘完成比等于或大于100％，则说明在数量上全面或超额完成招聘计划。

3. 应聘比公式

应聘比＝应聘人数/计划招聘人数

如果应聘比越大，说明发布招聘信息效果越好，同时说明录用人员可能素质较高。

视频：招聘数量评估

录用人员的质量：除了运用录用比和应聘比这两个数据来反映录用人员的质量外，也可以根据招聘的要求或工作分析中的要求对录用人员进行等级排列来确定其质量。

视频：招聘质量评估

（二）招聘工作评估

1. 平均职位空缺时间

平均职位空缺时间计算公式为：

平均职位空缺时间＝职位空缺总时间/补充职位数×100％

该指标反映平均每个职位空缺多长时间能够有新员工补缺到位，能够反映招聘人员的工作效率。该指标越小，说明招聘效率越高。

2. 招聘合格率

该指标反映招聘工作的质量，这里的合格招聘人数是指顺利通过岗位适应性培训、试用期考核最终转正的员工。

3. 新员工对招聘人员的工作满意度

良好的建议可提高招聘人员的工作水平。

4. 新员工对企业的满意度

该项评估一定程度上反映了新员工对企业的认可程度。

（三）招聘成本评估

招聘成本评估是指对招聘中的费用进行调查、核实，并对照预算进行评价的过程。它是鉴定招聘效率的一个重要指标。

招聘成本分为招聘总成本与招聘单位成本。招聘总成本即人力资源的获取成本，它由两个部分组成：一部分是直接成本，包括招募费用、选拔费用、录用员工的家庭安置费用和工作安置费用、其他费用（如招聘人员差旅费、应聘人员招待费等）。另一部分是间接成本，它包括内部提升费用、工作流动费用。招聘单位成本是招聘总成本与实际录用人数之比。如果招聘实际费用少，录用人数多，意味着招聘单位成本低；反之，则意味着招聘单位成本高。

视频：
招聘成本评估

招聘单价＝总经费（元）/录用人数（人）

1. 成本效用评估

成本效用评估是对招聘成本所产生的效果进行的分析。主要包括招聘总成本效用分析、招聘成本效用分析、人员选拔成本效用分析和人员录用成本效用分析。以下为具体计算方法：

总成本效用＝录用人数/招聘总成本

招聘成本效用＝应聘人数/招聘期间费用

人员选拔成本效用＝被选中人数/选拔期间费用

人员录用成本效用＝正式录用人数/录用期间费用

2. 招聘收益成本比

招聘收益成本比既是一项经济评价指标，也是对招聘工作的有效性进行考核的一项指标。招聘收益成本越高，则说明招聘工作越有效。

招聘收益成本比＝所有新员工为组织创造的总价值/招聘总成本

做招聘成本评估之前，应该制定招聘预算。每年的招聘预算应该是全年人力资源开发与管理的总预算的一部分。招聘预算主要包括招聘广告预算、招聘测试预算、体格检查预算、其他预算，其中招聘广告预算占据相当大的比例，一般来说按 4∶3∶2∶1 的比例分配预算较为合理。

小知识

招聘成本的分类

目前企业招聘中常见的招聘成本包括：

1. 招募成本。招募成本是为吸引和确定企业所需要的人力资源而发生的费用，主要包括招聘人员的直接劳务费用、直接业务费用、其他相关费用等。

2. 选拔成本。选拔成本是指对应聘人员进行鉴别选择，以做出决定录用或不录用哪些人员所支付的费用。

3. 录用成本。录用成本是指经过招聘选拔后，把合适的人员录用到企业所发生的费用。录用成本包括录取手续费、调动补偿费、搬迁费和旅途补助费等由录用而引起的有关费用。

4. 安置成本。安置成本是为安置已经被录取的员工到具体的工作岗位所发生的费用。安置成本由为安排新员工的工作所必须发生的各种行政治理费用、为新员工提供工作所需要的装备条件以及录用部门因安置人员所损失的时间成本而发生的费用构成。

5. 离职成本。离职成本一般是指因招聘不慎，员工离职而给企业带来的损失，一般包括直接成本和间接成本两部分。

6. 重置成本。重置成本是指因招聘方式或程序错误致使招聘失败而重新招聘所发生的费用。

（四）信度与效度评估

信度与效度评估是对招聘过程中所使用的方法的正确性与有效性进行的检验，这无疑会提高招聘工作的质量。信度和效度是对测试方法的基本要求，只有信度和效度达到一定水平的测试，其结果才适于作为录用决策的依据，否则将误导招聘人员，影响其做出正确的决策。

1. 信度评估

信度主要是指测试结果的可靠性或一致性。可靠性是指一次又一次的测试总是得出同样的结论，它或者不产生错误，或者产生同样的错误。信度通常可分为稳定系数、等值系数、内在一致性系数。

（1）稳定系数是指用同一种测试方法对一组应聘者在两个不同时间进行测试的结果的一致性。一致性可用两次结果之间的相关系数来测定。相关系数高低既与测试方法本身有关，也跟测试因素有关。此法不适用于受熟练程度影响较大的测试，因为被测试者在第一次测试中可能记住某些测试题目的答案从而提高了第二次测试的成绩。

（2）等值系数是指对同一应聘者使用两种对等的、内容相当的测试方法，其结果之间的一致性。

（3）内在一致性系数是指把同一（组）应聘者进行的同一测试分为若干部分加以考察，各部分所得结果之间的一致性。这可用各部分结果之间的相关系数来判断。

此外，还有评分者信度，这是指不同评分者对同样对象进行评定时的一致性。例如：如果许多人在面试中使用一种工具给一个求职者打分，他们都给候选人相同或相近的分数，则这种工具具有较高的评分者信度。

招聘方法的信度分析主要解决一个问题：如果我们重复这个招聘流程，是否能得到基本一致的结果？

如果我们能得到基本一致的结果，招聘方法的信度则高；如果不能，招聘方法的信度则低。

（4）各种甄选方法的信度分析：

1）知识考试（相对容易）。

2）心理测验（相对容易）。

3）面试（较困难）。

4）评价中心（较困难）。

（5）影响信度高低的原因：

1）对测试方法的厌倦。

2）对测试问题答案的记忆。

3）其他个人因素（身体不适等）。

2. 效度评估

效度即有效性或精确性，是指实际测到应聘者的有关特征与想要测到的特征的符合程度。一个测试必须能测出它想要测定的特征才算有效。效度主要有 3 种：预测效度、内容效度、同侧效度。

预测效度是用来说明预测将来行为的有效性。在人员选拔过程中，预测效度是考虑选拔方法是否有效的一个常用指标。我们可以把应聘者在选拔中得到的分数与他们被录用后的绩效分数相比较，两者的相关性越大，则说明所选的测试方法、选拔方法越有效，以后可根据此法来评估、预测应聘者的潜力。若相关性很小或不相关，说明此法在预测人员潜力上效果不大。

小思考

林经理通过面试来甄选新的销售员，她设计了 5 个问题，并根据他们对问题的回答进行 10 分以内的评分。在面试的最后，她将这些评分累加后得到最后的分数——最大值是 50 分。新员工进入公司后，和她一起共事 6 个月，她就将他们最好的销售业绩记录下来，并与之前在面试中给他们的评分相比较。如果面试是个有效的甄选工具的话，那么她将发现新员工在面试中的评分应该和销售业绩之间有明显的联系。林经理将她最近招聘的 50 名新员工的销售数据和原始的面试分数建立联系，这个结果是：

- N=50（员工数目）
- R=0.4（相关性）
- P<1%（显著性水平）

这意味着林经理的面试评分和销售数据的相关性是 0.4，这些数据不显著的可能性小于 1%。那么，组织中还有下列信号会告诉我们方法是有效的：

- 员工任职期变长
- 员工产量或销售量增加
- 员工心态良好
- 其他评价数据

内容效度即测试方法能真正测出想测的内容的程度。考虑内容效度时，主要考虑所用的方法是否与想测试的特性有关，如招聘打字员，测试其打字速度和准确性、手眼协调性和手指灵活度的内容效度是较高的。内容效度多应用于知识测试与实际操作测试，而不适用于对能力和潜力的测试。

同侧效度是指对现在员工实施某种测试，然后将测试结果与员工的实际工作绩效考核得分进行比较，若两者的相关系数很大，则说明此测试效度就很高。这种测试效度的特点是省时，可以尽快检验某测试方法的效度，但若将其应用到人员选拔测试，难免会受到其他因素的干扰而无法准确地预测应聘者未来的工作潜力。例如：这种效度是根据现有员工的测试得出的，而现在员工所具备的经验、对组织的了解等则是应聘者缺乏的。因此，应聘者有可能因缺乏经验而在测试中得不到高分，从而错误地被认为是没有潜力或能力的。其实，他们若经过一定的培训或锻炼，是有可能成为称职的员工的。

三、招聘小结的撰写

招聘小结的主要内容有以下几方面：招聘计划、招聘进程、招聘结果、招聘经费、招聘评定。

延伸阅读

公司春季招聘小结

（一）招聘计划

根据20××年1月5日第二次董事会决议，向社会公开招聘负责国际贸易的副总经理一名，生产部经理一名，销售部经理一名。由人力资源开发管理部经理在分管副总经理的直接领导下具体负责。招聘测试工作全权委托复旦管理咨询公司人力资源服务部实施。

（二）招聘进程

1月1日，《解放日报》和《新民晚报》刊登招聘广告。2月15日—2月28日初步筛选，去掉一些明显不符合要求的应聘者。3月1日—3月31日招聘测试。4月1日—4月10日最终决策。4月15日新员工上岗。

（三）招聘结果

1. 副总经理应聘者38人，参加招聘测试25人，送企业候选人3人，录用0人。

2. 生产部经理应聘者19人，参加招聘测试14人，送企业候选人3人，录用1人。

3. 销售部经理应聘者 35 人，参加招聘测试 29 人，送企业候选人 3 人，录用 1 人。

（四）招聘经费

招聘预算共 5 万元。

实际花费：

1. 招聘广告费 2 万元。

2. 招聘测试费 1.5 万元。

3. 体格检查费 2 000 元。

4. 应聘者纪念品费 1 000 元。

5. 招待费 3 000 元。

6. 杂费 3 500 元。

合计支出：4.45 万元。

（五）招聘评定

1. 主要成绩

这次由于委托专业机构进行科学测试，录用的两位经理令人十分满意，同时测试结果指出副总经理应聘者中无合适人选，最后没有录用。另外，由于公平竞争，许多落选者都声称受到了一次锻炼，对树立企业良好的形象起到了促进作用。

2. 主要不足之处

由于招聘广告的设计还有些问题，所以没有吸引足够多的高层次应聘者来竞争副总经理岗位，致使副总经理最终没有合适人选录用。

招聘评估也许是一个很容易被遗忘的角落，因为就通常情况来讲，企业对招聘关注更多的是原定的招聘目标是否完成，这其实就是一种结果导向式的评估。但熟知绩效管理的从业者都知道，绩效管理不仅需要评估结果，也要评估过程，因此，企业招聘评估的焦点就集中在已发生的招聘活动的过程和招聘结果这两大方面。在过程评估方面，企业要关注是否有突发事件、突发事件是否得到了合理解决、计划与实际是否有差异之处、是否存在明显的纰漏等几大指标；而在招聘结果方面，企业主要锁定三大关键指标，一是成本核算，二是实际到位人数，三是应聘总数。与此同时，在开展招聘评估工作时，企业还需要把握的一个关键点，那就是及时。通常来讲，在完成每个项目或阶段性的招聘活动后的一个月内，企业就需要开展招聘评估，因为一旦绩效评估与招聘活动的间隔时间过长，绩效评估的激励力度就会呈现递减之势，所以招聘评估的及时性也是整个招聘流程中需要把握的一个重点。

延伸阅读

招聘评估项目书

一、招聘活动概述

20××年 4 月 1 日起，人力资源部开展了一系列校园招聘活动，现就此期招聘活动做汇总评估。

此次招聘活动计划招聘5岗13人，主要招聘对象为总工程师、总经理助理、智能交通系统集成项目经理、行政前台、软件技术开发员。公司人力资源部在杭州各大高校进行了三次招聘活动，总计应聘人数约为×人，其中通过网络应聘人员×人，通过校园宣传提交简历人员×余人。经各部门招聘负责人甄选后初试×人。经复试、笔试甄选最终录用×人。

此期招聘活动所产生费用（直接费用）共计人民币×元。

二、数据统计

招聘成本评估

总费用（直接费用）：×元人民币，总录用人员：×人

录用人员平均费用比率：

平均费用比率＝总费用/实际录用人员数×100％

招聘完成比率：

招聘完成比率＝录用人数/计划招聘人数×100％

员工录用比率：

录用员工比率＝录用人数/应聘人数×100％

该指标越小，说明录用者素质可能越高。

应聘者比率：

应聘者比率＝应聘人数/计划招聘人数×100％

该指标反映招聘信息的发布效果。

三、数据分析

1. 成本分析

此次招聘活动共花费人民币×元，实录用人员×人，平均每人花费×元。

2. 录用人员分析

通过以上录用人员评估中的三组数据我们可以分析出如下三点：

(1) 此次招聘活动基本满足各部门的人员需求。在数量上达到计划招聘数量的×％，各部门急需人员基本到岗，部分非紧急岗位尚未甄选到合适人选，在今后的招聘活动中将根据这些岗位的轻重缓急程度陆续招聘到岗。

(2) 此次招聘活动公司筛选余地较大。此次招聘工作中共计×人应聘，为各部门的筛选工作提供了很大的空间，从而保证了此批录用人员的质量。

(3) 此次招聘活动信息发布面较广。通过应聘者比率除了可以看出此次员工招聘的挑选余地很大外，还可以看出此次招聘信息发布渠道很广、很有效，应聘者数量较多。

四、总结、改进意见

此次招聘活动自4月1日始至4月30日终，届时×天，共进行了三次大型面试活动。通过现场招聘会应聘人数与网络应聘人数比较可以看出，本次校园招聘会得

到了各大高校的大力支持。由于投入的宣传力度大，在各大高校中引起良好的反响，宣讲会现场气氛热烈，应聘人数多，人员素质高。

本次招聘活动也存在不足之处，现提出以下几点改进意见：

1. 加强各部门拟聘岗位紧急程度的核查工作

各部门所提交的招聘计划未能按月度、季度提出，导致招聘岗位过多，且应聘人员面试结束后，由于本岗位不是很急需，而迟迟得不到录用通知，从而大大降低了公司的信誉度，也给公司招聘带来很大不便，故人力资源部自6月起要求各部门按月提交计划，并核对各部门所提交岗位需求紧急程度后开展招聘工作。

2. 加快招聘→面试→录用工作进度

此次招聘活动中个别部门面试与录用通知之间的时间间隔过久，导致人员流失。在今后的招聘活动中，人力资源部将加大此方面的监督工作。

3. 加强招聘工作的规范化

在《招聘甄选制度》下发后，大部分部门都能够完全按照公司的制度进行招聘工作，但仍有个别部门出现自行招聘的行为，不仅打乱了公司的整体招聘计划，并且在薪资、试用期等方面违反了公司的制度，故人力资源部将加强公司招聘工作的规范化。

4. 拓宽招聘渠道，做好长期招聘的工作准备

通过此次招聘工作可以看出，5月已进入招聘低峰期，各类人才基本上已在3月、4月找到工作，此时期的应聘者多为自过年后一直没找到工作的中等人才或在其他单位做了几个月便跳槽的人员。故在此阶段要招聘到合适的人才，就必须拓宽招聘渠道，并做好长期招聘的准备。

小　结

招聘不是一次性的工作。企业通过人力资源部的招聘招到合适的人才，这些人才在岗位上的实际贡献才是企业最关心的内容。在招聘过程中，HR花费多少时间、金钱、人力才能招到合适的人才，又是否招到了合适的人才，这些是我们评估招聘效果的关键。本模块通过对招聘评估概念、方法、应用、决策等方面的讲解和分析，帮助企业相关人员通过审核录用员工的绩效去分析其能力以及工作潜力，并在此基础上分析招聘工作和方法的时效性，进而改变招聘的策略和方法，或者对其招聘资源进行优势重组。

参考文献

［1］戴安娜·阿瑟．员工招聘与录用——招募、面试、甄选和岗前引导实务［M］．卢瑾，张梅，李怡萱，译．5版．北京：中国人民大学出版社，2015.

［2］王丽娟．员工招聘与配置［M］．上海：复旦大学出版社，2019.

［3］李丽娟，张骞．员工招聘与录用实务［M］．北京：中国人民大学出版社，2015.

［4］马远．员工招聘与配置［M］．广州：华南理工大学出版社，2017.

［5］姜大源．工作过程系统化课程的结构逻辑［J］．教育与职业，2017（7）.

［6］闫智勇，姜大源，吴全全．职业教育行动逻辑课程的时代意蕴和建构思路［J］．职教发展研究，2019（6）.

［7］曹喜平．基于工作过程的高校人力资源管理课程改革［J］．文教资料，2018（6）.

［8］周焓．工作过程系统化视角下高职管理类课程思考与实践——以人力资源管理课程为例［J］．才智，2016（1）.

［9］印伟．提高高职院校人才培养质量的内涵建设途径——基于面向工作过程的教材建设视角［J］．职教论坛，2019（3）.

［10］闫智勇，吴全全，杨宏娜．工作过程系统化课程视角下应用型大学教师专业化发展对策［J］．中国大学教学，2017（8）.

［11］杨萌，张雅楠，刘雯．基于职业核心能力的工作手册式教材的开发与研究［J］．教育教学论坛，2020（9）.

［12］丁亮，张照磊．现代学徒制新型活页式教材的开发与应用［J］．江苏教育，2020（7）.

图书在版编目（CIP）数据

员工招聘与配置：含活页练习册：微课版/邵瑞银，刘正君主编. --北京：中国人民大学出版社，2021.5

新编 21 世纪高等职业教育精品教材・人力资源管理系列

ISBN 978-7-300-29420-9

Ⅰ.①员… Ⅱ.①邵… ②刘… Ⅲ.①企业管理-人力资源管理-高等职业教育-教材 Ⅳ.①F272.92

中国版本图书馆 CIP 数据核字（2021）第 105714 号

新编 21 世纪高等职业教育精品教材・人力资源管理系列

员工招聘与配置（含活页练习册）（微课版）

主　编　邵瑞银　刘正君

副主编　安轶超　温　辉

Yuangong Zhaopin yu Peizhi

出版发行	中国人民大学出版社		
社　　址	北京中关村大街 31 号	**邮政编码**	100080
电　　话	010－62511242（总编室）		010－62511770（质管部）
	010－82501766（邮购部）		010－62514148（门市部）
	010－62515195（发行公司）		010－62515275（盗版举报）
网　　址	http://www.crup.com.cn		
经　　销	新华书店		
印　　刷	中煤（北京）印务有限公司		
开　　本	787 mm×1092 mm　1/16	**版　　次**	2021 年 5 月第 1 版
印　　张	17.75 插页 1	**印　　次**	2024 年 1 月第 3 次印刷
字　　数	383 000	**定　　价**	40.00 元

目 录

模块一实训

人力资源规划编制

<table>
<tr><td>班级</td><td></td><td>姓名</td><td></td><td>实训时间</td><td></td></tr>
<tr><td>专业</td><td></td><td>组别</td><td></td><td>实训地点</td><td></td></tr>
<tr><td>实训名称</td><td colspan="5">高新技术企业的人力资源规划编制</td></tr>
<tr><td>背景材料</td><td colspan="5">某高新技术企业按业务的分类，成立了 3 个针对不同产品的事业部，各事业部下设研发团队、销售团队和技术支持团队，各部门的业务收入和成本都是独立核算的，但需要平摊后勤部门（行政部、人力资源部和财务部）所产生的成本。目前，公司共有 138 人，其中 3 个事业部 104 人，后勤部门 30 人，高层领导 4 人。由于成立时间不到 3 年，客户资源还不够稳定，所承担的业务量波动较大，因此，在工作任务繁重时，尤其是研发和技术人员会抱怨压力过大，各事业部经理也会抱怨合格人手太少，招聘来的人不能立即适应项目的工作需要，但在工作任务相对较少的时期，经理们又会抱怨本部门的人力成本太高，导致利润率下降。
请根据材料内容，回答下列问题：
问题 1：绘制该公司的组织结构图。
问题 2：该公司在人员供需状况上遇到了什么问题？请为该公司提供解决问题的建议。</td></tr>
<tr><td>实训要求</td><td colspan="5">1. 学生 5 人为一小组，通过分工讨论回答问题。
2. 组织结构图要求用“事业部制”进行设计。
3. 根据公司现状分析人员是短缺还是过剩，需要采取什么样的政策或者措施进行应对，并制定相应的人力资源专项计划。
4. 实训内容将从组织结构图的合理性、人员供需平衡政策的逻辑性进行评价。</td></tr>
<tr><td>实训内容</td><td colspan="5"></td></tr>
<tr><td>实训总结</td><td colspan="5">1. 分析讨论中是否存在不同观点？最终采用了什么方法？

2. 搜索了哪些信息？调研了哪些资料？对于人员供需方案中哪个优先实施？</td></tr>
</table>

模块一课前作业

1. 企业战略规划和人力资源规划分别是什么？存在什么联系？

2. 人力资源规划与员工招聘计划有什么关系？

3. 你知道哪些企业的人力资源规划？具体内容是什么？

模块一课后作业

1. 人力资源规划的概念和内容。

2. 人力资源短缺的政策和措施有哪些?

3. 人力资源过剩的政策和措施有哪些?

模块一学习笔记

人力资源规划知识点

概念：

特性：

关联：

应用：

概念：

特性：

关联：

应用：

人力资源规划技能点

流程：

要领：

注意事项：

心得体会：

流程：

要领：

注意事项：

心得体会：

模块一思维导图

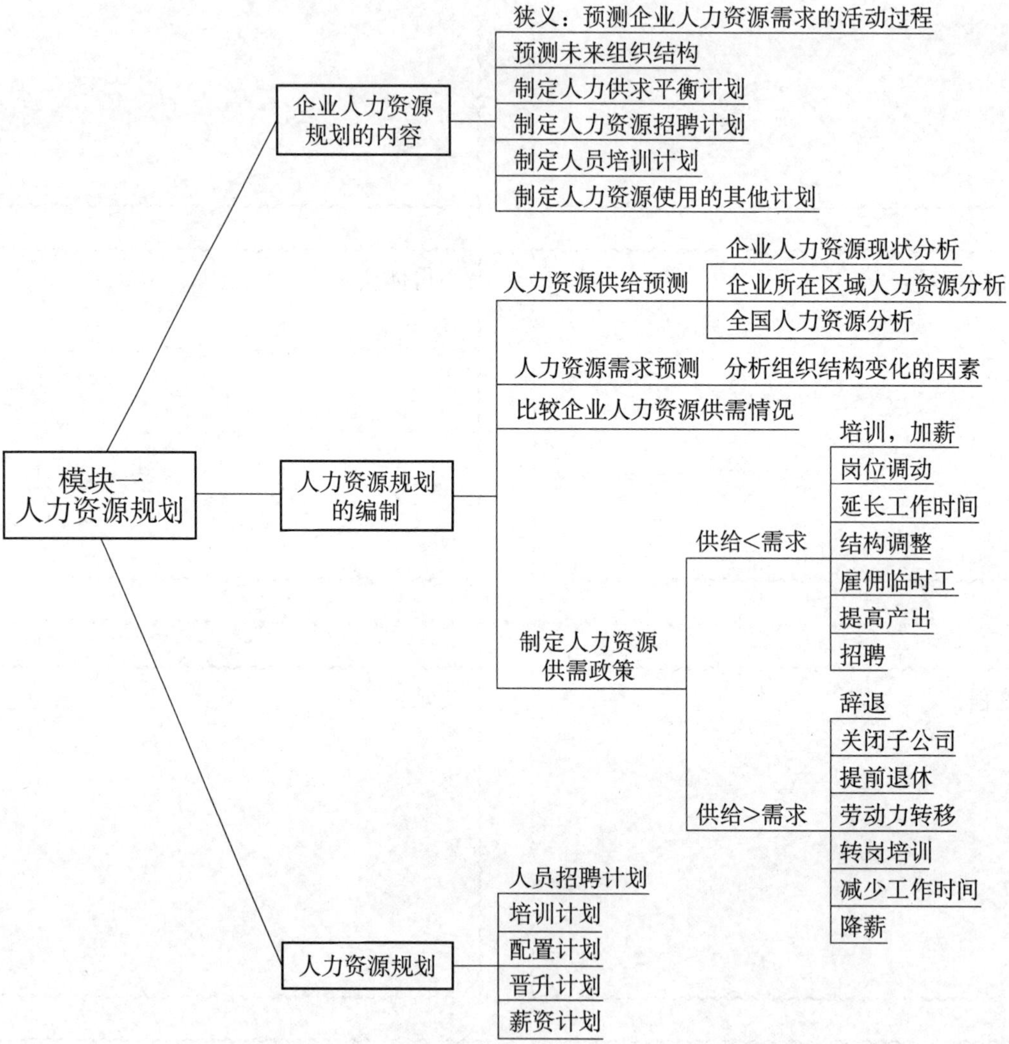
模块一
人力资源规划
企业人力资源规划的内容
狭义：预测企业人力资源需求的活动过程
预测未来组织结构
制定人力供求平衡计划
制定人力资源招聘计划
制定人员培训计划
制定人力资源使用的其他计划
人力资源规划的编制
人力资源供给预测
企业人力资源现状分析
企业所在区域人力资源分析
全国人力资源分析
人力资源需求预测
分析组织结构变化的因素
比较企业人力资源供需情况
制定人力资源供需政策
供给<需求
培训，加薪
岗位调动
延长工作时间
结构调整
雇佣临时工
提高产出
招聘
供给>需求
辞退
关闭子公司
提前退休
劳动力转移
转岗培训
减少工作时间
降薪
人力资源规划
人员招聘计划
培训计划
配置计划
晋升计划
薪资计划

模块一学习自测

“人力资源规划”学习自测

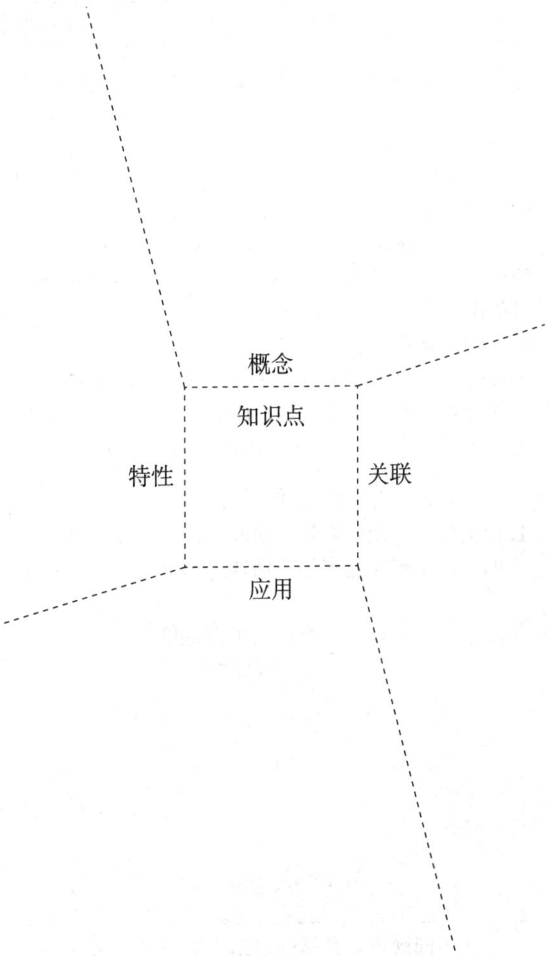

某公司人力资源规划

模块二实训

招聘者如何有效利用微信朋友圈

<table>
<tr><td>班级</td><td></td><td>姓名</td><td></td><td>实训时间</td><td></td></tr>
<tr><td>专业</td><td></td><td>组别</td><td></td><td>实训地点</td><td></td></tr>
<tr><td>实训名称</td><td colspan="5">新媒体时代：招聘者如何有效利用微信朋友圈</td></tr>
<tr><td>背景材料</td><td colspan="5">智能手机的普遍性推广带来了互联网的一个新时代——新媒体时代。这个时代的影响覆盖了越来越多的人，其中最核心的中间年龄段人群，刚好是企业招聘需求量最集中的年龄段人群。在对新媒体招聘渠道的应用上，常见的有三类，分别是“微信渠道，抖音、快手等短视频类社交媒体渠道，论坛网站等其他社交媒体渠道”三类。其中，微信已成为全民级移动通信工具，根据腾讯 2018 年一季度报的数据，微信国内和国际版的用户总量已经达到 10.4 亿人，日均发送微信次数为 380 亿次，已成为国内最大的移动流量平台之一。在这样一个庞大数据规模下，微信的传播效能不可小觑。
越来越多的 HR 开始利用朋友圈做招聘，可是效果却有好有坏。有人认为这是由企业性质决定的，也有人认为更主要的还是需要 HR 用对方法。那么对于利用朋友圈做招聘，你认为适合什么企业呢？我们又该如何正确运用朋友圈做好招聘？</td></tr>
<tr><td>实训要求</td><td colspan="5">1. 学生每 5 人为一小组，通过分工讨论回答问题。
2. 从什么渠道增加微信好友？微信昵称、朋友圈信息有什么对策？
3. 微信虽然是个人的，但是越来越多的公司通过公众号、小程序介入微信，那么公司在这里扮演什么样的角色？
4. 实训内容将从实际应用的合理性、逻辑性进行评价。</td></tr>
<tr><td>实训内容</td><td colspan="5"></td></tr>
<tr><td>实训总结</td><td colspan="5">1. 分析讨论中是否存在不同观点？最终确定结论采用了什么方法？

2. 搜索了什么信息？调研了什么资料？</td></tr>
</table>

模块二课前作业

1. 校园招聘是什么?

2. 你知道多少招聘网站?

3. 你如何看待企业内部竞聘?

模块二课后作业

1. 内、外部招聘的渠道。

2. 内、外部招聘的优劣势分析。

3. 校园招聘的流程。

模块二学习笔记

招聘渠道知识点

概念：

特性：

关联：

应用：

概念：

特性：

关联：

应用：

招聘渠道技能点

流程：

要领：

注意事项：

心得体会：

流程：

要领：

注意事项：

心得体会：

模块二思维导图

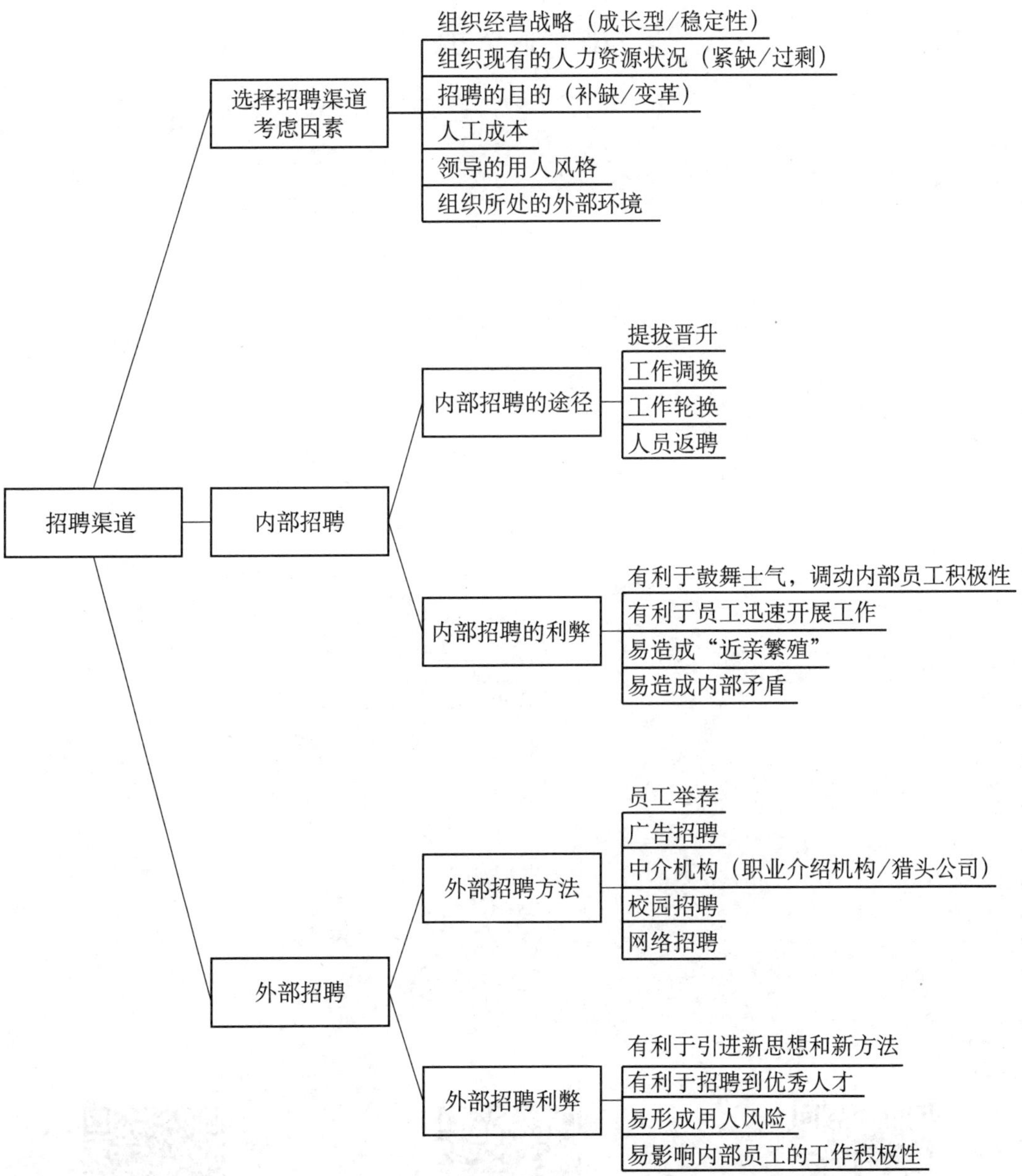
招聘渠道
选择招聘渠道考虑因素
组织经营战略（成长型/稳定性）
组织现有的人力资源状况（紧缺/过剩）
招聘的目的（补缺/变革）
人工成本
领导的用人风格
组织所处的外部环境
内部招聘
内部招聘的途径
提拔晋升
工作调换
工作轮换
人员返聘
内部招聘的利弊
有利于鼓舞士气，调动内部员工积极性
有利于员工迅速开展工作
易造成“近亲繁殖”
易造成内部矛盾
外部招聘
外部招聘方法
员工举荐
广告招聘
中介机构（职业介绍机构/猎头公司）
校园招聘
网络招聘
外部招聘利弊
有利于引进新思想和新方法
有利于招聘到优秀人才
易形成用人风险
易影响内部员工的工作积极性

模块二学习自测

招聘渠道学习自测

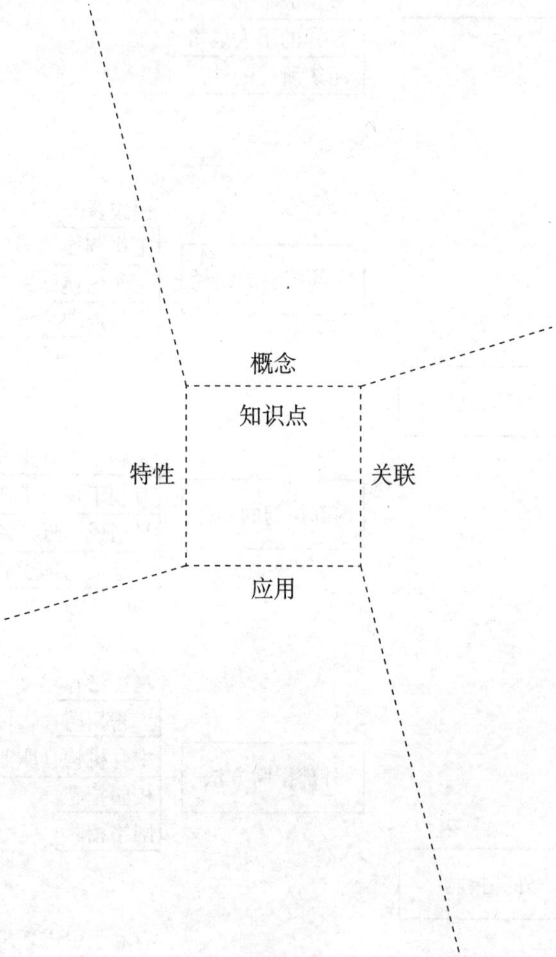

案例分析：
王永庆的招聘之道

拓展阅读：
网络招聘的“无所不能”

职场小贴士：
如何运营好企业品牌形象

模块三实训

招聘广告分析

班级		姓名		实训时间	
专业		组别		实训地点	
实训名称	高新技术企业的招聘广告分析				

背景材料

中国石化的招聘广告：

图 3-5　中国石化的招聘广告

软件公司一则招聘计算机工程师的广告：

We're looking for computer engineers who like to solve difficult problems.

我们正在寻找喜欢解决难题的计算机工程师。（如果你是，就快点给我们打电话吧，前提是你能解锁隐藏电话号码的代码。）

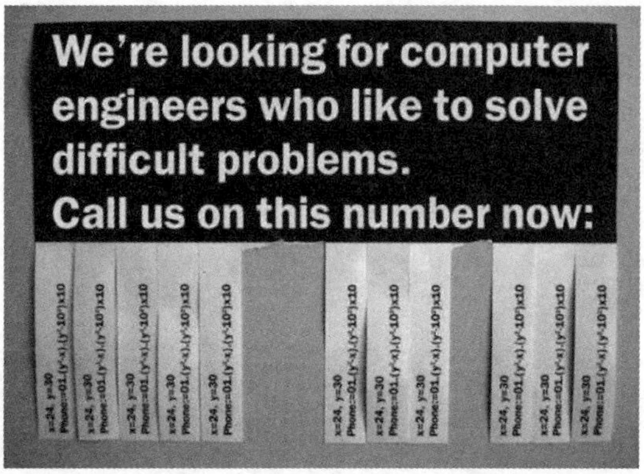

图 3-6　软件公司一则招聘计算机工程师的广告

上述两个公司的创意招聘广告既体现了企业的人才需求，又反映了职位特性。请你通过 AIDA 设计原则对其进行评价，并另外选择一家公司为其设计招聘广告。

实训要求	1. 学生每 5 人为一小组，通过分工讨论两个招聘广告的创意点。 2. 可以选择餐饮行业、房地产行业、教育行业、互联网行业中的某一个职位进行具体分析。 3. 实训报告可以写成文案，也可以设计成招聘海报。 4. 实训评价将根据招聘广告的 AIDA 原则进行总结。
实训内容	
实训总结	1. 分析讨论中是否存在不同观点？最终确定采用了什么方法？ 2. 搜索了什么信息？调研了什么资料？

模块三课前作业

搜索一个令你印象深刻的公司招聘文案。

模块三课后作业

招聘广告的内容和设计原则分别是什么？

模块三学习笔记

招聘广告知识点

概念：

特性：

关联：

应用：

概念：

特性：

关联：

应用：

招聘广告技能点

流程：

要领：

注意事项：

心得体会：

流程：

要领：

注意事项：

心得体会：

模块三思维导图

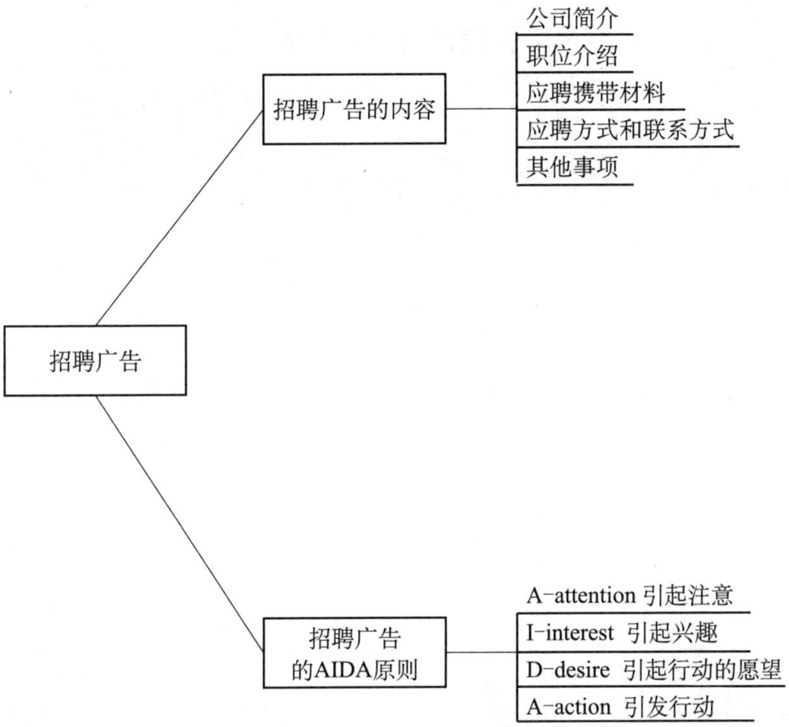
招聘广告
招聘广告的内容
公司简介
职位介绍
应聘携带材料
应聘方式和联系方式
其他事项
招聘广告的AIDA原则
A-attention 引起注意
I-interest 引起兴趣
D-desire 引起行动的愿望
A-action 引发行动

模块三学习自测

招聘广告学习自测

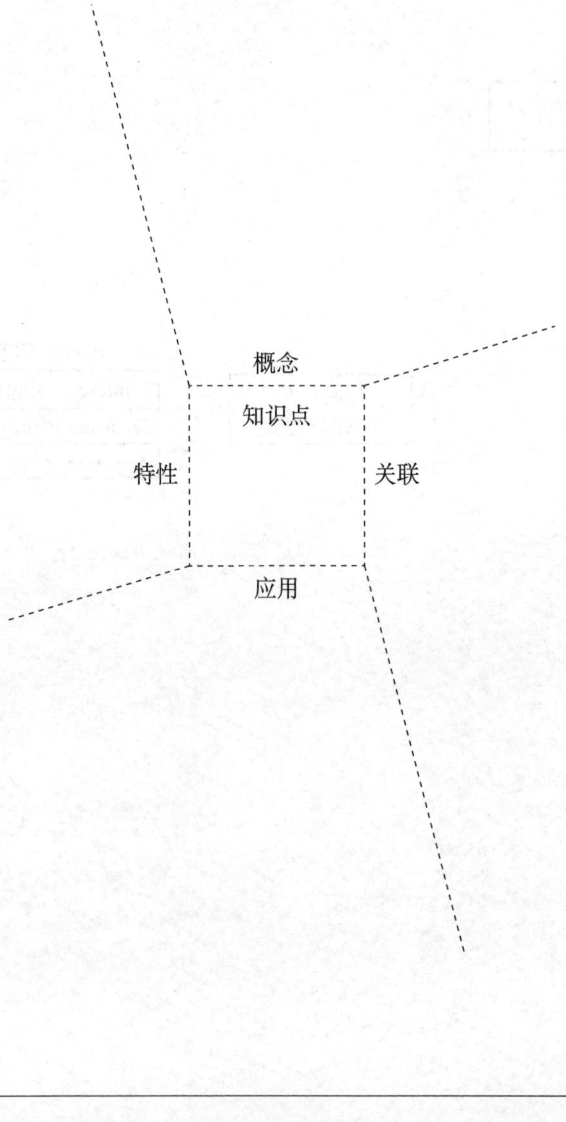

模块四实训

个人简历设计

班级		组长		学习场地	
专业		组别		实训软件	无
实训名称	个人简历设计				
指导要点	简历是求职者的一张名片，对于求职者来说，好的简历就是一块强有力的敲门砖。那么，该如何制作一份让 HR 喜欢的简历呢？下面给大家提供了制作求职简历的十大技巧。 1. 让简历外表醒目 简历的外表不一定要强调，但它应该醒目。审视一下简历的空白处，用这些空白处和边框来强调你的正文，或使用各种字体格式，如斜体、大写、下划线、首字突出、首行缩进或尖头。最后，除非你书法出众，否则还是用电脑打印简历更保险些。 2. 尽量使你的简历简短 只使用一张纸，HR 可能会扫视你的简历，然后花 30 秒来决定是否召见你。如果你有很长的职业经历，一张纸写不下，试着写出最近 5～7 年的经历或组织出一张最有说服力的简历，删除那些无用的东西。 3. 为你的简历定位 HR 们都想知道你可以为企业做什么。含糊的、笼统的、毫无针对性的简历会使你失去很多机会。为你的简历定位。如果你有多个目标，最好写上多份不同的简历，在每一份上突出重点。这将使你的简历更有机会脱颖而出。 4. 写上简短小结 这其实是最重要的一个部分，小结可以写上你最突出的几个优点。没有什么应聘者写这几句话，但 HR 们却认为这是引起注意的好办法。 5. 强调成功经验 HR 们想要你用证据证明你的实力。记住，要证明你以前的成就以及你为上一家服务的企业创造了什么成绩，包括你为企业节约了多少钱、多少时间、你有什么创新等。 6. 力求精确 阐述你的技巧、能力、经验要尽可能准确，不夸大，也不误导。确信你所写的与你的实际能力及工作水平相当。还要写上你以前工作的时间和公司。 7. 使用有影响力的词汇 使用这种词汇，如：证明的、分析的、线形的、有创造力的和有组织的。这样可以提高简历的说服力，每句都用点这种词汇。 8. 用词要注意 在调查中，许多 HR 都说到了这个问题，他们最讨厌错字、别字。许多人说：“当我发现错别字时我就会停止阅读。”所以，认真写。HR 们总认为有错别字说明人的素质不够高。 9. 不要写上个人信息 现在，在简历上写上个人信息如婚姻状况、血型、身高等已不是必须。许多公司都乐意接受没有个人信息的简历。 10. 最后测试 记住，你的简历应该回答了以下问题：它是否清楚并能够让 HR 们尽快知道你的能力？是否写清了你的能力？是否写清了你要求这份工作的基础条件？有东西可删除吗？					

实训要求	根据实训的要求，设计一份个人简历，要求结构清晰、内容完整、简历整体设计具有针对性和匹配性。
实训内容	
实训总结	1. 请写出个人简历的主要组成部分及各部分的主要内容。 2. 网络查询一份与你自身情况近似的优秀简历，以之为模板，分析你设计的个人简历的优劣。 3. 如何设计出个性简历？请陈述你的看法。

模块四课前作业

1. 简述简历的类型。

2. 简历制作的原则有哪些？

3. 筛选招聘申请表时，应注意哪些问题？

模块四课后作业

1. 请结合所学知识，设计一份企业应聘人员基本情况登记表，要求简洁实用。

2. 在应聘者信息的筛选中，简历和招聘申请表各有哪些优缺点？

3. 什么是招聘管理系统？其在简历管理方面有哪些重要作用？

模块四学习笔记

简历知识点

概念：

特性：

关联：

应用：

概念：

特性：

关联：

应用：

简历技能点

流程：

要领：

注意事项：

心得体会：

流程：

要领：

注意事项：

心得体会：

模块四思维导图

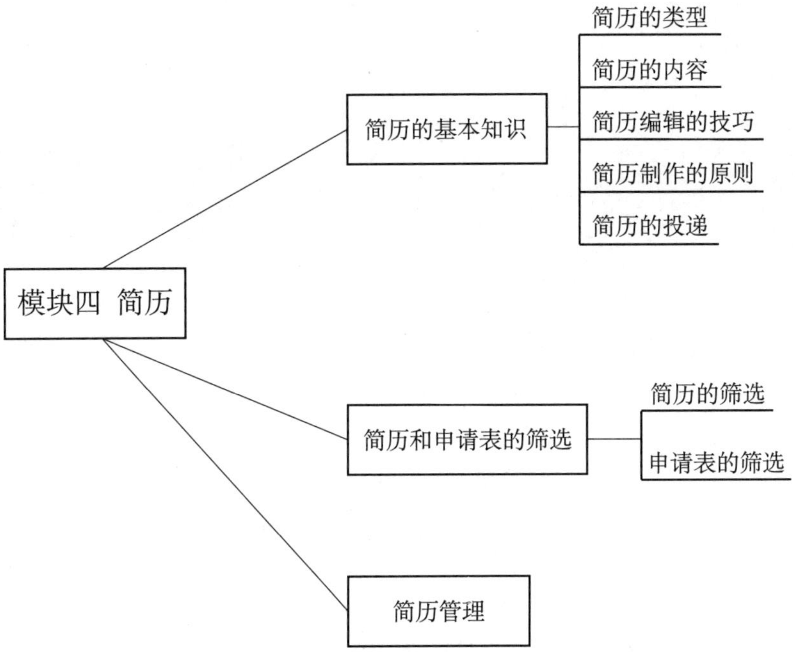
模块四 简历
简历的基本知识
简历的类型
简历的内容
简历编辑的技巧
简历制作的原则
简历的投递
简历和申请表的筛选
简历的筛选
申请表的筛选
简历管理

模块四学习自测

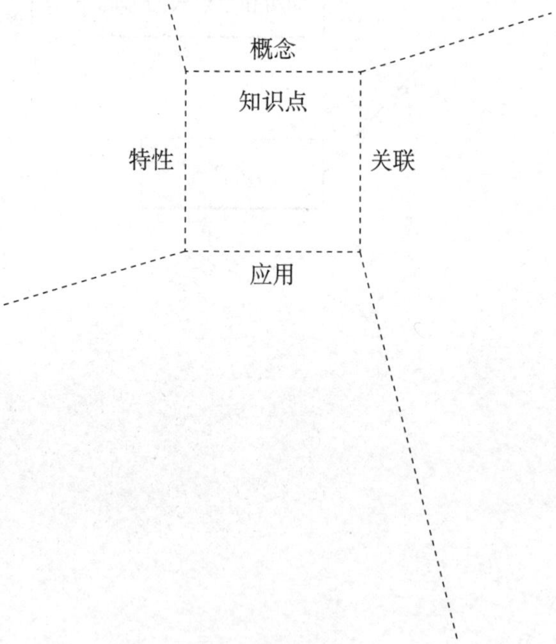

拓展阅读：
忽略五个细节，让你的简历“石沉大海”

模块五实训

笔试问题设计

<table>
<tr><td>班级</td><td></td><td>组长</td><td></td><td>学习场地</td><td></td></tr>
<tr><td>专业</td><td></td><td>组别</td><td></td><td>实训软件</td><td></td></tr>
<tr><td>实训名称</td><td colspan="5">笔试问题设计</td></tr>
<tr><td>背景资料</td><td colspan="5">下列的笔试问题，请先自行测试，待测试完毕，公布正确答案后，要求分析出每道题的设计思路和考核要点。
1. 当你在嘈杂环境中忽然接到面试电话，你会?
A. 无所谓，留在原地继续接听
B. 立刻找一个比较安静的地方
C. 附近没有安静的地方，请对方留下联系方式，然后迅速打过去
D. 附近没有安静的地方，请对方留下联系方式，第二天再打
2. 对方要求你于某日某时到该公司面试，但并未告诉你公司的详细地址，你会?
A. 在电话中向对方询问公司的具体地址
B. 若对方态度和善，不但会问具体地址，还会询问行车路线
C. 挂断电话后才想起来，然后按照刚才的号码再打回去询问
D. 挂断电话后才想起来，没关系，我上网查查去，如有好几个地址，那再打电话询问
3. 面试前，你是否会特地整理一下个人形象和卫生?
A. 不会，我对自己的形象很有信心，嗯，明天打算穿那套看起来很青春的牛仔装
B. 不会，我相信面试官会更看重我衣衫褴褛的外表下那出色的才能
C. 会，洗洗头发洗洗澡，以干净、清爽、利落的形象出现在面试官面前
D. 说不定，看心情还有要去面试的公司，知名外企我会适当修饰一下，小公司就算了
E. 会，我会洗洗头发洗洗澡，再喷点香水、化个妆，这让我更有信心
4. 当你历尽千辛万苦终于赶到公司后，发现你比预定时间早到了半个小时，这时你会?
A. 直接进公司找前台，平静地联系面试人员
B. 先在公司附近晃一晃，熟悉一下环境，整理好心情，顺带想想可能遇见的面试问题，提前 5～10 分钟再进去
C. 先观察一下公司附近的环境，食堂远不远，购物方不方便，周围人的形象气质怎样
D. 安静地坐在公司前台处，什么也不想，等到面试时间再询问前台联系面试官
5. 在进入面试房间之前，你是否会先到卫生间整理自己的仪表?
A. 不会，用人单位主要是看你的能力，又不是你的长相
B. 不会，我对自己的仪表很有信心，还是自然状态最好
C. 会，仪表不但能给面试官留下好印象，而且可以增强自信
D. 看有没有时间，有的话就整理下，没有的话也无所谓
6. 面试官示意你坐下，但你需要挪动椅子才能坐下，这时你会?
A. 尽量不挪椅子，在现有空隙下挤坐进去
B. 往后拖一下，然后坐进去
C. 尽量抬高椅子，不让它发出声音
D. 以上都不能实现，只能使劲拖一下，如果发出声响，再向面试官道歉</td></tr>
</table>

实训要求	请你根据对营销经理职位的理解，为该职位应聘者设计笔试问题，要求不少于5道题目，并列出各题目的得分权重、标准答案和评分标准。
实训内容	
实训总结	1. 请写出笔试问题设计过程中需要注意的事项。 2. 查阅资料，绘制出笔试问题设计的流程图，并标注出设计要点。 3. 在你所设计的笔试问题中，你认为哪个最好？为什么？

模块五课前作业

1. 笔试的含义是什么？

2. 笔试的内容一般是什么？

3. 笔试的常见类型都有哪些？

模块五课后作业

1. 笔试设计与应用的基本步骤是什么?

2. 笔试中可能存在哪些问题?如何解决?

3. 试卷分析报告的内容是什么?

模块五学习笔记

笔试知识点

概念：

特性：

关联：

应用：

概念：

特性：

关联：

应用：

笔试技能点

流程：

要领：

注意事项：

心得体会：

流程：

要领：

注意事项：

心得体会：

模块五思维导图

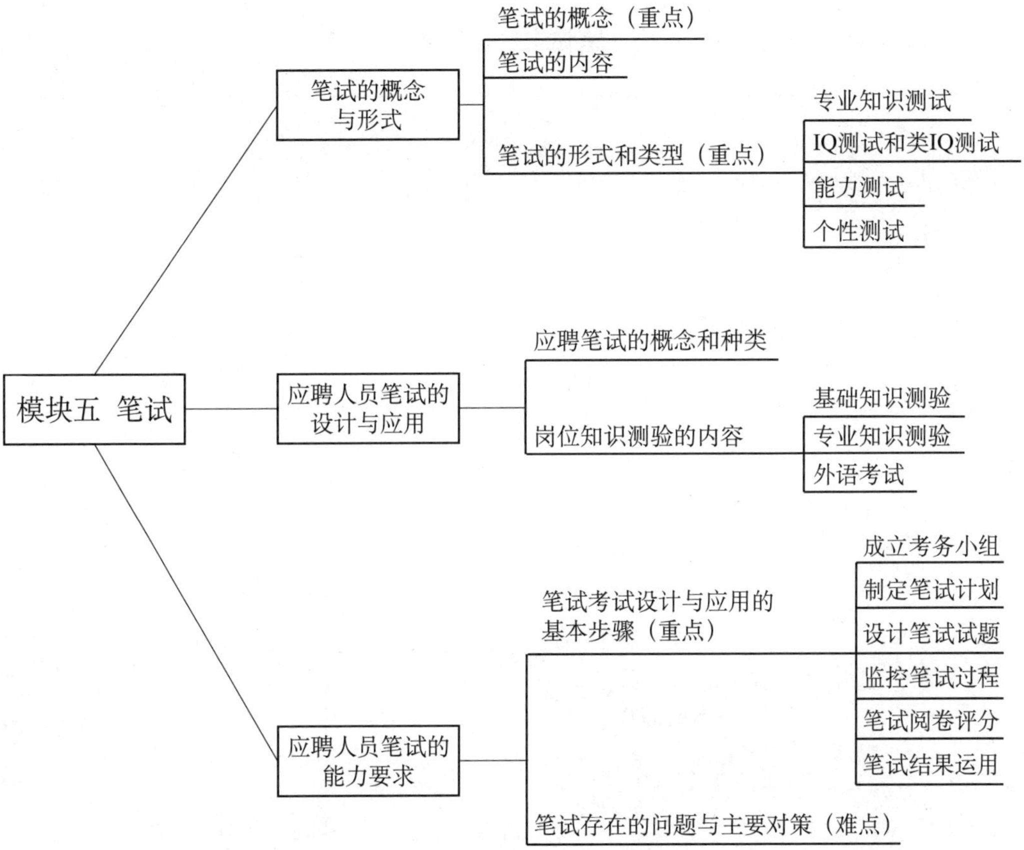
模块五 笔试
笔试的概念与形式
笔试的概念（重点）
笔试的内容
笔试的形式和类型（重点）
专业知识测试
IQ测试和类IQ测试
能力测试
个性测试
应聘人员笔试的设计与应用
应聘笔试的概念和种类
岗位知识测验的内容
基础知识测验
专业知识测验
外语考试
应聘人员笔试的能力要求
笔试考试设计与应用的基本步骤（重点）
成立考务小组
制定笔试计划
设计笔试试题
监控笔试过程
笔试阅卷评分
笔试结果运用
笔试存在的问题与主要对策（难点）

模块五学习自测

笔试学习自测

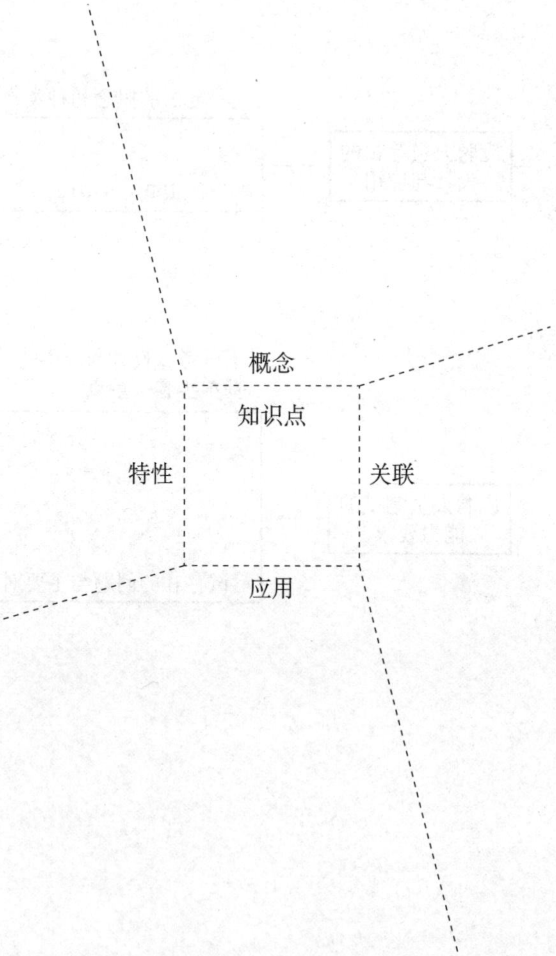

模块六实训

面试问题设计

<table>
<tr><td>班级</td><td></td><td>姓名</td><td></td><td>实训时间</td><td></td></tr>
<tr><td>专业</td><td></td><td>组别</td><td></td><td>实训地点</td><td></td></tr>
<tr><td>实训名称</td><td colspan="5">面试问题设计</td></tr>
<tr><td>背景材料</td><td colspan="5">上个月，你受国内某大型制药企业华中区大区经理王总的邀请，给他们做一个重要职位招聘面试的测评，将要招聘的职位是高级营销经理。由于事先已经做了筛选，来参加面试的只剩下两位候选人。面试由王总亲自担任主考官，在半小时里，他对第一位候选人问了三个问题：
1. 这个职位要带领十几个人的队伍，你认为自己的领导能力如何？
2. 你在团队工作方面表现如何？因为这个职位需要到处交流、沟通，你觉得自己的团队精神好吗？
3. 这个职位是新近设立的，压力特别大，并且需要经常出差，你觉得自己能适应这种高压力的工作状况吗？
当候选人回答完以后，你马上叫了暂停，因为你意识到王总提出的问题不妥当。你花了5分钟对应聘者进行了询问，然后把应聘者的回答和他的真实想法告诉了王总。
候选人是这样回答三个问题的：
第一个问题：我管理人员的能力非常强。(实际上王总也并不知道我的能力强不强。)
第二个问题：我的团队精神非常好。（只能答“是”，因为王总已经提供了太明显的暗示，即希望我的团队精神非常好。)
第三个问题：能适应，非常喜欢出差。(实际上，如果把工作条件进行排行的话，我最痛恨的就是出差，还有就是占用自己的下班时间。但是老总的问话方式直截了当地给我暗示，使我必须说“是”。)
事实上，王总问的是三个本应该设计成开放式的问题：第一个问有没有领导能力，第二个问有没有团队精神，第三个问能不能承受巨大的工作压力。但是他都错误地采用了封闭式提问的方式进行提问，而候选人由王总询问的问题中很容易就知道他想听到的答案是什么，实际上这是面试中最大的忌讳，而且肯定无法得到正确的答案。</td></tr>
<tr><td>实训要求</td><td colspan="5">请根据材料内容，分组讨论该如何设计王总关心的面试问题，要求采用结构化面试方法，选取要素为仪容仪表、言谈举止、专业能力、综合素质四大类，仪容仪表、言谈举止要素需要设计出评分权重、评分标准；专业能力、综合素质需要各设计不低于三道面试问题，并给出评分权重、标准答案和评分标准。</td></tr>
</table>

实训内容	
实训总结	1. 请写出面试问题设计过程中需要注意的事项。 2. 查阅资料，绘制出面试问题设计的流程图，并标注出设计要点。 3. 在你所设计的面试问题中，你认为哪个最好？为什么？

模块六课前作业

1. 面试的常见类型都有哪些？

2. 面试的构成要素都是什么？

3. 面试考官应具备什么样的素质？

模块六课后作业

1. 结构化面试的特点是什么？

2. 无领导小组讨论的实施流程是什么？

3. 公文筐测验的适用范围是什么？

模块六学习笔记

面试知识点

概念：

特性：

关联：

应用：

概念：

特性：

关联：

应用：

面试技能点

流程：

要领：

注意事项：

心得体会：

流程：

要领：

注意事项：

心得体会：

模块六思维导图

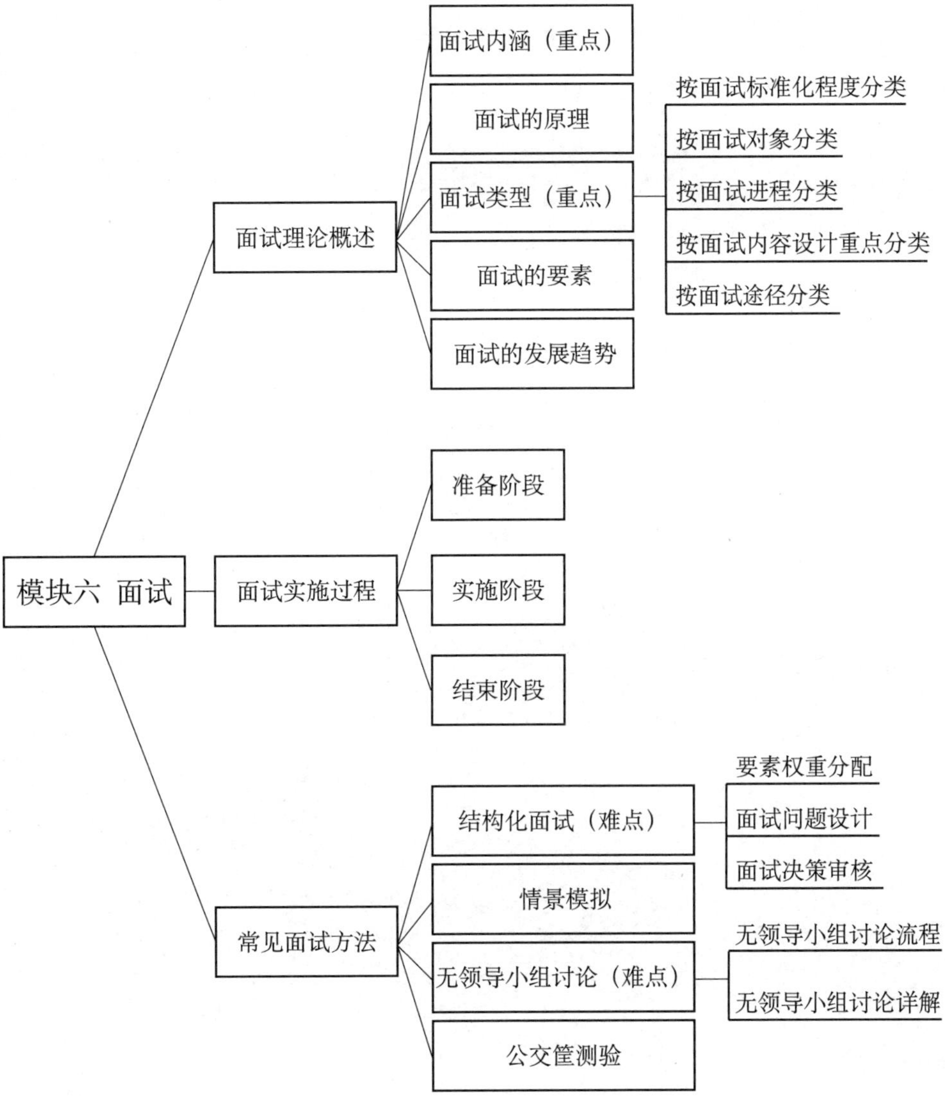

模块六 面试
面试理论概述
面试内涵（重点）
面试的原理
面试类型（重点）
按面试标准化程度分类
按面试对象分类
按面试进程分类
按面试内容设计重点分类
按面试途径分类
面试的要素
面试的发展趋势
面试实施过程
准备阶段
实施阶段
结束阶段
常见面试方法
结构化面试（难点）
要素权重分配
面试问题设计
面试决策审核
情景模拟
无领导小组讨论（难点）
无领导小组讨论流程
无领导小组讨论详解
公交筐测验

模块六学习自测

面试学习自测

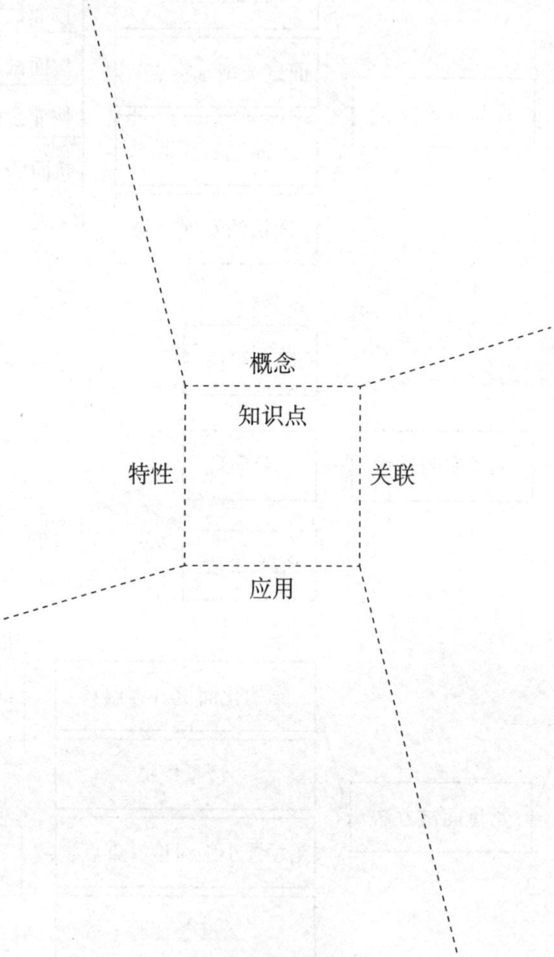

拓展阅读：
应聘面试准备

模块七实训

职业兴趣测试

班级		组长		学习场地	
专业		组别		实训软件	
实训名称	职业兴趣测试				
背景材料	职业兴趣是指个体对某项工作或者某种职业所抱有的倾向性态度。职业兴趣测评是心理测试的一种方法，它可以表明一个人最感兴趣的并最可能从中得到满足的工作是什么，该测评是将个人兴趣与那些在某项工作中较成功的员工的兴趣进行比较。它是用于了解一个人的兴趣方向以及兴趣序列的一项测试。职业兴趣测评有许多用途，最典型的就是用于员工的生涯规划，因为一个人总是把自己感兴趣的事情做得很好。另外还可以把它作为员工招聘的工具，如果你能选择那些与现职成功的雇员的兴趣相似的候选人，那么这些候选人在新的岗位上取得成功的概率也很大。 霍兰德职业兴趣自测是目前最有名、使用最普遍的职业兴趣测评方法。这一理论首先根据劳动者的心理素质和择业倾向，将劳动者划分为六种基本类型，相应的职业也划分为六种类型：社会活动型（Social)、经营管理型（Enterprising)、现实技能型（Realistic)、常规事务型（Conventional)、探索研究型（Investigative）和艺术创造型（Artistic)。他认为绝大多数人都可以被归于六种类型中的一种。					
实训要求	1. 认识到兴趣是人们获得工作满意度、职业稳定性和职业成就的重要影响因素，同时也是对职业进行分类的重要基础，认识到职业兴趣在人才测评中的重要性。 2. 能够阐述霍兰德理论的基本内容，并说明六种兴趣类型的主要特征。				
实训内容					
实训总结	1. 霍兰德将人的职业倾向分成了哪六个类型？每个类型的突出特征及代表性职业是什么？ 2. 你的职业倾向符合你的想象吗？如果和你学的专业不匹配你会做出调整吗？如何调整？为什么？				

模块七课前作业

1. 简述人才测评的功能。

2. 简述人才测评的基本原则。

3. 简述企业在招聘中常用的智力测评类型。

模块七课后作业

1．职业能力倾向测验的优点有哪些？

2．MBTI 职业性格测试由哪几个维度构成？各自的含义是什么？

3．论述霍兰德职业兴趣理论对于企业招募人才的价值分析。

模块七学习笔记

人才测评知识点

概念：

特性：

关联：

应用：

概念：

特性：

关联：

应用：

人才测评技能点

流程：

要领：

注意事项：

心得体会：

流程：

要领：

注意事项：

心得体会：

模块七思维导图

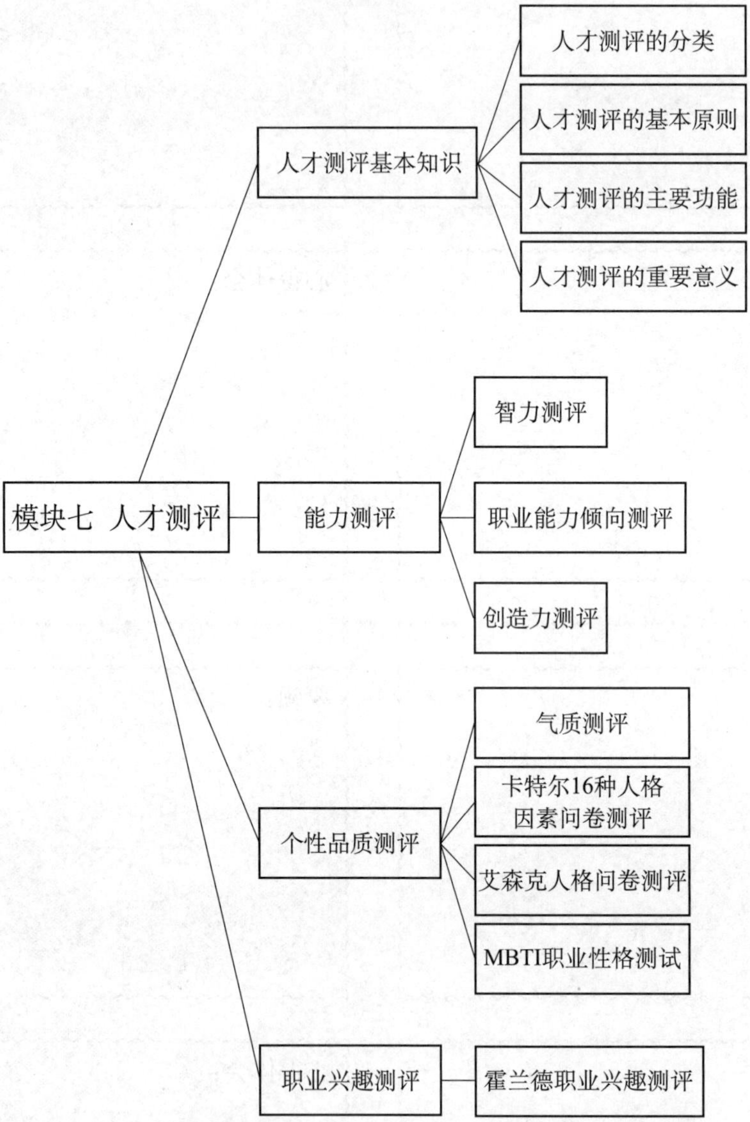

模块七 人才测评
人才测评基本知识
人才测评的分类
人才测评的基本原则
人才测评的主要功能
人才测评的重要意义
能力测评
智力测评
职业能力倾向测评
创造力测评
个性品质测评
气质测评
卡特尔16种人格因素问卷测评
艾森克人格问卷测评
MBTI职业性格测试
职业兴趣测评
霍兰德职业兴趣测评

模块七学习自测

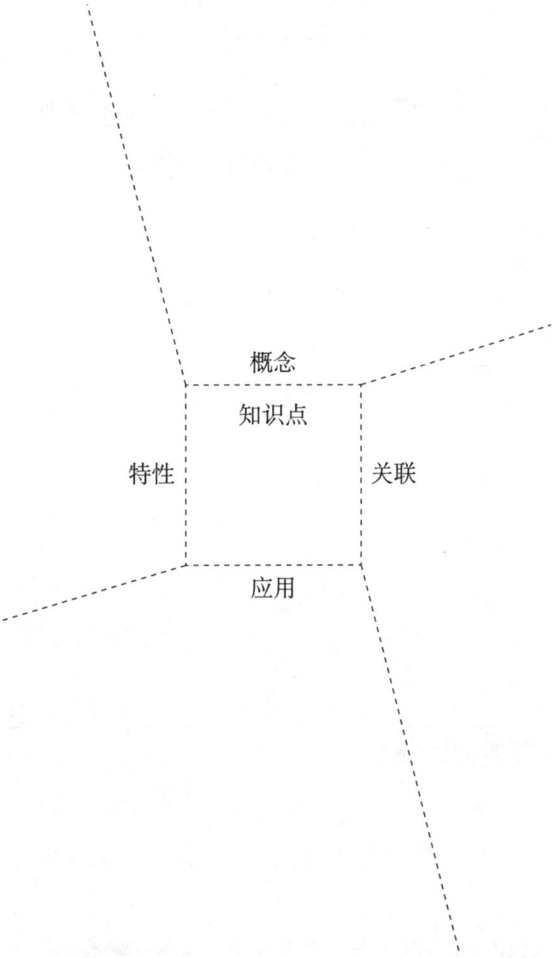

小测试 1：
气质类型测评量表

小测试 2：
艾森克人格问卷
（EPQ）测试（成人版）

模块八实训

员工入职培训

班级		姓名		实训时间	
专业		组别		实训地点	
实训名称	入职培训流程设计				
背景材料	某服装设计企业的HR邀请你为他们企业新招聘的员工设计一次入职培训。 此次的入职培训针对的主要是企业新招聘的一批对服装销售人员，目的是建立新员工对企业的了解，明确岗位职责，进一步培养新员工的企业忠诚度，同时也会针对销售岗位建立员工对销售的基本认知。				
实训要求	请根据本模块所学的知识，为该公司设计一下员工培训的流程和所要设计的大概内容。				
实训内容					
实训总结	1. 请设计出入职培训设计的流程。 2. 简要写出在入职培训的各个流程中需要注意的问题有哪些。 3. 在你所设计的入职培训流程中，你认为哪个阶段最重要？为什么？				

模块八课前作业

1. 员工录用需要注意哪些问题？

2. 背景调查的注意事项有哪些？

3. 入职培训对企业来说是否重要？

模块八课后作业

1. 员工薪酬的确定受哪些因素的影响？

2. 录用原则是什么？

3. 劳动合同签订的原则是什么？

模块八学习笔记

员工试用知识点

概念：

特性：

关联：

应用：

概念：

特性：

关联：

应用：

员工试用技能点

流程：

要领：

注意事项：

心得体会：

流程：

要领：

注意事项：

心得体会：

模块八思维导图

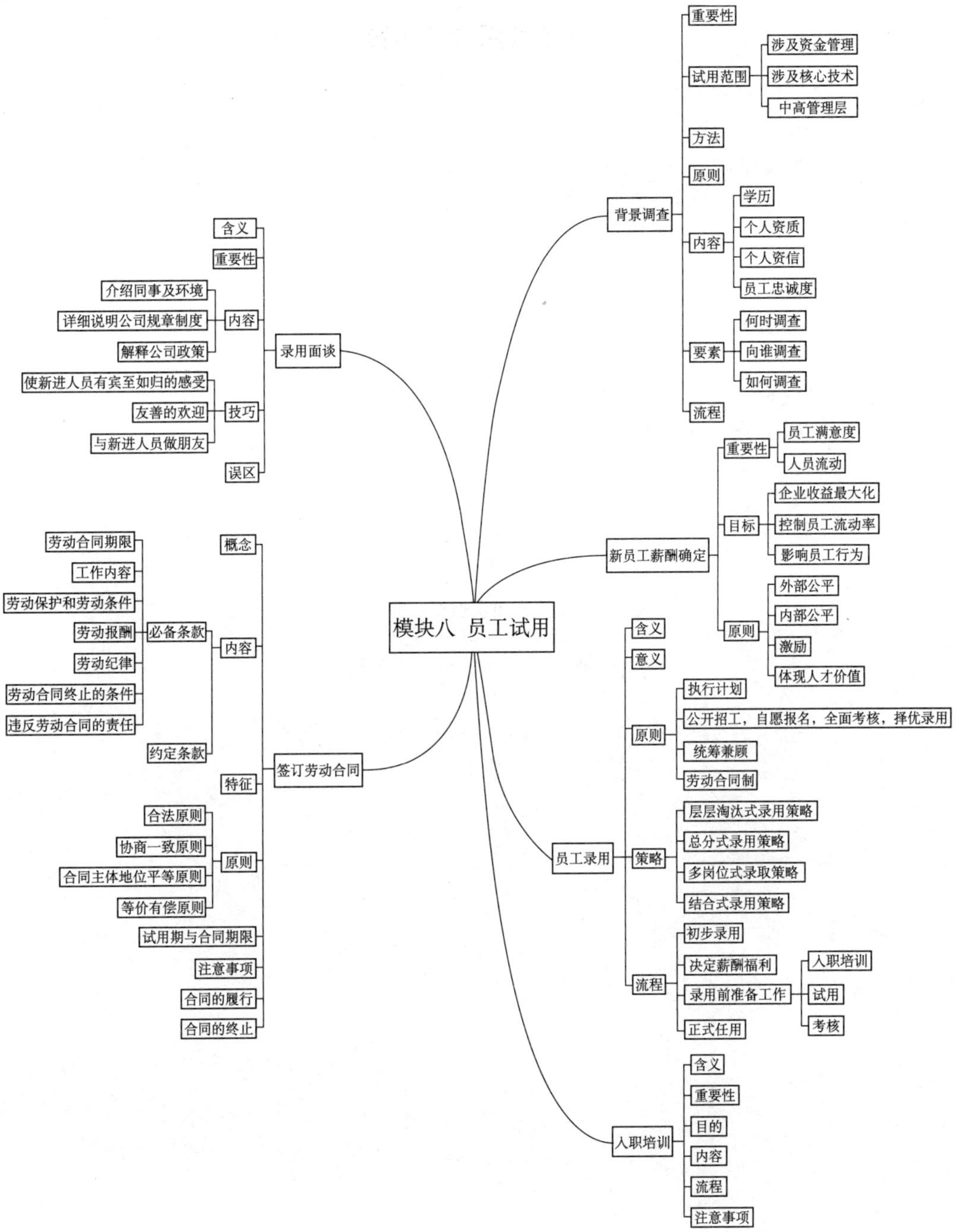

模块八 员工试用
背景调查
重要性
试用范围
涉及资金管理
涉及核心技术
中高管理层
方法
原则
内容
学历
个人资质
个人资信
员工忠诚度
要素
何时调查
向谁调查
如何调查
流程
新员工薪酬确定
重要性
员工满意度
人员流动
目标
企业收益最大化
控制员工流动率
影响员工行为
原则
外部公平
内部公平
激励
体现人才价值
员工录用
含义
意义
原则
执行计划
公开招工，自愿报名，全面考核，择优录用
统筹兼顾
劳动合同制
策略
层层淘汰式录用策略
总分式录用策略
多岗位式录取策略
结合式录用策略
流程
初步录用
决定薪酬福利
录用前准备工作
入职培训
试用
考核
正式任用
入职培训
含义
重要性
目的
内容
流程
注意事项
录用面谈
含义
重要性
内容
介绍同事及环境
详细说明公司规章制度
解释公司政策
技巧
使新进人员有宾至如归的感受
友善的欢迎
与新进人员做朋友
误区
签订劳动合同
概念
内容
必备条款
劳动合同期限
工作内容
劳动保护和劳动条件
劳动报酬
劳动纪律
劳动合同终止的条件
违反劳动合同的责任
约定条款
特征
原则
合法原则
协商一致原则
合同主体地位平等原则
等价有偿原则
试用期与合同期限
注意事项
合同的履行
合同的终止

模块八学习自测

员工试用学习自测

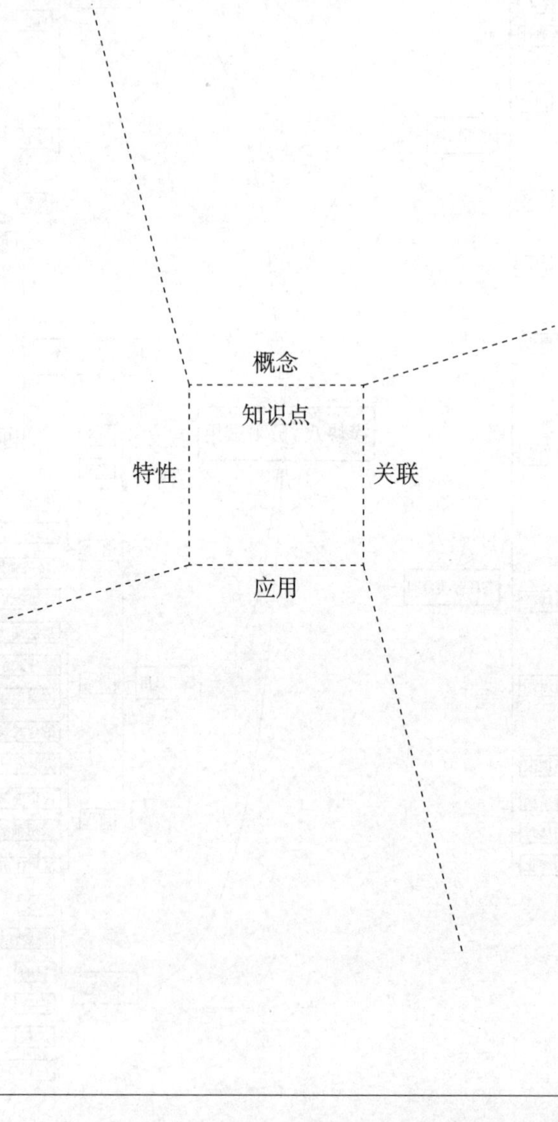

模块九实训

员工离职面谈

<table>
<tr><td>班级</td><td></td><td>姓名</td><td></td><td>实训时间</td><td></td></tr>
<tr><td>专业</td><td></td><td>组别</td><td></td><td>实训地点</td><td></td></tr>
<tr><td>实训名称</td><td colspan="5">离职面谈设计</td></tr>
<tr><td>背景材料</td><td colspan="5">在公司工作了3年的会计小王想要辞职，作为企业的HR，你现在需要跟小王进行一次面谈，这次面谈，经理想要知道以下内容：
1. 小王想要辞职的真正原因是什么？
2. 有没有可能劝说小王留下来？
3. 如果劝说小王留下成功，小王留下的条件有哪些？
4. 如果劝说失败，希望你能弄清楚小王离开企业的原因。
5. 请小王对于企业未来的发展给出一些自己的建议以及小王认为企业存在哪些问题。
请你根据经理对这次面谈提出的要求，针对这次离职面谈设计面谈的内容以及面谈的大致流程。</td></tr>
<tr><td>实训要求</td><td colspan="5">请根据本模块所学的知识，为该公司HR设计这次离职面谈的流程和大概内容。</td></tr>
<tr><td>实训内容</td><td colspan="5"></td></tr>
<tr><td>实训总结</td><td colspan="5">1. 请设计出离职面谈的流程。

2. 简要写出在离职面谈中需要注意的问题有哪些。

3. 在你所设计的离职面谈中，应该如何贯穿所要涉及的所有问题？</td></tr>
</table>

模块九课前作业

1. 员工转正需要满足哪些条件？

2. 为什么一定要进行离职面谈？

3. 劳动关系管理为什么对企业来说很重要？

模块九课后作业

1. 人员转正的重要性有哪些？

2. 转正的具体流程是什么？

3. 离职面谈应怎样开展？

模块九学习笔记

员工转正知识点

概念：

特性：

关联：

应用：

概念：

特性：

关联：

应用：

员工转正技能点

流程：

要领：

注意事项：

心得体会：

流程：

要领：

注意事项：

心得体会：

模块九思维导图

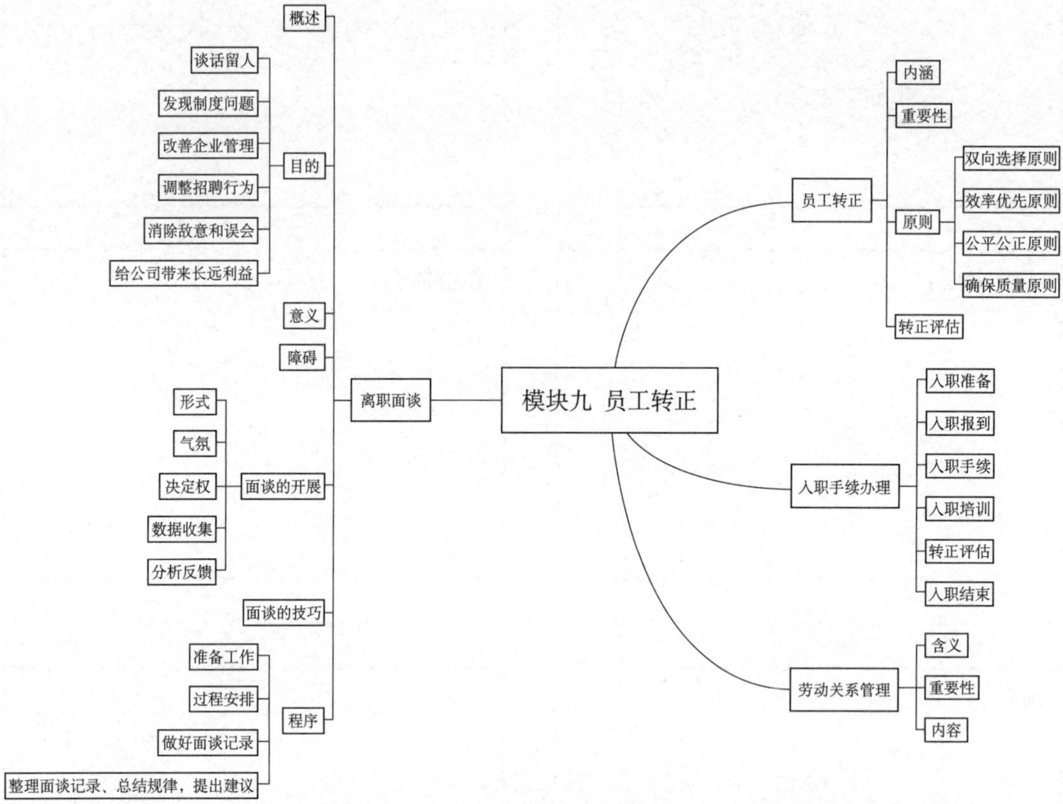
模块九 员工转正
离职面谈
概述
目的
谈话留人
发现制度问题
改善企业管理
调整招聘行为
消除敌意和误会
给公司带来长远利益
意义
障碍
面谈的开展
形式
气氛
决定权
数据收集
分析反馈
面谈的技巧
程序
准备工作
过程安排
做好面谈记录
整理面谈记录、总结规律，提出建议
员工转正
内涵
重要性
原则
双向选择原则
效率优先原则
公平公正原则
确保质量原则
转正评估
入职手续办理
入职准备
入职报到
入职手续
入职培训
转正评估
入职结束
劳动关系管理
含义
重要性
内容

模块九学习自测

员工转正学习自测

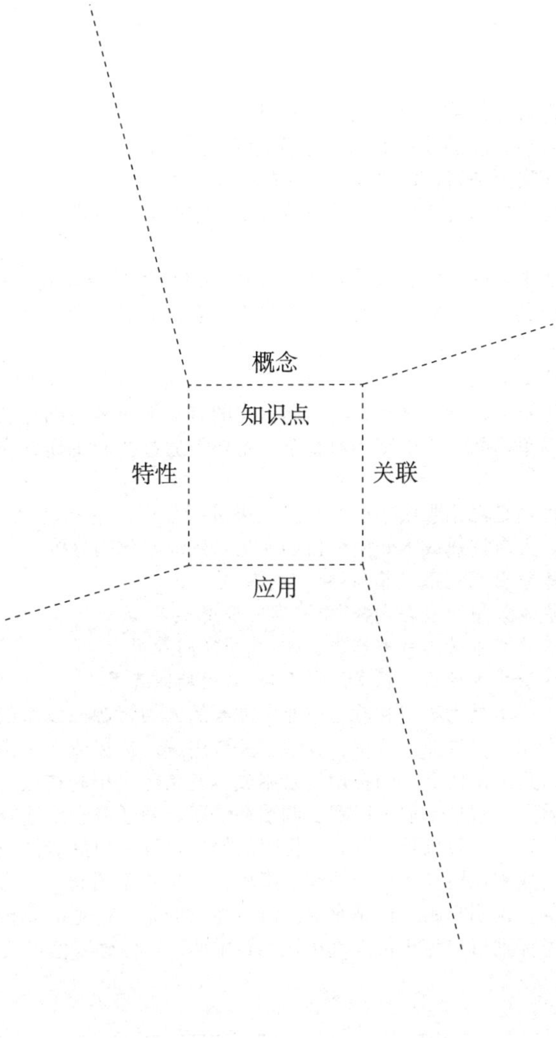

模块十实训

招聘成本效益评估

<table>
<tr><td>班级</td><td></td><td>组长</td><td></td><td>学习场地</td><td></td></tr>
<tr><td>专业</td><td></td><td>组别</td><td></td><td>实训软件</td><td></td></tr>
<tr><td>实训名称</td><td colspan="5">招聘成本效益评估</td></tr>
<tr><td>背景材料</td><td colspan="5">招聘成本效益评估是指对招聘中的费用进行调查、核实，并对照预算进行评价的过程。通过成本与效益核算能够使招聘人员清楚地知道费用的支出情况，区分出哪些是应支出项目，哪些是不应支出项目，以便降低今后的招聘费用。
招聘成本分为招聘总成本与招聘单位成本。招聘总成本即人力资源的获取成本，包括两个部分：
一是直接成本，即可以直接计算和记账的、以金钱的形式花费的成本，包括招募费用、选拔费用、录用员工的家庭安置费用和工作安置费用、其他费用（如招聘人员差旅费、应聘人员招待费等）。
二是间接成本，指不能直接计入财务账目的，通常以时间等形式表现的成本，包括企业内部招聘专员工资、福利、其他参与招聘工作的有关人员的时间花费和其他管理费用。直接成本核算相对简单，间接成本则相对复杂，主要需通过招聘工作参与者所花费的时间成本来反映。
成本效用评估是对招聘成本所产生的效果进行分析，主要包括：总成本效用分析、招聘成本效用分析、人员选拔成本效用分析和人员录用成本效用分析等，具体计算方法如下：
总成本效用＝录用人数/招聘总成本
招聘成本效用＝应聘人数/招聘期间费用
人员选拔成本效用＝被选中人数/选拔期间费用
人员录用成本效用＝正式录用人数/录用期间费用
这里，招聘成本是为吸引和确定企业所需要的人力资源而发生的费用，主要包括招聘人员的直接劳务费用、直接业务费用、其他相关费用等。选拔成本是指对应聘人员进行鉴别选择，以便做出录用决策所支付的费用。录用成本是指经过招聘选拔后，把合适的人员录用到企业所发生的费用，包括录取手续费、调动补偿费、搬迁费和旅途补助费等由录用而引发的有关费用。显然，成本效用越大，表示招聘的效果越好，而最能体现招聘效果的就是总成本效用。招聘收益成本比既是一项经济评价指标，也是考察招聘工作有效性的一项指标。招聘收益成本比越高，说明招聘工作越有效。值得注意的是，这里的总价值在实际操作时很难确定，因此，该指标到目前为止很少真正在实践中使用，但确实值得关注和思考。</td></tr>
</table>

实训要求

20××年4月，某公司因生产经营的需要向社会公开招聘下列人员：管理人员60名、销售人员200名、生产工人240名，共计500名，根据有关部门预测，新招员工将为公司创造40 050 000元收入。招聘相关资料见下表：

指标	人员分类（单位：人）		
	管理人员	销售人员	生产工人
应聘人数	245	500	300
录用人数	60	200	240
	招聘费用（单位：元/人）		
实际招募费用	24 000	24 600	22 500
实际选拔费用	20 400	26 400	22 300
实际录用费用	6 000	6 000	8 000

（1）计算招聘管理人员、销售人员、生产工人的单位成本，并进行比较分析。

（2）计算招聘收益成本比，并进行招聘收益与成本分析。

实训内容

实训总结

1. 请写出招聘成本效益评估的常见公式，并注明公式各个要素的含义。

2. 你认为更有效的控制招聘成本的方法有哪些？

撰写招聘评估报告

<table>
<tr><td>班级</td><td></td><td>组长</td><td></td><td>学习场地</td><td></td></tr>
<tr><td>专业</td><td></td><td>组别</td><td></td><td>实训软件</td><td>无</td></tr>
<tr><td>实训名称</td><td colspan="5">招聘评估报告撰写</td></tr>
<tr><td>实训背景</td><td colspan="5">A公司因生产和业务需要，计划招聘中级技术和管理人员50人，其中包括班组长10人、机械维修技工20人、储备干部10人。人力资源部在当地的主流报纸上登载了招聘广告，一星期后收到45份求职申请。由于公司正赶上生产旺季，董事会和总经理要求人力资源部在规定的时间内完成招聘任务。人力资源部急忙组织面试，最后的招聘结果是：招聘了7名班组长、18名技工、20名储备干部。面试结束的第二天，人力资源部到当地的人才市场招到3名班组长和2名技工。新员工上岗后两周内就有5名技工离职、3名班组长离职和9名储备干部离职。
(1) 请评估A公司此次的招聘活动。
(2) 如果你是该公司HR，你该如何组织这次招聘活动?
解答(1)：
1. 数量评估
本次招聘没有完成任务，是一次糟糕的招聘。根据题意得：录用比＝录用人数/应聘人数＝45/45＝100%，招聘完成率＝录用人数/计划招聘人数＝45/50＝90%，应聘比＝应聘人数/计划招聘人数＝45/50＝90%。
从上述评估数据可以对这次招聘做出如下分析：
(1) 本次招聘的应聘比为90%，表示应聘人数不足计划招聘人数，说明招聘方法和渠道单一，不足以吸引超过计划招聘人数的应聘者。一开始，就阻碍了招聘任务的完成和达成招聘质量。
(2) 本次招聘的完成率为90%，表示任务没有完成。
(3) 本次招聘的录用比为100%，表示在上级和生产任务的压力下，人力资源部来者不拒，全部录用。这种招聘根本无法保证招聘质量，新聘人员的知识、技能、素质无法满足岗位的需要，无法实现人力资源的最优配置，也为新聘人员离职和公司绩效低埋下了伏笔。
2. 质量评估
本次招聘的录用比和应聘比也证明了本次招聘人员的素质和技能知识无法达到岗位的要求；新聘人员离职原因之一有可能就是技能素质无法适应岗位需要，无法担当工作职责。
3. 信度与效度的评估
虽然本案未提及选择方法，但是我们仍可以从100%的录用比推测到本次招聘所采取的选择方法的信度和效度是非常差的。
4. 成本-效益评估
本案例未涉及。
解答(2)：
为了确保招聘的有效性和准确性，以保质、保量完成招聘任务，实现人力资源的最佳配置，从而实现组织的目标，人力资源应当采取下列措施。
1. 做好招聘准备工作，即通过岗位分析，制定完整的岗位说明书和职务规范，确定各岗位的职责、权限、性质及所需的经验、知识、技能、学历、个性特征等素质。解决要招聘什么样的人才符合空缺岗位的需要，做到有的放矢。
2. 制定完整系统的招聘计划，方方面面考虑周到，避免发生上述案例中的失误。其中最关键也是最主要的行动和措施是：
1) 正确预测组织人力资源需求，不能多也不能少。</td></tr>
</table>

实训背景	2）选择确定合适的招聘方法和渠道。就本案例来说，招聘人员较多，最好采用媒体广告和人才市场相结合的方法。吸引更多的应聘者前来应聘，扩大选择范围。 3）根据不同的岗位类别和层次选择不同的招聘方法。就本案例来说，招聘的是中级技术和管理人才，可采用笔试和面试相结合的方法。 4）就本案例来说，面试应尽量采用行为描述法，主要考察应聘者的行为和操作能力，而非应聘者的知识和理论的掌握程度。 5）对参与招聘的内部考官应当进行培训，统一方法、统一录用标准，避免犯一些常见的错误，克服偏见。如首因效应、对比效应、晕轮效应和录取压力。 3. 制定明确的录用标准，按照岗位说明书的规定，以宁缺毋滥的原则招聘合适的人员，保证招聘质量。 4. 新员工必须参加入职培训方可上岗。就本案例而言，培训可以使员工更快掌握所需的技能和公司制度，熟悉公司文化及环境，使其更快进入角色，降低新员工的流失。 5. 实施招聘评估制度，制定改进措施，完善招聘程序、方法。保持组织人力资源供给和需求平衡，实现人力资源的合理配置。
实训要求	自行查阅资料，借鉴类似公司背景，编撰招聘评估报告。
实训内容	
实训总结	1. 请写出招聘评估的主要指标，并注明各个指标的评估要点。 2. 请设计一份招聘评估报告模板。

模块十课前作业

1. 什么叫作招聘评估？

2. 招聘评估有什么作用？

模块十课后作业

1. 招聘评估的内容有哪些?

2. 如何使用信度评估和效度评估解决问题?

3. 招聘成本如何考虑?

模块十学习笔记

招聘评估知识点

概念：

特性：

关联：

应用：

概念：

特性：

关联：

应用：

招聘评估技能点

流程：

要领：

注意事项：

心得体会：

流程：

要领：

注意事项：

心得体会：

模块十思维导图

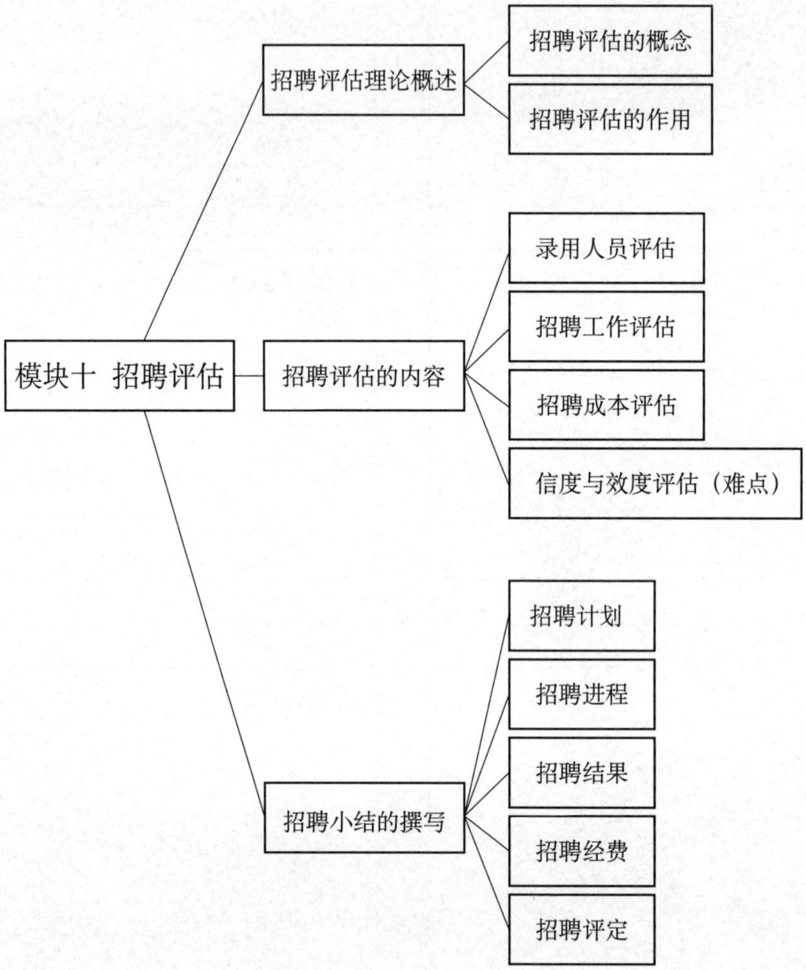
模块十 招聘评估
招聘评估理论概述
招聘评估的概念
招聘评估的作用
招聘评估的内容
录用人员评估
招聘工作评估
招聘成本评估
信度与效度评估（难点）
招聘小结的撰写
招聘计划
招聘进程
招聘结果
招聘经费
招聘评定

模块十学习自测

招聘评估学习自测

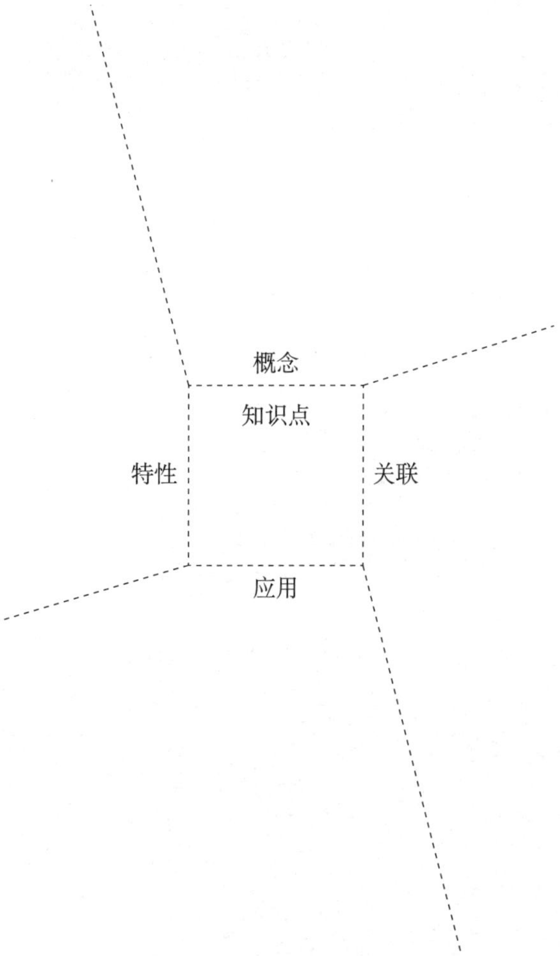

拓展阅读：
评价招聘工作的新标准
——单位招聘成本